KB154460

그렇게 쓰면

아무도 안 읽습니다

그렇게 쓰면 아무도 안 읽습니다

브랜드와 서비스의 언어를 가꾸는
UX 라이터의 글쓰기

전주경 지음

윌북

추천의 글 •

오늘날 우리에게 가장 밀접한 언어 환경을 만드는 이는 UX 라이터가 아닐까? 모바일과 웹의 텍스트를 우리는 그저 읽기만 하는 것이 아니라 그것과 상호작용하고 그것을 경험한다. 이는 엄연히 생활뿐 아니라 사고 깊숙이까지 작용하는 언어적 환경이기에 대단히 중요하다. 여기 한국어로 쓰인, 매우 훌륭한 UX 라이팅 교과서가 나왔다. 이 책을 읽으며 나는 이 분야 고유의 원칙과 기술, 그리고 UX 라이터가 텍스트에 기울이는 치열한 노력과 고민을 알게 되었다. '불편하지만 모바일 웹으로 볼게요'라는 문구라든가, '취소'와 '확인' 버튼의 순서가 바뀌어 있을 때 느낀 미묘한 불쾌감의 정체도 파악할 수 있었다. 전주경 저자의 정확하고 사려 깊은 글을 읽으며 나는 그가 해온 작업이 한국어 사용자들에게 좋은 영향을 미쳤으리라 짐작한다. 이 책을 통해 브랜드 신뢰도를 높이는 깨끗하고 효율적이며 품위 있는 글쓰기가 퍼져나가기를 바란다.

— 김하나 : 작가, 전직 카피라이터

이 책에는 UX 라이터는 물론 서비스와 고객의 접점에서 고객 경험의 실체를 만들어야 하는 모든 직종의 사람들이 알아야 할 내용이 담겨 있다. 고객 경험은 소소한 작은 상호작용의 인상들이 쌓이고 쌓여서 만들어진다. 그중에서 언어적 인터페이스 linguistic interface는 직접적이면서 분명한 인상을 고객에게 남기지만 정작 어떻게 다뤄야 하는지에 대해서는 잘 모르는 분야였다. 게다가 그동안 UX 라이팅 서적들은 영어를 기반으로 쓰였기 때문에 우리의 현실을 담아내지 못한다는 아쉬움이 컸다. 이 책은 우리의 현실 위 공감할 수 있는 맥락에서 어떻게 UI 텍스트의 문제를 해결해야 하는지에 대한 실무적 지식을 제공한다. 어느 위치에 서 있건 IT 프로덕트를 만드는 사람이라면 누구나 반드시 읽기를 추천한다.

— 이성식 : 삼성디자인교육원SADI eXperience Design 교수

자유로운 글은 일기에 한정된다. 누군가의 행동을 만들어내기 위해서는, 소비자의 눈에 쏟아지는 수천 개의 정보와 수십 년의 습관을 뚫어낼 정교함이 필요하다. 이 책을 읽었다고 UX 라이팅을 곧장 잘할 순 없을 것이다. 그리 쉬운 것이었다면 전문가라는 호칭이 너무 가볍지 않을까. 페이지를 넘길 땐 정교한 사례에 감탄할 것이고, 책장을 덮었을 땐 글이 아닌 고객을 바라보는 눈이 바뀌게 될 것이다. 명백히 이 책은 스킬이 아닌 당신이 반드시 가졌어야 할 관점에 대한 책이다.

— 박창선 : 애프터모멘트 대표,
『어느 날 대표님이 우리도 브랜딩 좀 해보자고 말했다』 저자

최근 UX 라이팅 지침서가 많이 출간되고 있는 건 매우 반가운 일이다. 하지만 외국 전문서적을 그대로 번역한 책은 우리말과 서비스 환경이 달라서 적합하지 않은 예시가 많거나, 라이팅 원칙과 사례들을 설명하는 기초적인 책이 대부분이었다.

『그렇게 쓰면 아무도 안 읽습니다』는 필자가 현장에서 몸소 부딪히며 쌓아온 생동감 있는 경험과 노하우가 고스란히 담겨 있는 책이다. UX 라이팅을 공부하고 싶은 학생들을 위한 기초적인 내용부터 시니어 라이터들이 많이 고민하는 문제들까지 차근차근 설명하고 있다. UX 라이팅을 비즈니스에 활용하려는 UX 라이터에게 기본 가이드이자 매뉴얼 역할을 하는 책이 되리라 생각한다.

— 박광훈 : 신한카드 DX팀 UI/UX기획 총괄

브랜드의 말과 목소리는 어떤 부분에 해당할까. 이를 단지 카피라고 생각할 수도 있겠지만 광의적 측면에서 그것은 그 브랜드가 제공하는 모든 서비스에 적용된 '언어'에서 비롯된다. 당신의 브랜드가 고객과 직접 만나는 제품이 아닌 온라인 혹은 앱 서비스라면 그것이 바로 'UX 라이팅'에 해당하는 부분이다. 이는 브랜딩을 설계할 때 중요한 부분이며, 한편으로는 대부분의 브랜드 담당자가 놓치거나 어려워하는 부분이기도 하다. 이 책은 UX 라이팅으로 브랜드만의 감정을 담는 방법, 또 사람의 마음을 움직이기 위한 브랜딩의 요소인 차별성, 일관성, 지속성, 위트와 센스, 의외성과 예상 못 한 디테일까지 언어로 담아내는 방법을 알려준다. 비단 UX라는 영역에 직접적으로 연관된 서비스 기획자나 디자이너뿐 아니라 마케터나 카피라이터, 브랜딩 담당자들도 읽어보면 좋을 책이다.

— 전우성 : 브랜딩 디렉터, 『그래서 브랜딩이 필요합니다』 저자

한국어와 영어 사이에 다리를 놓는 다양한 업무를 해왔지만, 두 언어의 차이를 설명하는 것은 언제나 어려운 일이었다. 단순히 '영어라서 원래 그래요'라고 말하는 것이 가장 쉽고 편한 답변이 되겠지만, 그렇게 각 언어의 UX 라이팅 차이만을 강조하면 같이 일하는 UX 디자이너와 우리 서비스의 사용자 그 누구도 설득할 수 없다.

그동안 한국어 UX 라이터인 전주경 님과 함께 일하면서 밝혀낸 한국어와 영어 UX 라이팅의 차이점과 공통점, 또 같이 실무에서 부딪히며 알아낸 보편적 UX 라이팅의 기술 모두가 영어 UX 라이터로 일하는 내게 큰 도움이 되었다. 이 책에는 전주경 님과 업무를 함께하며 알게 된 UX 라이팅의 기초와 노하우, 한국어 글쓰기 비법, 앱과 웹 UI 텍스트를 쓸 때 바로 활용할 수 있는 실무 UX 라이팅 스킬이 담겨 있다.

— 이재익 : LINE+ 영어 UX 라이터, 전 *Inven Global* 기자

차례

●

지금부터 한국어 **UX** 라이팅에 대해 이야기하겠습니다

어느 날 갑자기 책을 써야겠다고 생각했다. 한국어 UX 라이팅User experience writing과 앱과 웹 화면에 표시되는 UI 텍스트User interface text에 대한 책을 말이다. 성실하게 직장 생활을 하던 내가 갑자기 책을 써야겠다고 생각한 이유는 조금은 복잡하다.

혹시 여러분은 구글Google, 페이스북Facebook, 인스타그램Instagram 같은 글로벌 서비스의 문장을 읽으며 한국인의 언어 감각과는 조금 맞지 않는 듯한, 묘한 불편함을 느낀 적이 있는가? 분명 한국어이긴 한데 어째 한국 사람이 쓴 것 같지는 않은 어색한 느낌 말이다. 또 가끔 어떤 앱을 사용하다가 무례한 명령조나 뻔뻔한 말투 때문에 약간 기분이 나빠진 적이 있거나, 화면에 써 있는 설명이 당최 무슨 이야기인지 이해가 되지 않아 대충 눈치로 아무 버튼이나 눌러본 적이 있지는 않은가? 만약 그런 경험이 있다면 여러분의 한국어 감각은 지극히 정상이고, 여러분 모두 훌륭한 한국어 네이티브라고 말할 수 있다. 우리들의 언어 직관은 문제 있는 텍스트를 발견해 내는 민감한 탐지 센서이기 때문에, 여러분이 어색하다고 느낀 문장에는 실제로 어떤 문제가 있었을 확률이 높다.

전 세계 사용자를 대상으로 하는 글로벌 서비스의 텍스트는 영어로 우선 작성된 후 한국어로 번역되어 한국 사용자들에게 제공되는 것이 일반적이다. 번역된 문구는 처음부터 한국어로 작성된 글보다는 당연히 어색할 수밖에 없고, 서비스 화면에 착 달라붙는 맛도 덜하다. 반면 한국어 사용자만을 타깃으로 하는 네이버, 카카오, 쿠팡 등 내수 서비스의 경우 애초부터 화면에 표시되는 문구의 초안을 한국어로 작성하기 때문에 사용 맥락, 화면 내 위치, 서비스 콘셉트, 브랜드 이미지와 UI 텍스트 간의 어울림이 더 좋은 경우가 많다.

그런데 종종 한국 내수 사용자만을 대상으로 하는 서비스에서도 어색한 한국어 문구가 눈에 띈다. 분명 한국인 기획자, 디자이너가 작성한 문장임에도 불구하고 어색하고 이해할 수 없는 문장이 꽤 자주 보이는 이유는 무엇일까? 그것은 아마도 텍스트를 작성하는 한국인 기획자, 디자이너들이 그동안 영어 UX 라이팅 사례를 보고 글쓰기 훈련을 해오고 있었기 때문이 아닐까 싶다. 그간 몇 권의 UX 라이팅, 콘텐츠 디자인 관련 번역서가 있었지만, 당장 한국 IT 실무에 적용하기엔 남의 언어로 작성된 남의 나라 이야기일 뿐이었다. 당장 나부터가 영어 UX 라이팅 사례를 다룬 책으로 공부하면서 많은 어려움을 겪었다. '정말 이걸 우리 서비스에 적용할 수 있어? 이거 한국어 텍스트에도 써먹을 수 있는 방법이 맞아?' 같은 의문이 좀처럼 머릿속에서 떠나지 않았다. 번역서에서 좋은 UX 라이팅 사례라고 제시한 한국어 예문이 온통 영어 번역투인 것도 문제였다. 한국어 전공자가 보기에는 문장의 구조나 스타일 면에서 매우 좋지 않은 문장이, UX 실무진들 사이에서는 '유명한 외국 책이니까 이 예문이 맞겠지' 하면서 좋은 사례로 공유되는 걸 지켜보면 식은 땀이 나기도 했었다.

물론 기본적인 UX 라이팅 원칙은 언어와 문화를 불문하고 모든 UI 텍스트에 통용될 수 있다. 하지만 한국인 사용자에게 한국어로 서비스를 설명하고 공감을 얻어내야 하는 상황에서, 보편적 UX 라이팅 원칙을 영어 번역문으로만 공부해서는 당장 우리가 해결해야 하는 시급한 글쓰기 문제를 해결할 수 없다. 이건 뭐랄까, 서양 레시피에서는 마늘 두 쪽을 향신료로 쓰는데 나는 김수미 선생님 레시피대로 낙지볶음에 다진 마늘을 두 국자씩 퍼서 넣고 있을 때 느끼는 위화감 같은 것일지도 모르겠다. 그래서 이 책을 써야겠다고 생각했다. 각 언어가 가지는 보편성과 특수성을 겸허하게 받아들이고, 그 이해 위에서 한국어 UX 라이팅 실무에 도움이 되는 구체적인 이야기를 나눠보면 어떨까

하는 생각에서 말이다.

이 책은 IT 프로덕트를 만드는 기획자와 디자이너, 특히 UX 라이터 없이 모든 텍스트를 혼자 쓰고 관리해야 하는 외로운 기획자, 디자이너, 이 일을 처음 시작하는 주니어 UX 라이터를 위한 책이다. 그러나 비단 이들만이 아닌, IT 글쓰기를 해야 하는 모든 직군에게도 이 책에서 다루고 있는 사용자, 고객 경험 글쓰기에 대한 내용은 유용할 것이다. 특히 브랜드 보이스를 구축하고 유지하기 위해 고민하는 브랜딩 담당자, 제품 홍보 문구와 씨름해야 하는 마케팅 담당자, 카피라이터와 콘텐츠 전략가, 테크니컬 라이터들에게 말이다. 조직 내에서 각각의 직군들이 수행하는 글쓰기의 성격은 모두 다르겠지만, 온라인에 게시되는 글쓰기를 하는 사람이라면 누구나 이 책에서 다루고 있는 내용을 알고 있어야 한다. 앱과 웹 화면에 표시될 텍스트를 쓸 때 반드시 지켜야 할 핵심 원칙, 우리 브랜드와 제품의 보이스와 톤을 다룰 때 주의해야 할 것들, 내가 쓴 글이 얹혀질 인터페이스와 컴포넌트에 대한 기본적인 이해, 대對고객 글쓰기 전반을 둘러싼 사회적·문화적 이슈에 대해서는 충분히 숙지하고 있어야 한다. 그래야 실무에서 꽤 괜찮은 문구, 아니 최소한 우리 회사와 제품에 리스크가 되지 않는 온전한 문구를 뽑아낼 수 있기 때문이다.

또 평소 UI 텍스트에 많은 관심을 갖고 있는 개발자들에게도 이 책에서 다루고 있는 내용은 분명 흥미로울 것이다. 뭘 개발자까지 독자로 상정하느냐 할 수 있겠지만, 여러분은 개발자들이 UX 라이터들에게 얼마나 많은 텍스트 피드백과 아이디어를 보내주는지 알면 아마 굉장히 놀랄 것이다. 화면에 표시되는 UI 텍스트가 개발 스펙이 한정하는 부분까지 잘 커버하고 있는지, 어쩔 수 없는 오류 상황에서 사용자가 오해하지 않도록 정확한 오류 메시지가 나가고 있는지, 특이한 개발 이슈를 타개할 수 있는 구체적인 대안이 문구에 제대로 제시되어 있는지에 대해 개발자들은 항상 주목한다.

비단 개발자뿐만이 아니다. 그동안 UX 라이터로 일하면서 C 레벨 임원에서부터 개발팀 주니어 개발자까지 서비스를 만드는 모든 사람들이 제품을 둘러싼 수많은 텍스트를 도대체 어떻게 써야 하는지, 우리 서비스의 텍스트는 어떤 선을 지켜야 하고, 또 어떤 선을 같이 이어나가야 할지에 대해 큰 관심을 갖고 있다는 걸 매일 느꼈다. UX 라이터는 수많은 초안과 후보안을 써서 기획자, 디자이너, 개발자들과 마케팅, 보안, 법무 등 유관 부서에게 피드백을 받고, 그 의견을 반영해서 새로 쓰고 또다시 고치는 일을 끊임없이 반복한다. 함께 일하는 동료들의 이해와 의견, 고민이 UX 라이터에게 너무나 소중한 자산이다. 그래서 나는 이 책을 서비스를 만드는 모든 사람들과 나누고 싶다. 실리콘 밸리에서 UX 라이팅을 하는 사람들이 아닌, 판교와 테헤란로, 구로와 가산 디지털단지에서 고객 글쓰기를 해야 하는 모든 업계 동료들과 말이다.

10년 차 글로벌 서비스 UX 라이터의 경험을 담은 책

나는 2023년 현재, 10년 차 UX 라이터이다. 학부에서는 국어국문학과 정보학을, 석사 과정에선 한국 구비문학을 전공했고, 박사 과정에서는 UX 리서치와 레이블링 시스템을 공부했다. 기획자로 IT 업계에 입문했지만, 커리어의 대부분은 UX 라이터로 일했다. UX 라이터로 일한 첫 직장 LG전자에서는 휴대폰, 태블릿, 스마트워치 UX/UI를 다루면서 하드웨어와 OS의 UI 텍스트뿐만 아니라 통화, 메모, 녹음과 같은 휴대폰 네이티브 앱의 문구를 대량으로 작성했다. 이후 삼성생명에서 UI 텍스트와 챗봇 시스템을 위한 가이드라인을 만들었고, 앱과 웹 홈페이지 UI 텍스트와 2만 개 이상의 챗봇 대화문을 작성했다. 지금은 글로벌 메신저 LINE에서 한국어 UX 라이터로 일하고 있다. 지난 10년 동안 밥만 먹고 UI 텍스트만 썼다고 할 수 있을 만큼 UX 언어 전문가로 일해왔고, 특히 언어, 국적, 연령, 성별에 상관없이 거의 모든 사용자층을 대상으로 하는 글로벌 서비스의 UX 라이팅을 주로 담당했다.

이 책에는 이런 분야에서 일해온 나의 경험이 담겨 있다. 특히 커리어의 대부분을 글로벌 프로덕트의 UX 라이터로서 일해왔기에 영어, 일본어와는 다른 한국어 글쓰기의 특성에 대해 말할 수 있고, 복잡하고 방대한 UI 텍스트 체계를 가진 대형 서비스의 UX 라이팅에 대해서도 감히 소개할 수 있게 되었다. 물론 책을 쓰는 내내 나의 경험을 일반화하는 것을 경계했고, 아직까지 확실하게 단언할 수 없는 부분은 지면에 담지 않았다. 가능하면 그동안 같이 일해온 UX 라이터, 기획자, 디자이너들이 보편적으로 공감하고 동의할 만한 내용들 위주로 책을 구성했고, 이를 다시 동료 UX 라이터들이 검토해 줬기에 이 글의 내용에 대해서는 어느 정도의 신뢰성을 담보할 수 있으리라 생각한다. 혹여 책을 읽다가 반대하거나 동의하지 못하는 부분이 있더라도, 한 UX 라이터의 개별 경험에 대한 기록으로 여기고 너그러운 이해를 부탁드린다.

각 회사의 보안 정책 때문에 그동안 여러 회사에서 봐왔던 구체적인 실험 데이터, 통계, 사례 등을 다 담지는 못했지만 대신 글을 읽는 분들의 이해를 돕기 위해 좋은, 또는 좋지 않은 UX 라이팅 사례를 만들어 사용하였다. 무엇보다 현재 일하고 있는 회사의 배려로 LINE UX 라이터들이 작업한 사례 일부와 UX 라이팅 및 현지화 업무 프로세스 일부를 공개할 수 있었다. 스스로가 만든 결과물에 항상 겸손해야 하는 것을 잘 알지만, LINE의 UX 라이팅과 현지화를 담당하고 있는 우리 UX Localization팀의 경험, 함께 일하며 나눈 깊이 있는 논의와 치열한 협업의 기억들이 떠올라 뿌듯하고 자랑스러운 마음을 금할 수 없다. 다시 한번 사례를 사용할 수 있도록 허락해 주신 LINE 측에 감사의 말씀을 드린다.

책 제목에 숨겨진 진짜 의도

이 책의 제목 '그렇게 쓰면 아무도 안 읽습니다'는 UX 라이터가 실무를 할 때 자주 하는 말에서 아이디어를 얻어 짓게 되었다. 제목을 선정할 때 여러 후보를 놓고 동료들에게 투표를 부탁했는데, 다들 하나같이 '그렇게 쓰면 아무도 안 읽습니다'라고 해버리면 안 될 것 같은데 "이 제목이 꽤 신경 쓰인다", "상당히 끌린다", "사실 이게 자신의 본심이다"라는 말을 하며 웃었다. 왜냐하면 실무 UX 라이팅을 할 때 라이터들이 자주 이렇게 말하기 때문이다.

기획자가 작성한 길고 복잡한 UI 텍스트 초안을 보며

아… 이렇게 길게 쓰면 아무도 안 읽을 것 같은데요. 이 문구 한 개로 모든 케이스를 다 커버하려고 하지 말고, 케이스를 분기 쳐서 상황에 맞게 다른 메시지로 표시할 수 있을까요?

개발자가 개발 용어를 그대로 넣으려고 하면

그 팝업에 '요청 파라미터의 데이터 설정 값이 잘못되었습니다'라고 쓰시면 아무도 이해 못 할 겁니다. 이 앱을 우리 엄마가 쓴다고 생각해 봅시다. 우리 엄마는 '파라과이'는 알아도 '파라미터'는 모르시거든요.

앱 다운로드를 촉진하기 위해 무례한 다크 패턴 버튼 문구를 넣자고 하면

'편하게 앱에서 보기/불편하지만 웹으로 볼래요!' 같은 다크 패턴 쓰시면 안 됩니다. 사용자에게 예의를 갖추지 않으면 아무도 우리 서비스 안 쓸 거라고요. 어렵게 쌓아 올린 브랜딩이 다 무너질 겁니다.

그렇다. 이 책의 제목은 언뜻 독자의 시선을 끌게 무조건 자극적으로 써야 한다는 말처럼 보이지만, 사실은 정반대의 뜻을 담고 있다. 만약 짧은 서비스 문구 하나라도 허투루 쓴다면 사용자가 읽어보려고도 하지 않을 것이고, 그것은 곧 서비스 이용률의 하락으로 이어지리라는 의미이다. 또 클릭률이나 월간 활성 사용자 MAU, Monthly Active User 등의 지표를 올리기 위해 무리하게 사용자를 낚거나 기만하는 문구를 쓴다면, 사용자가 더 이상 사악한 서비스와 대화하려 하지 않을 것이라는 의미도 담고 있다.

나는 사용자에게 믿음을 주면서도, 서비스와 사용자 사이에 편안한 대화가 끊김 없이 이어지게 하는 것이 곧 그 서비스의 성공이라고 믿는다. 그래서 사용자가 편안하게 읽을 수 있는 의미 있는 UI 텍스트 작성의 핵심 원칙과 기술을 이 책에 모아 담았다.

● 이 책의 구성

이 책은 다음과 같이 구성된다.

1장에서는 UX 라이팅과 UX 라이터에 대해 알아본다. UX 라이팅이 무엇인지, UX/UI 디자인과는 어떤 관계인지 살펴보기로 한다. 또 서비스를 둘러싼 다른 글쓰기와 UX 라이팅에는 어떤 차이점이 있는지를 알아보고, 조직에서 UX 라이터가 하는 일과 필요한 역량, 그리고 AI 시대에 UX 라이터의 역할에 대해서도 간단하게 설명한다.

2장에서는 UX 라이팅의 기본 원칙 세 가지에 대해 살펴본다. 정확성, 간결성, 일관성에 대해서 소개하고, 우리가 왜 이 원칙을 지켜야 하는지, 어떻게 하면 이 원칙에 맞게 글을 쓸 수 있는지에 대해 자세히 설명한다.

3장에서는 UX 라이팅의 영역 중에서 가장 작가적인 면모가 돋보이는 보이스Voice와 톤Tone에 대해 알아본다. 근래 들어 많은 사람들이 제품의 목소리와 어조에 대해 관심을 갖고 있는데, 한국어의 경우 UX 라이팅이라는 분야가 시작된 영어와는 다른 언어적 특성을 가지고 있기 때문에, 영어 글쓰기와는 조금은 다른 지점에 주목하여 이들을 다뤄야 한다. 사회문화적, 언어적 특수성에서 기인하는 차이점을 중심으로 기존 UX 라이팅 개론서에서는 설명하지 않았던 흥미로운 이야기를 풀어보았다.

4장에서는 실제로 UI 컴포넌트를 어떻게 작성해야 하는지에 대한 구체적인 방법에 대해 설명한다. 모든 UI 컴포넌트 작성법에 대해 자세하게 다룰 수 있다면 좋았겠지만, 한정된 지면 때문에 중요한 요소 몇 가지를 선별하였다. UI에서 가장 문제적인 컴포넌트인 레이블Label, 팝업Pop-up, 버튼Button, 토스트Toast, 스낵바Snackbar, 툴팁Tooltip, 그리고 작성하기 까다롭지만 모든 서비스에 존재할 수밖에 없는 오류 문구Error message를 잘 쓸 수 있는 방법을 구체적으로 설명한다.

5장에서는 UX 라이팅이 어떻게 제품 경험을 넘어 사용자의 삶 속으로 들어갈 수 있을지를 실무 이슈 중심으로 이야기한다. 실무 작업을 하면서 UX 라이터가 거의 매일 고민하는 사용자 친화 문제, 사회적으로 점점 더 강조되고 있는 글쓰기 윤리, 그리고 글로벌 시장 진출을 위한 현지화와 UX 라이팅에 대해 설명한다.

이 책에서 사용하는 용어

이야기를 본격적으로 시작하기 전에 이 책에서 자주 언급할 대상에 대한 용어를 정의해 보기로 하겠다. 우선 이 책에서는 UX 라이팅의 대상이자 산출물인 문구를 지칭할 때 'UI 텍스트'라는 명칭을 사용한다. 근래 IT 업계에서는 마이크로카피Microcopy라는 용어가 UI 텍스트를 대체하는 단어로 유행하고 있고, 유머나 위트가 마치 고루한 UI 텍스트의 해결책인 것처럼 이해되는 분위기가 존재한다는 것을 나 역시 잘 알고 있다. 여기에 더해 서비스가 원하는 방향으로 사용자를 행동하게 만드는 일종의 넛지 마케팅Nudge marketing으로서의 문구가 각광받는 것도 안다. 물론 나 역시 킨너렛 이프라의 훌륭한 책[1]과 그의 상세한 논의를 좋아하지만, 이 책에서는 마이크로카피 대신 UX/UI 디자인의 중요 요소라는 의미를 담은 UI 텍스트라는 용어를 사용하려고 한다.

그 이유는 나는 마이크로카피라는 용어가 서비스에서 중요한 역할을 하는 UI 텍스트의 성격과 위상을 포괄적으로 반영하지 못한다고 생각하기 때문이다. 실제 UI 텍스트는 마이크로카피보다 훨씬 더 넓은 영역을 지칭하는 용어이고, UX 라이터가 작업하는 텍스트는 주의 사항Disclaimer, 공지 사항 Notice, 앱 릴리스 노트App release note 등 형식적으로나 내용적으로나 마이크로하지 않은 텍스트도 많다. 이 'Micro-'가 가진 미시적이고 단발적인 인상은 그 자체로서는 UI 텍스트의 간결성을 표현하기도 하지만, 한편으로는 서비스의 시작에서 끝까지 쉼 없이 이어지는 긴 담화Discourse나 사용자와의 적극적인 대화Conversation로써의 UI 텍스트의 특성을 충분히 표현하지 못한다.

최근 들어 UX와 UX 라이팅에 대한 논의가 '재치 있는 단

---

1 킨너렛 이프라 지음, 변상희 옮김, 『마이크로카피 2/e UX 디자이너의 글쓰기』, 에이콘출판, 2020.

어로 이목 끌기' 또는 '현란한 언어로 사용자를 움직이기' 쪽으로 초점이 맞춰지는 것 같아 시니어 UX 라이터로서 약간은 걱정이 된다. 좁은 화면 위에서 짧은 순간에 강렬한 인상을 주어 사용자를 움직이는 것은 UX 라이팅이 하는 일의 아주 일부일 뿐이다. 실제로 UI 텍스트는 사용 경험의 경로를 진득하게 따라붙으면서 정보를 제공하는데, 그와 동시에 사용자를 격려하고, 안심시키고, 때로는 제한하기도 하며 사용자에게 뭔가를 제안하고 통보하기도 한다. 사용자의 손을 잡고 UI 플로우의 큰 물결로 그를 인도하는 셰르파 역할을 수행하는 것이다. 사용자에게 편안함, 행복, 도전 의식, 긴장감, 안심 등 다양한 감정을 느끼게 하는 것도 모두 UI 텍스트가 하는 일이다. 때문에 각 UI 텍스트의 길이는 '마이크로'할지언정 그 텍스트들이 수행하는 역할과 많은 텍스트들이 연이어져 만들어내는 의미 체계는 결코 마이크로하지 않다. 요컨대, UI 텍스트는 서비스상에서 마이크로Micro한 찰나의 감정과 움직임을 불러일으키는 트리거이기보다는 매크로Macro한 사용 경험 서사의 한 요소에 가깝다고 할 수 있다.

이 책에서는 서비스에서 마이크로카피가 자주 사용되는 상품 소개나 광고 카피, 마케팅성 텍스트는 다루지 않는다. 이들과 UI 텍스트가 공유하는 그레이 영역이 분명 있고, 또 조직 사정에 따라 UX 라이터가 다양한 종류의 텍스트를 작성해야 하는 경우가 있기도 하지만, 이런 유의 텍스트들은 UX 라이팅에서 중점적으로 다루는 분야가 아니기 때문에 논의 대상에서는 제외하려고 한다. 대신 UX/UI에서 본래적인 역할을 수행하는 문구, 사용자의 과업 수행과 관련된 UI 텍스트 그 자체에만 집중하겠다.

- UI 텍스트(텍스트, 문구): 메뉴와 기능 등의 레이블, 버튼 텍스트, 오류 메시지, 온보딩 메시지 등 사용자가 서비스 이용 여정 중에 만나게 되는 텍스트이다. 이 책에서는 UI상에서 기능하는 모든 텍스트를 총칭한다.
- 서비스: iOS, Android 등의 OS와 각 생태계의 앱, 웹사이트, PC 소프트웨어 등 UX 라이터가 작성한 UI 텍스트가 언어 체계를 이루고 있는 공간을 말한다.

다음은 UX 라이터와 협업하는 직군과 관련 업무에 대한 정의이다. 한국 IT 업계에서 각 직군을 부르는 이름은 회사와 조직별로 모두 다르다. 예를 들어 화면을 설계하는 사람에 대해 각 회사마다 기획자, UX 디자이너, UI 디자이너, PM, PO 등으로 다르게 부르며, 개별 조직의 사정에 따라 체계, 담당 업무, 부여하는 역할과 권한을 모두 다르게 규정하고 있다. 이름이야 어떻든 이들은 모두 UX 라이터의 협업자인 동시에 든든한 지원군이다. 편의상 이 책에서는 한국 IT 업계에서 가장 오래, 보편적으로 사용되어 온 직군명을 사용한다.

- 기획자(설계자, 서비스/프로덕트 매니저): 서비스의 설계자로서 해당 기능의 부모와 같은 역할을 한다. UX 라이터가 텍스트를 작성해도 최종적으로 기획자와 합의를 이루어야 비로소 UI 텍스트로서 화면에 표시될 수 있다. UX 라이터와 가장 많이 소통하는 사람으로서 두 사람의 언어 감각이 싱크가 잘 맞으면 일이 술술 풀리지만, 서로 전혀 다른 언어 관념과 UX에 대한 생각을 갖고 있으면 조금 힘들어질 수 있다.

- 디자이너: 이 책에서는 GUI 디자인을 책임지는 디자이너를 말한다. UX 라이터와는 주로 공간, 아이콘 이슈와 글자 수 문제로 자주 이야기한다. 가끔 무리하게 텍스트 길이를 줄여 달라고 하거나 억지로 텍스트 길이를 늘여달라고 하는 곤란한 요청을 줘서 서로 심각한 얼굴로 만나야 할 때가 있다. 물론 대부분은 직관적인 디자인으로 화면 내 텍스트를 줄여주거나, 텍스트에 맞게 공간을 확보해 줘서 UX 라이터의 구원자가 되어 주지만 말이다.

- 개발자: UX 라이터와 만날 일이 별로 없을 것 같지만 의외로 자주 연락하게 되는 직군이다. 개발 중간중간 스펙(기능 세부 내역) 변경이나 개발 이슈 등으로 UI 텍스트를 바꿔야 하거나, 오류 케이스를 커버해야 할 때 만나게 된다. 제품 품질 검증QA, Quality assurance 때 급한 이슈가 생기면 어려운 논술 시험 출제자 같기도 하다. '앞으로 3시간 안에 QA 때 발견된 희귀한 오류 케이스를 커버할 수 있도록, 디자인 변경 없이 반드시

이 컴포넌트 들어갈 수 있는 한 문장을 W 15자 이내로 작성해 주시오' 같은 꽉 짜인 요청을 받으면 식은땀이 줄줄 난다.

- 설계안: 이 책에서는 서비스의 스펙과 배경, 기획 의도, 리서치 결과, 플로우, 예외 케이스 등을 상세하게 설명한 문서를 말한다. 이 역시 회사나 조직마다 다른 포맷을 쓰기 때문에 하나로 정의하기 어렵다. 보통 기획서, 시나리오, 화면 설계서라고도 부르고 Figma 파일 그 자체일 수도 있다.

인생의 동료에게 보내는 마음

나는 동료同僚라는 말을 좋아한다. '횃불을 들고 밤에 일하는 사람들'이라는 료僚라는 한자가 마치 야근에 지친 우리들을 의미하는 것 같아서 말이다. 짧지 않은 직장 생활 동안 동료들은 언제나 나의 힘이자 자랑이었다. 이 책은 전적으로 동료들의 힘을 받아 쓴 글이다. LG MC 연구소 UX실에서 UX 라이터로서 일을 시작했을 때부터 지금까지 함께 일했던 UX 디자이너들과 UX 라이터들은 UI 텍스트의 중요성을 누구보다 잘 알고 있던 사람들이었다. 지금은 각자의 자리에서 멋지게 살고 있는 미진, 주현, 혜영, Richard, 용철 님, 삼성생명에서 의미 있는 시간을 함께 보낸 현우, 영석, 정혜, 종범, 정훈, 광희, 아람 님 등 동료들께 감사를 전한다.

이 책을 쓸 때 가장 큰 영감을 준 것은 현재 직장 동료인

LINE의 UX Localization팀(이하 UXLT) 멤버들이다. 우리는 매일 수십, 수백 개의 UI 텍스트를 의뢰받아 소스 텍스트를 작성하고, 번역하며 크고 작은 현지화 프로젝트를 처리한다. LINE과 패밀리 서비스의 거의 전 영역에서 의뢰가 들어오는 대량의 UX 라이팅 프로젝트를 받아내면서도, 우리 팀 사람들은 항상 어떻게 하면 더 간결하고 명확한 텍스트를 쓸 수 있을지, 글로벌 사용자 모두가 만족하는 완벽한 현지화를 할 수 있을지 고민한다. 가끔 어떻게 다들 이렇게 텍스트에 진심일 수 있을까, 매번 이렇게 문구 하나도 허투루 안 내보내려고 노력할까 싶을 때가 있을 정도로 말이다. 특히 이 책의 제목을 짓는 데 도움을 준 창석, 재익, 은우 님과 지금은 다른 회사에서 멋진 활약을 펼치고 있는 옛 동료 수빈, 유진, 은정 님께 항상 고맙다고 말하고 싶다.

무엇보다 이 책을 쓸 수 있도록 가장 많은 도움을 주신 서비스 플래닝Service planning실의 수장 임도헌 님과 UXLT 리드 라이언 모로즈Ryan Moroz 님께 깊은 감사를 드린다. UI 텍스트가 사용자 경험에서 얼마나 중요한지, 얼마나 강력한 힘을 뿜어내는지를 누구보다 잘 아는 두 분의 강력한 지지 덕분에, 그동안 우리가 진행한 실무 사례 일부를 UX 라이팅에 관심이 있는 많은 사람들과 공유할 수 있게 되었다. 우리가 남들이 가보지 못한 어떤 영역을 개척하고 있는지, 매일 얼마나 치열한 고민을 하고 그를 통해 무엇을 알아냈는지를 세상과 공유하고 더 많이 소통하라고 격려해 주신 도헌 님과 라이언 님께, 마음 깊은 곳에서 우러나오는 감사를 전한다. 더불어 UX 라이팅의 가치를 이해해 주고 매 프로젝트마다 깊고 소중한 논의를 함께 해주는 LINE의 기획자 동료들께도 고개 숙여 감사의 인사를 드린다.

마지막으로 20년 지기 영혼의 친구인 월북의 최혜리 편집장님과, 부족한 이 책을 기꺼이 맡아주신 편집자 양혜영 팀장님, 기조숙 디자이너님, 일하는 나를 항상 응원해 주는 남편 성규와 어머니 이인옥 님께 깊은 사랑을 전한다.

고맙습니다. 모두.

1

UX 라이팅,
UX 라이터

1-1 UX 라이팅: 어느 날 서비스가 말했다

사용자는 앱, 웹사이트, 휴대폰 화면에 표시되는 문구를 읽으며 서비스를 탐색한다. 지금 화면에서 무슨 일이 일어났고, 앞으로 무슨 일이 생길지, 내 앞에 놓인 이 버튼으로 내가 어떤 결정을 할 수 있는지를 UI 텍스트가 설명해 준다. 이렇게 사용자는 제품 사용의 여정에서 UI 텍스트가 말해주는 정보에 의지해서 상황을 판단하고 결정하기 때문에, 앱과 웹페이지에 표시되는 모든 텍스트는 UX/UI의 일부로서 섬세하게 디자인되어야 한다. 일반적으로 UI 텍스트를 작성하는 일, 즉 문구를 쓰고 관리하는 일을 UX 라이팅이라고 하고 그 일을 담당하는 사람을 UX 라이터라고 부른다. 1장에서는 이 UX 라이팅과 라이터에 대해 정의해 보고, 사용자 경험에서 이들이 어떤 의미를 갖는지에 대해 알아본다.

● 글을 쓰다, 정보를 디자인하다

UX 라이팅은 무엇일까?

이 일을 하고 있는 나도 누가 물으면 쉽게 대답하지 못할 때가 많다. 무언가를 정의하기 어렵다면 그것과 비슷해 보이는 것과의 비교를 통해 차이점부터 살펴보는 것도 나쁘지 않다.

일반적으로 제품과 관련된 글쓰기라고 하면 광고 카피, 상품 스펙을 설명하는 상품 콘텐츠, 마케팅 문구 등을 작성하는 일을 떠올리곤 한다. 이들 글쓰기와 UX 라이팅의 가장 큰 차이는 UX 라이팅은 사용자와 상호작용하는 텍스트를 다룬다는 것이다. 보통 작성자가 준비한 내용을 독자가 순차적으로 쭉 따라 읽어주리라 예상할 수 있는 다른 텍스트에 비해, UI 텍스트는 사용자의 생각과 의사, 행동에 따라 비선형적으로 등장하는 텍스트, 즉 상대의 반응에 따라 달라질 수 있는 상호작용을 위한 텍스트라는 점에서 차이가 있다.

이것은 마치 손님이 특정 질문을 하면 점원이 그 질문에 대한 답을 하고, 그 답을 듣고 손님이 어떤 선택을 하면 점원이 그에 맞게 다시 적절한 정보를 알려주며 응대하는 일과도 비슷하다. 실제로 기획자들은 사용자가 어떻게 행동할지를 주의 깊게 살펴보다가 다음 상황을 예측해서 다양한 버전의 시나리오를 준비해 둔다. UX 라이터들은 기획자의 시나리오에 맞게 사용자에게 필요한 정보를 고르고, 그 위에 보이스와 톤을 입혀 문구를 작성한다. 우리의 목적은 오로지 사용자와 서비스 사이에 매끄러운 티키타카가 끊김 없이 이루어지도록 하는 것이다.

약간은 뜬금없지만 파인 다이닝 레스토랑의 숙련된 지배인이 디너 영업 준비를 하는 것을 떠올려 보라. 베테랑 지배인은 손님의 동선과 그들이 궁금해할 만한 질문을 미리 예상하며 다가올 영업 시간을 준비할 것이다. 훌륭한 수석 매니저라면 분명 손님의 반응에 대해 과하지 않게 감정을 표현하는 방법을 잘 알고 있을 것이며, 손님이 어떤 선택을 하더라도 매끄럽게 받아낼 수 있는 노련한 접객 스킬도 지니고 있을 것이다. 코스에 대한 정보의 양과 깊이, 대화할 때의 목소리와 몸짓, 얼굴 표정, 그에 대한 손님의 반응 등을 미리 시뮬레이션해 보는 레스토랑 지배인의 접객 전략은 UX 라이터의 텍스트 라이팅 전략과 매우 흡사하다. 나는 UX 라이팅이란 결국 이런 오프라인의 접객 경험을 온라인으로 확장시키는 것과 크게 다르지 않다고 생각한다.

이런 비유를 통해 대략적인 느낌을 이해했다면, 이제 그 느낌을 조금 더 추상화해 보자. UX 라이팅이 무엇인지에 대해 설명하는 이번 장에서 내가 가장 강조하고 싶은 것은 UX 라이팅은 결국 사용자에게 알려줄 정보를 디자인하는 일이며, 구체적인 맥락과 내용을 끼고 진행되는 흐름이 있는 대화, 즉 지극히 '구체적인 정보 상호작용'이라는 것이다. 이 말이 어떤 의미인지에 대해 아래에서 하나씩 살펴보자.

우선 우리는 UX 라이팅이 사용자의 정보 추구 행동을 돕기 위한 도구인 동시에, 사용자가 찾는 정보 그 자체를 생산하고 디자인하는 행위라는 점에 주목할 필요가 있다. 사용자가 서비스를 이용하는 이유는 원하는 정보를 찾고 활용하여 그가 목표로 하는 과업을 완수하기 위함이다. 이때 UI 텍스트는 정보를 찾아 항해하는 사용자의 정보 탐색의 도구인 동시에, 그가 목적으로 삼은 정보와 콘텐츠 그 자체가 될 수 있다. 그리고 사용자가 화면에 진입하여 메뉴명으로 서비스 구조를 파악하고, 원하는 정보가 있는지 훑어보고, 화면을 이동하여 결국 과업을 완료할 때까지 그가 만나는 모든 콘텐츠는 UX 라이터가 창작하여 배열해 낸 것이다. 종합해 보면 UX 라이팅은 사용자 정보 탐색 여정에 적극적으로 따라붙는 정보 창조 및 상호작용 행위이며, UX 라이터는 그 행위의 중요한 한 축을 담당하는 정보 디자이너라고 할 수 있다.

UX 라이팅이 사용자와 주고받는 지극히 구체적인 대화라는 정의 역시 중요하다. 진실로 깊이 있고 의미 있는 대화는 상대방의 배경, 알고 있는 정보, 현재 맥락, 상대가 원하는 바를 종합적으로 고려하여 이루어진다. 앞서 말한 파인 다이닝 레스토랑 지배인의 비유처럼 UX 라이터는 사용자가 어떤 사람인지, 어떻게 사고할지, 무엇을 궁금해하고 우리에게 어떤 대답을 기대하고 있는지 생각하며 사용자와의 의사소통을 준비한다. 대화 상대에 맞게 정보의 양을 적절히 조절하고, 제시 순서를 자연스럽게 바꾸거나, 어휘의 난이도와 문장 길이를 눈높이에 맞게 조정하는 것을 수준 높은 대화라고 볼 때, UX 라이팅은 사용자에 대해 깊은 이해를 바탕으로, 그들과 피상적이지 않은 대화를 이어나가려고 노력하는 일종의 '정제된 언어 상호작용 디자인'이라고 할 수 있다.

다만 여기에서 '대화'의 의미를 오해하지 않았으면 한다. 많은 사람들이 UX 라이팅을 할 때 '사람과 대화하듯 쓰라'라고 쉽게 말하지만, 그 말의 '진짜' 의미에 대해서는 정확히 모르는 것 같다. 대화하듯 쓰라는 말은 '구어체로 사람처럼 말하라, 서비스를 의인화하라, 보이스와 톤을 해요체로 말해서 서비스가 마치 실재하는 인간인 것처럼 연기하고 꾸며내라'는 말이 결코 아니다. 구글의 UX 라이터인 토레이 파드마저스키 역시 그의 책[1]에서 이 지점을 지적했다.

이 책 전체에서 내가 UX 텍스트는 대화와 같아야 한다고 말한 것은 '캐주얼한 대화' 또는 '친근하고 격식 없는' 보이스나 톤 등을 지칭한 것이 아닙니다. 나는 인간이 단어와의 상호작용을 통해 어떤 것을 인식할 수 있다는 것을 말하고자 했습니다. 사람이 경험과 상호작용할 때, 그들은 그것과 대화합니다.

나는 이 의견에 전적으로 동의한다. UX 라이팅의 본질을 꿰뚫지 못하면 '인간적인 글쓰기'라는 멋진 캐치프레이즈를 오해하여 '서비스를 의인화화하기', '실제 요즘 사람이 친근하게 말하는 것Folksy처럼 구어체로 쓰기'와 같이 대화의 외피에만 치중하는 글쓰기를 하게 된다. UX 라이팅은 마치 컴퓨터가 인간이 된 것처럼 흉내내는 미미크리Mimicry 놀이가 아니다. 외려 너무 사람인 척 굴면 불쾌한 골짜기Uncanny valley 효과가 발현되듯 사용자에게 불편한 인상을 줄 수 있고, 종국에 가서

---

1 토레이 파드마저스키 지음, 김경애 옮김, 『전략적 UX 라이팅: 사용자 경험을 위한 마이크로 카피 작성법』, 유엑스리뷰, 2022. 인용한 단락은 영어 원문을 바탕으로 이 책을 위해 다시 번역한 것이다.

는 UX 라이터 스스로가 자신이 구축한 브랜드와 서비스의 캐릭터를 더 이상 감당 못 하게 될 수도 있다.

예를 들어 기능의 정확도나 구현도가 떨어지는 상황에서 UX 라이터가 화려하고 과장된 보이스로 사용자에게 개성적인 인상을 남기려 들면 어떤 일이 일어날지 상상해 보자. 아마 사용자는 내실 없는 빈 깡통이 소리만 요란하다, 또는 기능이 제대로 작동하지 않는데 말만 번지르르하다는 느낌을 받고 결국 제품을 신뢰할 수 없게 될 것이다. 심하면 UX 라이터가 보이스로 흉내낸 캐릭터를 서비스 제공자에 투영시켜 브랜드나 회사 자체를 비난할 수도 있다. 실존하는 인간인 척하는 말투로 연기하는 건 결코 간단한 일이 아니다.

이런 서비스의 의인화 연기는 어떻게 해서든 남달라 보이고 싶은 제작자의 욕망에서 나온다. 분명하게 말하지만 UX 라이팅은 나를 뽐내기 위한 글쓰기가 아니다. UX 라이팅을 할 때는 우리가 지금 서비스나 UX 라이터인 자신의 존재를 사용자에게 각인시키기 위해 글을 쓰는 것이 아님을 항상 기억해야 한다. UX 라이팅은 오로지 사용자의 목표 달성과 훌륭한 사용 경험을 위한 글쓰기이며, 가장 훌륭한 UI 텍스트는 맥락에 자연스럽게 녹아든 나머지 사용자에게 그 자신의 존재가 거의 인지되지 않는 문구이다. 그러므로 UX 라이팅을 처음 시작하는 기획자, 디자이너, UX 라이터들은 담당 서비스를 드러내기 위한 문체, 어투, 보이스와 톤에 대한 고민은 일단 저 뒤쪽으로 미뤄두길 바란다. 가장 우선해야 하는 것은 사용자 과업의 완성을 위해 적정한 정보를 생산하고 전달하는 일이고, 오직 우리가 집중해야 할 문제는 정보를 어떻게 디자인해서 사용자와 진정한 의미의 대화(상호작용)를 할지이다. 정보를 장식하는 플레이팅 스킬, 또 제품 브랜드 이미지 구축을 위한 도구로서의 보이스와 톤 디자인은 그다음에나 생각할 일이다.

물론 폭넓은 사용자층을 상정하는 거대한 서비스에서는 사용자 하나하나에 딱 맞춘 개인화된 정보 디자인을 제공할 수는 없다. 하지만 위에서 말한 '사용자와 대화하듯 쓴다'는 의미가 무엇인지 대해 정확하게 이해하고 있다면, 사용자 중심의 글쓰기, 즉 진정한 의미의 UX 디자인을 텍스트로써 이뤄낼 수 있을 것이다. 화면 저편에서 우리가 설계한 화면을 보고 있는 사람을 이해하고, 그가 알아들을 수 있는 언어를 사용하여 그와 의미 있는 대화(상호작용)를 나누려는 간절한 마음이 UX 라이팅의 시작이라는 사실을 꼭 기억하자.

● UX 라이팅을 바라보는 왜곡된 시각과 그 이유

UX 라이터로 일하다 보면 UX 라이팅에 대한 다양한 시각과 사례를 목격하게 된다. 훌륭한 텍스트로 매끄러운 사용 경험을 만들어내는 것을 볼 때도 있지만, 무리한 유머나 위트로 브랜드를 위험하게 만들거나, 너무 딱딱한 분위기를 조성해서 사용자를 긴장하게 만드는 상황도 심심치 않게 목격하게 된다.

개인적으로 가장 안타까운 경우는 서비스 콘셉트나 디자인(레이아웃, 컬러, 인터랙션)은 아주 훌륭함에도, 오타나 비문 같은 기본적인 텍스트 퀄리티가 확보되지 않아서, 근사한 서비스가 멍청하게 말하는 것처럼 보이는 경우이다.

또 한국어의 특질을 이해하지 못하고 유명 글로벌 서비스의 어색한 번역 레이블을 그냥 가져다 쓰는 경우도 자주 눈에 띈다. 그동안 벤치마킹해 온 서비스의 대부분이 실리콘 밸리에서 만든 영어 앱이었고, 우리 스스로가 한국어 UI 텍스트를 도대체 어떻게 써야 하는지 알기 어려웠기에 이런 베껴 쓰기 습관이 생긴 것에 대해서는 충분히 이해할 수 있다. 특히 모든 모바일 서비스의 근간이 되는 모바일 운영체제OS(iOS, Android)의 레이블부터가 영어에서 번역된 한국어 텍스트이기 때문에, 실무를 하다 보면 어쩐지 구글과 애플이 쓰는 단어나 텍스트 스타일을 그대로 따라야 할 듯한 기분이 든다는 것도 잘 안다. 나 역시 그랬었다. 분명 어색한 한국어임에도 전범典範으로 삼을 만한 사례가 그것뿐이었으니까 말이다.

비슷한 맥락에서 규모가 작은 서비스나 후발주자들이 무비판적으로 대형 서비스의 레이블을 베끼는 상황도 꽤 자주 보게 된다. IT 업계에서 더 나은 서비스를 만들기 위해 벤치마킹은 필수이고, 이것은 UX 라이팅 영역에서도 마찬가지이지만, 벤치마킹한 서비스와 화면 구성, 플로우는 조금 다르게 하면서도 기능명, 메뉴명 등은 그 서비스와 똑같이 하려는 것에 대해서는 조금 심각하게 바라볼 필요가 있다. UI 텍스트를 쓰기는 써야 하는데 이게 정말 맞는지 자신이 없어서 유명한 서비스의 텍스트를 똑같이 쓰고는 '어련히 큰 서비스에서 잘하는 사람들이 잘 썼겠지, 텍스트야 뭐 다 비슷비슷한 거지 뭐'라며 조용히 넘어가는 일이 반복되면, 점점 조직 내에서 텍스트와 정보 퀄리티에 대해 고민하려는 노력은 줄어들게 된다.

특히 서비스 보이스와 톤, 텍스트 스타일은 서비스 규모와 유명세에 많이 휘둘리는데, 어떤 서비스가 자신들이 UX 라이팅을 제일 잘한다고 크게 홍보하면, 다른 서비스에서 '저렇게 자랑하는 것 보니 저게 좋은 UX 라이팅인가 보다'라며 무비판적으로 따라가게 되는 경우가 왕왕 있다. IT 업계에서 실무자 개인 브랜딩이 트렌드가 된 요즘엔 그런 일이 더욱 잦다. 자기 홍보를 위해 들고 나온 잘못된 사례를 벤치마킹해서 다 같이 이상한 스타일로 글쓰기를 하려는 경향이 있어 지켜보는 UX 라이터로서 당황스러울 때가 있다. 특히 근래 들어 몇몇 서비스들이 자사 제품의 정체성이나 플로우, 맥락과는 무관하게 '해요체'를 트렌드처럼 적용하고 있는 것에 대해서는 우려하지 않을 수 없는데, 이 부분에 대해서는 3장에서 한국어 보이스와 톤에 대해 설명할 때 구체적으로 밝히겠다.

아무튼 이런 일들이 반복되면 조직에서 일하는 UX 라이터의 위치와 권한에도 나쁜 영향이 미치게 된다. 조직 내에 UX 라이터의 필요성을 인지하지 못하거나, 제품 제작 프로세스에서 UX 라이터에게 적절한 권한이 주어지지 않을 수도 있고, UX 라이팅 프로세스를 QA 직전에 짧게 배치해서 단순한 교정 교열만 보게 만드는 안타까운 상황이 발생할 수도 있다. 개인적으로 언어 전문가인 UX 라이터를 고용해 놓고 네이버 맞춤법 검사기와 다름없는 일을 시키려 드는 다른 회사 상황에 대해 전해 들을 때마다 당황스럽고 답답하기도 하다. 조직의 임원이 어디선가 잘못된 UX 라이팅 트렌드를 듣고 와서는 자사 제품과 어울리지 않는 보이스와 톤을 강권해서 힘들다는 다른 회사 UX 라이터의 하소연을 들을 때에는 막막한 기분을 금할 수가 없다.

도대체 왜 이런 일들이 생기게 되는 걸까? 나는 UX 라이팅과 라이터에 대한 이런 왜곡된 시각, 상황은 모두 UI 텍스트를 UX 디자인의 핵심 요소로 바라보고 있지 않다는 데서 기인한다고 생각한다. 디자인은 선, 면, 컬러, 인터랙션으로 구성되는 어떤 멋진 것이고 텍스트는 어쩔 수 없이 그 위에 얹어야 하는, 어쩐지 아름답고 심플한 디자인을 방해하는 필요악처럼 여기는 시각 말이다. 실제로 이런 분위기 속에서 UX 라이팅을 하면 UX/UI 디자인 바깥에서 겉도는, 어딘가 어색한 텍스트가 나올 수밖에 없다. UX 라이팅이 제품 제작 프로세스에 발맞춰 진행되지 못하고 제작 여정 끝, 저 바깥 쪽에서 서성이게 되면 텍스트는 구색을 갖추기 위해 음식 위에 억지로 올린 어울리지 않는 고명처럼 어정쩡한 존재가 되어버린다. UI 텍스트 용어 목록에서 무조건 한자어를 배척하고 풀어서 쓰는 것을 UX 라이팅의 전부인 것처럼 논하거나, 보이스와 톤에만 집중하는 장식적인 글쓰기가 마치 UX 라이팅의 꽃인 것처럼 이야기하는 상황에서, 실무 UX 라이터들은 '우리는 제품을 관통하는 UX 라이팅, 정보를 디자인하는 글쓰기를 해야 한다'는 이야기를 도대체 어디서부터 어떻게 해야 할지 막막함을 느끼게 된다.

이런 잘못된 시각 때문에 텍스트가 디자인과 분리되어 엉성하게 걸쳐져 있게 되면 필연적으로 사용성의 문제가 발생한다. 대표적인 사례로 극단적으로 텍스트를 줄여서 사용성을 놓치는 경우를 들 수 있다. 일부에서는 텍스트가 적은 것이 힙한 서비스라며 텍스트의 힘과 무게를 간과하거나 무시하는 경향이 있다. 정보의 질이나 텍스트 앞뒤에서 주고받는 영향 따위는 안중에도 없고 무조건 짧게 쓰라고 강요하거나, 깔끔한 디자인을 만들기 위해 웬만하면 텍스트는 쓰지 않는 것이 좋다는 식의 분위기에서 UX 라이팅이 설 자리는 매우 좁아질 수밖에 없다. 텍스트의 길이를 줄이고 간결하게 제공하는 것은 조직 내의 그 누구보다 UX 라이터들이 가장 원하는 바지만, 아름다움만을 위해 사용 맥락을 고려하지 않고 정보를 극단적으로 줄인다면 사용자가 서비스 자체를 이해하지 못하게 된다.

깔끔한 화면을 위해 꼭 필요한 텍스트까지 걷어내고 아이콘이나 일러스트 등의 시각적인 요소에 과도하게 기대다가, 결국 사용자가 무슨 상황인지를 이해하지 못해서 사용성 문제가 발생하면 뒤늦게 레이블을 다시 추가하는 소동은 실무에서 굉장히 자주 있는 일이다. 단언컨대 텍스트를 극단적으로 줄인 서비스는 언뜻 힙하거나 심플해 보일 수 있지만, 의미 있는 정보를 사용자에게 충분히 제공할 수는 없다. 서비스가 동작하는 방식, 개념, 방향성과 가치는 모두 언어로만 표현할 수 있고, 적절한 양의 텍스트가 없다면 복잡한 시스템의 작동 방식, 주의 사항, 문제 상황을 사용자에게 설명할 수 없기 때문이다.

개인적으로 앞서 지적한 UI 텍스트 베껴 쓰기 풍토 역시 UI 텍스트에 대한 잘못된 시각에서 기인한다고 생각한다. UI 텍스트는 서비스의 성격과 철학을 그대로 반영하는 거울이다. 다른 메이저 서비스의 UX와 UI 플로우, 화면 구성과 사용자는 우리 서비스와 완전히 같을 수 없다. 설사 개발 기술이나, 화면 구성이 유사할지언정 텍스트는, 아니 텍스트만은 같으면 안 되는 것 아닌가? 사용자에게 알려주고 싶은 정보, 하고 싶은 말, 그것을 드러내는 용어와 표현은 서비스가 다르다면 당연히 다를 수밖에 없다. 보이스와 톤 역시 마찬가지다. 남들과 다른 콘셉트인데 남들이 다 해요체를 쓴다고 우리도 무비판적으로 말투를 흉내내면 안 된다. 모든 사람의 성문聲紋이 다른 것처럼, 각각의 서비스에는 음성과 어조에 대한 독특한 개성과 운용 전략이 있어야 한다. 누군가를 성대모사하는 아류로 스스로의 가치를 떨어트리고 싶지 않다면 자신의 서비스에 맞는 고유한 목소리로 자신만의 이야기를 해야 한다.

UX 라이팅이 할 수 있는 일, 할 수 없는 일

이런 상황과 문제점을 쭉 나열하고 나면 당연하게도 UX 라이팅을 도대체 어떻게 해야 하는지, 그 효과는 얼마나 큰지에 대한 물음이 생겨날 것이다. 실제 UX 라이팅에 대한 관심이 높아지면서 내가 정말 많이 받는 질문이기도 하다. 나는 동료들이나 다른 회사의 조직 책임자분들에게 'UX 라이팅을 하면 뭐가 좋으냐? 도대체 글을 어떻게 써야 효과가 발생하냐?' 또는 '자신의 UX 조직에 UX 라이터를 영입해야 하느냐?'와 같은 질문을 받을 때마다 이렇게 말하곤 한다.

여러분들은 다들 훌륭한 UX 전문가들이시고 한국어 네이티브 이시기 때문에 그동안 어느 수준 이상의 UX 라이팅을 해오셨을 것입니다. 그동안 글쓰기에 신경 쓰지 못했다고 하셔도 UI 텍스트는 UX/UI의 핵심 중의 핵심이기 때문에, 만약 여러분들의 서비스에 좋은 사용자 경험이 구축되어 있다면 그 안의 담긴 텍스트 역시 어느 정도 수준 이상이겠죠. 보지 않아도 저는 확신할 수 있습니다.

그렇기 때문에 갑자기 여러분의 조직에 UX 라이터를 영입한다고 해서 그렇게 큰 지표 상승을 기대하기는 어려우실 수 있습니다. 클릭률을 위해 기획된 후킹Hooking 글쓰기는 UX 라이팅의 영역이 아니고, 정상적인 UX 라이터라면 지표를 얻기 위해 다크 패턴으로 사용자를 기만하는 일은 절대 하지 않으니까요. 그런 잔기술을 위해서라면 굳이 UX 라이터를 고용하실 필요가 없습니다.

하지만 만약 서비스의 사용성 문제를 언어로 해결하고 싶다면, 더 좋은 사용자 경험을 제공하고 싶다면 UX 라이터를 채용하는 걸 추천드립니다. UX 라이터는 사용자를 유혹하거나 욕망을 자극하는 사람이 아니라, 사용자를 이끌어서 그들이 목표한 바에 닿도록 돕는 길잡이이자 사용성 전문가이니까요. 사용자의 목표 달성은 비즈니스 성과와 직결되니까 UX 라이터는 사용자 인도자로서 제품과 사업에 기여할 수 있을 겁니다.

UX 라이팅을 하면 사용성이 확 높아지고 유입률을 끌어올릴 수 있다고 생각하는 과도한 기대가 조금 부담스럽고, 실제로 UX 라이팅을 '돈을 벌어오는 글쓰기'로 정의한 경우도 봤기에 UX 라이팅의 효용에 대해 묻는 질문에는 나는 보통 이렇게 대답하곤 한다.

가끔 짓궂게 '물론 서비스 지표를 미친 듯이 흥하게 만들 수는 없지만 확실하게 망하게 만드는 건 금방 할 수 있어요'라는 농담을 덧붙인다. 당연히 농담이지만 사실 텍스트로 사용성을 파괴시키는 건 아주 쉬운 일이다. 레이블을 부정확하게 써서 사용자가 길을 잃고 한두 번 헤매게 만들면 사용자는 불쾌감을 느끼고 바로 서비스에서 이탈하게 되니까 말이다. 이 말인즉슨, UX 라이팅은 UX 디자인의 사치재가 아닌 필수재라는 것이다. UI 텍스

도표 1-1   구글 호텔 예약 화면의 버튼 개선

트가 정확하지 않으면 서비스를 탐험하는 여정은 즉시 중단된다. 업계에서 UX 라이팅의 대단한 성과로 자주 언급되는 구글 호텔 예약 화면의 버튼 사례에 대해서 새롭게 해석해 보자(도표 1-1).

구글에서 호텔을 검색한 사용자를 해당 호텔의 객실 예약 플로우로 보내주는 버튼이 하나 있었다. 이 버튼 레이블은 원래 '객실 예약Book a room'이었는데, 물론 이 버튼을 누른다고 해서 바로 객실이 예약되는 것은 아니었다. 아직 사용자는 객실에 대한 구체적인 옵션을 선택하지 않았기 때문이다. 실제로 이 버튼을 누르면 객실 종류, 가격, 해당 날짜에 공실이 있는지 등을 체크하는 화면으로 이동하며, 옵션 선택을 마친 후에야 예약 및 결제 화면으로 가게 된다. 이성적인 사용자라면 누구나 이 버튼을 누른다고 해서 바로 객실이 예약되지 않으리라는 것을 알 수 있을 테지만, 어찌 된 일인지 사용자들이 자꾸 이 버튼을 누르는 것을 망설여서 인게이지먼트Engagement가 매우 저조했다고 한다. 예약할 대상이 정해지지 않았으므로 예약할 수 없는 것이 당연한데도 왜 사용자들은 이 버튼을 누르는데 망설였을까?

그 이유 중 하나는 IT 서비스에 대한 신뢰의 부재일 수 있다. '이거 눌렀다가 혹시라도 랜덤하게 아무 날짜, 아무 방이나 예약되는 것은 아니겠지? 그동안 별의별 이상한 서비스들이 있었잖아?' 같은 두려움을 사용자가 느꼈을 수 있다. 아마도 이런 생각은 그동안 부정확한 UI 텍스트에 속아온 사용자의 방어 기제에서 기인했을 것이다.

하지만 낮은 인게이지먼트의 가장 근원적인 이유는 이 버튼이 실제 바로 다음에 이어지는 화면(객실 정보, 가격, 예약 가능 여부 탐색하는 화면)을 정확하게 지시해 주지 못해서이다. 이다음에 호텔 객실 옵션을 선택하는 화면이 나올 것이라면 이 연결 버튼은 앞으로 펼쳐질 상황을 정확하게 예고해 주면 될 일이었다. '객실 예약'처럼 최종 예약 액션을 묘사해서는 안 되었던 것이다. 결국 UX 라이팅의 기본 원칙인 정확성이 부족한 레이블이 문제를 발생시킨 사례로 볼 수 있다.

구글의 UX 라이터는 다음 화면을 정확하게 묘사한 '예약 가능 여부 알아보기Check availability'로 버튼 레이블을 바꿨을 때 사용자 인게이지먼트가 17퍼센트 증가했다고 밝혔다. 정확도를 높이는 동시에 사용자의 부담감을 줄여주는 표현으로 레이블을 개선하니 큰 성과가 나타난 것이다. 하지만 나는 이 에피소드에서 몇 개의 단어로 큰 성과를 만들어낸 UX 라이팅의 활약상에 열광하기보다는, UX/UI의 필수재인 UX 라이팅을 제대로 하지 못하면 수많은 잠재적 사용자를 잃을 수 있다는 뼈아픈 교훈에 주목해야 한다고 생각한다. 해도 그만, 안 해도 그만인 것이 아니라, 제대로 안 하면 서비스의 사용성이 매우 나빠질 수 있는 것이 바로 UX 라이팅이라는 교훈 말이다. 비유컨대, UX 라이팅은 빨래, 청소처럼 위생과 관련된 필수적인 집안일과 같다. 평소에 잘해뒀을 땐 아무도 그 중요성을 모르지만, 제대로 안 하면 바로 그 집이 엉망이라는 걸 모두가 알게 되고, 종국엔 집에 사는 사람들이 시름시름 병에 걸리게 되는 것처럼 말이다.

마지막으로 그동안 강조되지 않았던 문제 해결사로서 UX 라이팅의 역할에 대해 이야기해 보자. 생각보다 QA 기간에 급하게 문제 해결을 위한 UX 라이팅 요청이 많이 접수되는데, 설계, 디자인, 개발 단계에서는 예측하지 못한 다양한 이슈들, 또는 처음부터 케이스를 분리해서 표현을 다르게 배치했어야 했던 예외 케이스들이 QA 과정에서 수면 위로 드러나기 때문이다.

예를 들어 한 디자이너가 A라는 의미를 상징하는 완전히 새로운 아이콘을 디자인해서 화면에 넣었는데, QA 직전에 간단한 사용성 테스트UT, Usability testing를 해봤더니 사용자가 아이콘의 형태만 보고 그 의미를 전혀 이해하지 못하는 결과가 나왔다고 상상해 보자. 만약 그 부분을 당장 고치기 어려운 상황이라면 임시방편으로 아이콘 아래에 레이블을 넣어 모호성을 해결해야 한다.

프로세스 끝에서 불려 와 그제야 아이콘을 처음 본 UX 라이터는 언어 전문가로서 이 아이콘의 형상Signifier, 기표과 원래 넣고 싶어 했던 개념Signified, 기의이 부합하지 않는다고 설명한다. 아이콘 형태와 아이콘 레이블의 의미가 서로 충돌한다고, 또 그동안 우리 서비스에서는 이 텍스트 레이블은 이러저러한 상징이나 맥락에서만 사용했다며 의미 일관성 문제도 제기한다. 문제는 구성원 모두가 문제 상황을 이해했지만 이미 너무 늦었기 때문에 아이콘 형태는 수정되지 못하고 그대로 배포해야 한다는 것이다.

이럴 때 UX 라이터는 문제적 아이콘의 모호한 의미를 텍스트로 커버해 줘야 한다. 사용자는 아이콘 형상을 보고 의미를 파악하지 못하더라도 텍스트를 통해 정보를 얻을 수 있다. 모호한 상징과 구체적 텍스트가 병렬 표기되어 서로 의미적 충돌을 일으킬 경우에는, 비교적 명확한 기표인 텍스트를 통해 사용자가 의미를 파악하기 때문이다. 아이콘이 수정될 다음 버전까지 일단 텍스트가 정보 전달의 역할을 담당하며 버텨줄 수 있는 것이다.[2]

제품과 서비스가 항상 완벽할 수 없다는 것은 우리 모두 알고 있다. 각 서비스가 구성된 방식, 적용된 기술과 제약 사항

남자 화장실

도표 1-2 비상구 아이콘에 화장실 레이블을 붙이면 사용자는 대상을 화장실로 인지하게 된다. 상징의 모호성보다 텍스트의 구체성이 순간적으로 더 강하게 어필되기 때문이다.

이 모두 다르고, 사용자가 현재 사용하고 있는 기기의 스펙, OS 버전 또한 모두 다르기 때문에 더더욱 완전하기 어려우며, 버그와 휴먼 에러는 불가피하게 제품에 존재할 수 밖에 없다. 하지만 다양한 사용자, 사용 환경과 불시에 생긴 급박한 변화 속에서 근본적인 문제 해결을 빠르게 수행이 어려울 때, UX 라이팅이 그 불완전함을 '잠시' 해결할 수 있다. UX 라이터는 위 아이콘 레이블 추가 케이스와 같이 텍스트로 사용자의 의미 이해를 돕거나, 이상한 오류 상황을 사용자가 납득할 수 있도록 적절한 오류 메시지를 제공함으로써 사용자의 당황스러움을 진정시켜 줄 수 있다. 더

---

2 그렇기 때문에 UX 라이팅은 제품 개발 프로세스 초반부터 함께해야 한다. 기획, 디자인 프로세스 초반에 UX 라이팅 검토가 이루어지면 UX 라이터가 언어적으로 발생할 수 있는 문제를 대부분 걸러내 줄 수 있으므로 제작 후반부에 문제가 발견되는 상황을 미연에 방지할 수 있다. LINE에서는 프로젝트 킥오프 시에 UX 라이터와 현지화 PM이 참석하고, 기획이 완전히 확정되기 전에 UI 텍스트를 리뷰한다. 언어, 설계, 디자인, 개발 어느 누구도 굳어져 버리지 않은 상태에서 작업을 함께 확인하고 서로 맞춰가면 보다 완성된 사용자 경험을 디자인할 수 있다.

나아가 사용자가 아예 문제를 인지하지 못하도록 매끄러운 언어로 문제 상황 국면을 전환시켜 동료들이 해당 문제를 수정할 시간을 벌어줄 수도 있다.

(1-2) UX 라이터: 정보 설계자이자 관리자, 언어 전문가, 작가, 문제 해결사

● 프로덕트 메이커로서 UX 라이터가 하는 일

실리콘 밸리의 IT 공룡들은 모두 UX 라이터를 보유하고 있다. 구글, 애플Apple, 메타Meta, 마이크로소프트Microsoft, 어도비Adobe, 슬랙Slack 등 유수의 기업들은 모두 인하우스 UX 라이팅 팀, 또는 UX 라이팅을 담당하는 콘텐츠 전략팀에서 자신들의 서비스 텍스트를 작성하고 있다. 이들에게 UX 라이터가 왜 필요할까?

가장 큰 이유는 그들의 거대한 서비스와 그 서비스를 채우고 있는 UI 텍스트의 양이 압도적으로 많기 때문이다. 이들이 만들어내는 연계 서비스가 얼마나 많을지, 각 제품 하나하나가 얼마나 복잡할지를 일반 사용자들은 짐작하기 어렵다. 개별 서비스 각각에 포함된 UI 텍스트 수는 더더욱 가늠하기 어렵다. 작은 알림 문구부터 화면 끝단에 희미한 회색으로 쓰여 있는 주의 문구까지, 그 수는 거의 헤아리기 불가능할 만큼 많을 것이다. 이 거대한 텍스트 더미들이 항상 그대로이면 좋으련만, 기능이 생기고 업데이트되고 서비스가 종료되는 과정에서 이들도 그에 발맞춰 유기적으로 탄생하고 변화하며 삭제된다.

생물처럼 변화하는 이 엄청난 양의 텍스트를 일관성 있게 작성하려면 우선 단단하고 구체적인 가이드라인이 있어야 하고, 그 가이드라인에 따라 텍스트를 작성하고 관리할 사람이 있어야 한다. 서비스 구석구석 연결된 플로우까지 정확하게 이해해야 상호작용 기능을 수행하는 UI 텍스트를 쓸 수 있기 때문에, 글로벌 서비스들에겐 큰 프로덕트를 전체적으로 정확하게 이해하고 있는 인하우스 UX 라이터가 반드시 필요했을 것이다.

흔히들 UX 라이터를 영어 번역 그대로 'UX 작가'라고 생각하는 경우가 있지만, 앞서 말한 것처럼 UX 라이터는 언어를 다루는 사용성 전문가, 디자이너, 정보 설계자 또는 관리자에 가까우며 실제 프로덕트 메이커로서 일한다. 회사마다 담당하는 업무가 조금씩 다를 수 있지만 일반적으로 UX 라이터는 다음과 같은 일을 한다.

우선 가장 중요한 업무이자 가장 많은 시간을 투자하는 일은 역시 UI 텍스트 작성이다. 기획자나 디자이너가 화면에 필요한 UI 텍스트를 의뢰하면, 현재 화면과 주변 플로우에서의 텍스트의 역할, 위상, 표시 위치, 노출 타이밍 등을 기획서 및 디자인 분석을 통해 우선 확인한다. 이후 시스템 전반의 일관성을 위해 관련된 기존 텍스트 히스토리를 찾고, 유사 서비스 등을 리서치해서 사용할 수 있는 표현군을 찾아보고, 각 표현들이 언어적으로 어떤 문제가 있는지 어학적 검토까지 마친 후 비로소 UI 텍스트 작성을 시작한다.

UX 라이터가 UI 텍스트를 쓸 때 영감이나 직관에 의존하는 일은 생각보다 적다. 보통은 텍스트 가이드라인과 기존 히스토리, 서비스 내의 유사 케이스, 주변 기능과의 연계성과 UI 플로우에 근거해서 쓴다. 언어 전문가로서의 직관을 사용할 때는 모든 배경 사항을 검토하고 우선 적용할 원칙을 저울질해봐도 도무지 답이 안 나오는 까다로운 상황일 때뿐이다. 나는 그럴 때를 '새로운 언어를 열어야 하는 상황'이라고 부른다. 전례가 없던 상황에서 한 번도 생각해 본 적 없는 새로운 표현을 적용할지 말지를 결정해야 할 때 UX 라이터들은 꽤나 부담을 느낀다. 오늘 이 표현을 쓰기로 한 결정이 먼 훗날 내가 미처 확인하지 못한 다른 UI 텍스트나 화면에 부정적 영향을 미칠 수 있다는 걸 알고 있기 때문이다. 지금 쉽게 직관에 따라 결정해 버렸다가는 나중에 줄줄이 이전 상태로 롤백Roll back해야 할 수도 있으므로 새로운 표현을 선정하고 적용할 때에는 되도록 보수적으로 접근해야 한다. 내 언어적 직관은 정말 어쩔 수 없이 마지막에, 며칠을 고민한 후에 사용한다.

물론 이렇게 고심해서 텍스트를 쓴다고 다 끝나는 것이 아니다. UI 텍스트를 쓰고 나면 기획자와 디자이너의 확인을 받고 몇 번을 핑퐁을 치면서 모두가 원하는 방향으로 다듬는다. UT나 독푸딩Dogfooding(출시 전 임직원 베타 테스트) 결과에 따라 텍스트를 변경하는 일도 흔히 일어난다. 최종적으로 빌드에 반영시키고 나서는 내가 쓴 텍스트가 정확하게 화면에 표시되는지 베타Beta 버전에서 언어 품질 검증LQA, Language quality assurance를 진행한다. 이렇게 마지막까지 서비스될 버전에 잘 반영되었는지를 확인했으면 이제 새로운 내용을 텍스트 가이드라인과 히스토리 문서에 반영해서 잘 갈무리해 두어야 한다. 추후에 연관된 텍스트가 나오거나 화면 변경이 있을 때 정리해 둔 히스토리가 분명 도움을 줄 테니까 말이다. 이것이 UX 라이터의 기본 업무 루틴이다. UX 라이팅 프로세스는 비슷하지만 리뷰 대상은 매일 새롭다. 매일 새로운 설계서를 보고, 그 안에 담긴 새로운 고민들을 마주한다.

텍스트 작성과 검수 가이드라인 작성 외에도 매일매일 기획, 디자인, 개발, 법무, 보안, 마케팅 조직 등 다양한 곳에서 보내오는 UI 텍스트에 대한 의견과 요청에 대한 대응 역시 UX 라이터의 주요한 업무다. 생각보다 자신의 언어 습관이 한국인의 표준이나 정석이라고 확신하며 특정 표현을 고집하는 사람도 많고, 여러 조직에서 자신들의 업무를 기준으로 UI 텍스트를 해석하여 강한 주장을 하는 일도 잦다. 이런 피드백을 받았을 때 잊지 말아야 할 것은 자연스럽게 한국어를 말할 수 있다고 해서 그가 정확하고 옳은 한국어 구사하는 게 아니라는 점이다. 사용자의 언어 직관을 존중하는 자세를 견지하되, 모든 제안이나 지적을 그대로 받아들이기보다는 우리가 고민하고 조사해서 쓴 UI 텍스트의 근거가 여전히 유효하고 타당한지를 재확인하고 그에 의거하여 대응하거나 설득하는 것이 바람직하다. 물론 타당한 지적이라면 열린 마음으로 받아들여 텍스트를 수정하거나 가이드라인에 반영해야 한다.

이 외에도 국어학, 언어학, IT 현지화, 리터러시Literacy 관련 논문을 통해 스터디를 하거나 경쟁자 분석이나 유사 서비스의 텍스트 트렌드 조사, 벤치마킹도 거의 매일 수행한다. 살아 움직이는 제품 언어의 품질을 높이기 위해 글을 쓰는 시간 이외에도 리서치에 생각보다 많은 시간을 투자해야 한다.

UX 라이터에게 필요한 역량

그동안 나는 많은 사람들에게 UX 라이터가 되려면 무슨 공부를 하고, 어떤 전공을 해야 하는지에 대한 질문을 받았다. 같은 질문을 여러 번 받다 보니 어떻게 대답을 해야 할지 진지하게 생각해 본 적이 있는데 아무래도 어문학 전공, 특히 본인이 UX 라이팅 하고자 하는 언어의 전공자인 것이 가장 좋다고 생각한다. 전공자가 아니라면 적어도 해당 언어의 개론 수업을 듣거나 언어 관련 이론서를 읽고 어학적 지식을 습득해 두는 것이 필요하다.

이렇게 말하는 이유는 UX 라이터로 일하면서 내가 담당하는 언어의 특질에 대해서 이론적으로 설명해야 할 일이 생각보다 많았기 때문이다. 언어 전문가로서 UX 라이터는 항상 근거를 갖고 UI 텍스트를 기획자와 디자이너에게 제안한다. 보통 그 제안의 근거는 히스토리나 가이드라인, 데스크 리서치 결과인데 그것들 대부분은 해당 언어에 대한 어학적 지식을 기반으로 작성된 것들이다. 특히 유사한 여러 표현 중 하나를 골라야 할 때에는 UX 라이터가 각 선택지의 언어적 자연스러움에 대한 순위를 정해줄 수 있어야 하고, 왜 이 표현을 사용하는 것이 더 나은지에 대한 이유를 프로젝트팀에게 언어적 측면에서 설명할 수 있어야 한다.

예를 들어 중요한 신규 기능명을 정해야 할 때에는 네이밍 리뷰를 의뢰받는다. UX 라이터들은 여러 리서치를 거쳐서 다수의 명칭 선택지를 제안하되 각 표현의 사전적인 의미와 변천 양태, 그에 대한 언중의 수용도 등 언어사회학적인 정보와 제언도 함께 코멘트한다. 각 옵션의 장단점, 적용되었을 때의 해석의 위험성도 함께 언급하는 경우가 많다. 요컨대, UX 라이터는 그냥 글을 잘 쓰는 사람이 아니라 어떤 이유에서 이 텍스트가 작성되었는지를 객관적 근거와 언어 지식으로써 잘 설명할 수 있는 사람이어야 한다. 물론 이런 근거 마련과 설득을 위해 언어학자 수준의 전문성까지 지닐 필요는 없다. 그러나 UX 라이터가 본인이 다루는 언어의 특질에 대해 그 회사에서 가장 잘 아는 사람이어야 하는 건 확실하다.

그런데 나는 보통 UX 라이터가 되려는 사람에게는 전공보다는 그 사람이 지닌 UX 라이터로서의 필수 역량이 더 중요하다고 강조하곤 한다. 실제 훌륭한 역량을 갖춘 라이터 동료와 일할 때 정말 신나게 일을 했었고 UX 라이팅 작업 결과 역시 좋았다. 나 스스로도 끊임없이 이런 필수 역량을 완벽하게 갖춘 사람이 되기 위해 노력하고 있기도 하다. 지금부터는 UX 라이터라는 직업을 고민하는 분들, 또 UX 라이터 채용을 고려하고 있는 분들에게 도움이 될 수 있도록, UX 라이터에게 필요한 역량에 대해 잠시 이야기해 보겠다.

첫째로 UX 라이터에게는 UX/UI 디자인 역량, 특히 기획 역량이 반드시 필요하다. UX 라이터는 언어를 도구로 쓰는 UX 디자이너이다. 일반적인 기획자, PM이 프로젝트를 다루는 것처럼은 아니더라도, UX/UI 디자인에 대한 전반적인 이해를 바탕으로 작업을 수행해야 한다. 앞서 강조했듯 UX/UI 디자인과 UX 라이팅은 분리될 수 없기 때문에 한쪽에 문제가 있으면 다른 쪽도 제대로 작동할 수 없다. 텍스트의 문제로 접근했지만, 사실 UI의 문제인 경우도 꽤 많기 때문에 기획, 디자인의 시각에서 진짜 문제가 무엇인지를 파악하고, 발견된 문제를 어떻게 해결할지를 고민할 수 있어야 한다. 실제로 내가 작업하는 UX 라이팅 프로젝트 중 절반 정도에서 텍스트와 관련된 화면 구성이나 컴포넌트 변경 등을 제안하곤 한다. 1버튼 팝업을 토스트로, 툴팁을 디스크립션으로 바꾸는 것과 같은 단순한 컴포넌트나 표기 위치 변경뿐만 아니라, 앞뒤 플로우나 화면 구성 전체에 대해 코멘트를 주는 일도 매우 잦다.

이 때문에 UI 텍스트를 작성하고 관리하기 위해서는 정보 및 화면 설계 등 기획 역량이 필수적이다. 실제로 숙련된 UX 라이터는 중급, 고급 기획자 정도의 기획 역량을 가진 경우가 많다. 수백, 수천 개의 설계안을 보고 리뷰해 왔기 때문에, 자연스럽게 설계의 빈 부분, 예외 케이스를 누구보다 잘 파악하고 커버할 수 있는 사람으로 성장하게 된다. 조직에 인력이 부족할 경우 UX 라이터가 기획자나 디자이너로 일을 하는 경우도 있고, UX 라이터를 하다가 PM이나 디자이너로 전업하는 경우도 해외에서는 자주 있다. 반대로 기획이나 디자인 업무를 하다가 UX 라이터로 직무 변경을 하는 경우도 있는데, 이런 경우는 아무래도 더 넓은 시각으로 제작 프로세스 전반을 바라볼 수 있다는 장점이 있다.

어떻게 보더라도 UX 라이팅과 기획, 디자인의 영역이 매우 밀접하다는 것은 확실하다. UX 라이터라면 국지적인 언어의 문제만이 아니라 제품 전체를 꿰뚫어 보는 넓은 시각을 갖고 기획자, 디자이너와 협업할 수 있는 능력이 반드시 필요하다. UX 라이팅 팀 차원에서 새로운 라이팅 툴을 만들고 개발 스킬을 계속 연마하거나, UX/UI 이론과 트렌드 등을 끊임없이 공부하는 이유도 바로 제품 디자인을 전체적인 시각에서 이해하려고 하기 때문이다. 만약 기획이나 디자이너 경험 없이 UX 라이터 직무를 수행하려 한다면 별도로 UX/UI 교육을 수료하거나 따로 관련 지식을 학습하는 것이 좋다.

두 번째로 UX 라이터에게 요구되는 역량으로는 빠른 손과 특출난 기억력, 문제 해결 능력이다. 일반적으로 기획자나 디자이너가 여러 명인 규모 있는 서비스에서 UX 라이터를 채용한다. 설계안을 작성하는 사람은 여러 명이고 그들이 필요한 텍스트는 하루에 수십 수백개인데, UX 라이터는 한 명뿐이니 매일 정신이 하나도 없다. 리뷰해야 할 텍스트 더미가 빨랫감 쌓이듯 쌓이고, 이곳저곳에서 자기 담당 기능/화면을 먼저 봐달라고 독촉하면, 분명 뭄바이 빨래터의 빨래꾼 같은 느낌으로 식은땀을 흘리며 리뷰하는 일도 생기게 될 것이다. 이 때문에 UX 라이터는 고속 윤전기처럼 UI 텍스트를 써낼 수 있어야 한다. 하루에 적게는 몇십 건, 많게는 몇백 건 이상의 텍스트를 맥락과 위치, 타이밍을 검토해서 작성하거나 수정해야 하는데, 이들 중에 문제가 있는 케이스가 많을 경우에는 해당 기능 담당자와 따로 논의해서 작성해야 한다. 결국 UX 라이터에게는 빠른 업무 처리와 멀티 프로젝트 관리 능력은 필수 역량이라고 할 수 있다.

빠르게 업무를 처리할 때 뛰어난 기억력은 큰 도움이 된다. 앞에서 말했듯이 UI 텍스트는 비선형적인 텍스트이지만, 동시에 서비스에서 플로우와 맥락으로 다른 텍스트들과 강력하게 연결되어 있는 사슬형 담화이기도 한다. UX 라이터는 한 개의 UI 텍스트가 지니고 있는 히스토리와 관계성을 기억하여, 군이 찾아보지 않아도 그들 간의 일관성을 맞춰주고 기획자에게 과거 텍스트 변경 히스토리를 알려줄 수 있을 정도로 기억력이 좋아야 한다. 완벽한 가이드라인 암기는 기본 중에 기본이다. 텍스트 가이드라인을 만들고 프로덕트팀에게 그것의 중요성을 강조하는 사람은 UX 라이터이지만, 실제 작업할 때는 가이드라인을 거의 보지 않는다. 이미 외우고 있기 때문에 군이 문서를 찾아볼 필요가 없는 것이다. 하나하나 찾아보면서 쓰면 절대 데드라인을 맞출 수 없으므로, 조금 벅차더라도 UX 라이터는 담당하고 있는 서비스의 텍스트 체계와 히스토리, 가이드라인을 기억하여 빠르게 작업을 수행해야 한다.

IT 업계에서 일하는 모든 사람들에게 문제 해결 역량이 요구되는데, UX 라이터에게도 역시 굉장히 현실적인 업무 처리를 위해 문제 풀이 능력이 필요하다. 기획자와 디자이너가 전체적인 사용 경험의 판을 짠다면, UX 라이터는 어떤 정보와 어떤 말로 사용자를 그 판으로 이끌어낼지, 또는 사용자의 문제 해결을 어떤 방식으로 도와줄지를 담당한다고 할 수 있다. 특히 급하게 의뢰되는 오류 케이스 문구를 작성해야 할 때 이 문제 풀이 능력이 빛을 발한다. 어찌할 바 없이 막힌 제약 사항에 둘러싸인 케이스에서 오류 메시지를 띄워야 할 때, UX 라이터는 빠르게 문제 상황을 파악하고 어떤 말로 사용자가 처한 상황에 도움을 줄 것인가, 어떻게 정보를 뿌리고 그 결과를 예상해서 다음 메시지를 전달할 것인가를 고민한다. 단순한 글쓰기 차원이 아닌 아닌 상황 단위에서 문제를 바라보고 그것을 언어로 해결해 내는 문제 해결 능력이 절실할 수밖에 없다.

마지막으로 UX 라이터에게는 방대한 텍스트를 관리할 수 있는 정보 관리 능력이 필수적이다. 휴대폰 제조사에서 일했을 때 휴대폰 전체 설계서를 다 읽어본 사람은 UX 라이터인 당신밖에 없을 것이라는 이야기를 들은 적이 있다. 보통 설계자는 자신의 담당 기능에 집중하는 경우가 많은 반면, UX 라이터는 일관된 텍스트를 위해 서비스에 존재하는 거의 모든 기능의 설계안을 분석하고, 전 화면에 있는 서비스 텍스트를 모아 통합된 관점에서 텍스트 퀄리티를 관리한다.

실제로 UX 라이터는 서비스에 존재하는 모든 UI 텍스트를 체계화하여 관리할 수 있어야 한다. 신규로 추가되는 기능과 페이즈 아웃Phase out되어 사라지는 기능의 텍스트를 시스템에 넣고, 빼고, 히스토리를 기록해 두는 것뿐만 아니라, 그 경향성을 판단해서 텍스트 가이드라인을 작성하고, 주기적으로 업데이트한 다음, 그 변경된 가이드라인을 다시 현재의 텍스트에 적용하는 복합적인 문헌 정보 관리자 역할을 수행해야 한다. 이것은 개별 화면 단의 국지적인 정보 일관성을 맞추는 것과는 다른 차원의 총체적인 정보 관리 행위다. 대량의 텍스트를 처리할 수 있는 정보 관리 능력이 없다면 쏟아지는 글자들의 무게를 견딜 수 없다.

회사마다 다르지만 자기 서비스에 현재 노출되고 있는 텍스트가 무엇인지, 전체 텍스트 목록조차 파악되지 않은 경우가 왕왕 있다. 작은 스타트업에서 시작해서 급격하게 성장한 서비스일수록, 또 버전 배포 주기가 빠른 조직일수록 텍스트가 체계적으로 관리되지 못하고, 화면 단에서 소리 소문 없이 생겼다가 사라지는 경우가 많다. 그런 회사에 UX 라이터가 처음 채용된다면 가장 먼저 시작해야 하는 일은 어떤 텍스트가 어느 정도 분량으로 어느 화면에 존재하고 있는지를 확인하여 데이터 베이스화 하는 것이다. 더 크고 체계적인 서비스로 발돋움하려면 반드시 서비스 내에 존재하는 모든 텍스트를 시스템화하여 관리해야 한다. 존재가 파악되지 않은 UI 텍스트는 서비스 어느 구석 그늘에 몰래 숨어 있다가 의외의 곳에서 튀어나와 모두를 곤란하게 할 수 있기 때문이다.

1-3 챗GPT는 UX 라이팅을 어떻게 바꿀까?

● AI 시대의 UX 라이터

2023년 상반기 현재, 전세계에 챗GPTChatGPT 열풍이 불고 있다. 언론에서는 연일 발전된 AI의 놀라운 능력을 앞다투어 보도하고 챗GPT를 활용한 크고 작은 프로젝트들은 세간의 화제가 된다. 실제로 AI로 무장한 자동화 시스템은 비교적 단순한 업무들부터 빠른 속도로 인간을 대체해가고 있다. 대표적인 예로 트랜스포머 아키텍처Transformer architecture를 기반으로 하는 구글 번역, 파파고, 딥엘DeepL 번역기를 들 수 있는데, 이들은 수준 높은 번역 결과를 앞세워 복잡한 맥락 이해가 필요 없는 단순 문장 번역에서 이미 주니어 번역가의 역할을 대체하고 있다. 이제 AI 번역기를 통해 누구나 쉽고 빠르게 꽤 괜찮은 수준의 번역 결과를 받아볼 수 있게 되었고, 그 결과 더 많은 사람이 언어의 장벽을 넘어 광대한 지식의 세계에 더 쉽게 접근할 수 있게 되었다.

그러나 당연하게도 이 같은 기술 혁신에 대해 열광과 환호만 있는 것은 아니다. 이 뜨거운 관심 이면에는 AI가 당장 내 직업을 빼앗아갈지도 모른다는 차가운 두려움이 존재한다. '과연 AI가 인간의 일을 완벽하게 대체할 수 있는가?'라는 물음은 현시점 전 인류의 가장 뜨거운 토론 주제이다. 인공지능이 내 생계를 위협하는 일은 먼 훗날, 그러니까 내가 은퇴한 이후일 거라고 막연하게 생각했던 사람들은 급작스러운 기술의 침공에 크게 놀랄 수밖에 없었다.

고백하건대, 사실 나도 AI 글쓰기 서비스와 챗GPT를 처음 써봤을 때 UX 라이터로서 막연한 두려움을 느꼈다. 비록 AI가 생성한 UI 텍스트와 마이크로카피가 서비스에 바로 적용할 수 없는 조악한 수준이었음에도 말이다. 서둘러 전문가로서의 내 역량을 성찰하고 나와 내 일이 AI로 즉각 대체될 수 있을지를 점검하면서 인간 존재와 이성, 지식의 한계에 대해 회의감도 들었다. 그것은 단순한 실직에 대한 두려움이 아니었다. 수천 년 동안 인류가 노력과 학습으로 일궈낸 위대한 글쓰기의 의미가 AI가 뚝딱 만들어낼 수 있는 전단지 문구 수준으로 가치 절하될지도 모른다는, 어떤 존재론적인 허탈감 같은 것이었다.

AI 기술에 대한 나의 감상은 각설하고 이제 이 책을 읽고 있는 여러분들이 궁금해할 만한 바로 그 질문에 대해 답해 보겠다. 우리는 AI에게 UX 라이팅을 맡겨도 될까? AI가 더욱 발전하면 UX 라이터라는 직업은 결국 사라지게 될까?라는 질문에 대해서 말이다. 나는 이 질문에 대해 답하기 위해 대형 언어 모델LLM, Large language model의 작동 방식에 대해 대략적으로나마 살펴봤고, 다양한 프롬프트를 넣어 테스트를 한 후, 실제 UX 라이팅 작업에 이것들을 활용해 보려고 했다. 그리고 이제 그 질문에 대해 꽤나 확고한 답을 할 수 있게 되었다. 결론부터 먼저 말하자면, 적어도 현재 수준의 LLM 기반의 AI는 UX 라이터를 대체할 수 없을 것이다. 현재의 AI가 '맥락 중심의 창의적 디자인인 글쓰기'인 UX 라이팅을 온전히 수행하기에 적합한 기술이 아니기 때문이다. 그 이유에 대해 설명하면 다음과 같다.

첫째, LLM 기반 AI는 아직 윤리적 취약성을 갖고 있어 UX 라이팅에서 매우 중요한 포용적Inclusive 글쓰기를 위협할 수 있다. 학습한 데이터 세트의 성격에 따라 AI가 생성한 UI 텍스트에는 인종, 성별, 나이, 장애, 특정 문화권에 대해 혐오나 차별이 담겨 있을 위험성이 항상 존재한다. 또 이미 지적된 바와 같이 인공지능 환각AI Hallucination으로 인한 가짜 정보의 제공 또한 무시할 수 없는 위험 요소이다. 일각에서는 이 같은 편향성, 부정확성 문제를 다른 모델과의 결합 등으로 해결할 수 있다고 하지만, 문제가 완전히 해소될 수 있을지에 대해서는 아직 확신할 수 없다.

수많은 사용자가 보는 서비스 화면에 AI가 생성한 거짓 정보가 그대로 노출되는 상황을 한번 상상해 보자. AI는 문제로 인식하지 못했지만, 인간이라면 누구나 차별적이고 위험한 어휘라고 받아들이는 단어가 화면에 표시되는 일 같은 것 말이다. 서비스 운영에서 이 같은 대형 사고 리스크를 그대로 떠안으면서까지 AI에게 온전히 자사의 UI 텍스트를 맡길 기업이 과연 있을까? 텍스트 초안 작성을 AI에 맡긴다고 하더라도 결국엔 탄탄한 가이드라인을 기반으로 한 인간 리뷰어의 엄격한 검토, 검증 후에야 비로소 고객에게 서비스될 수 있을 것이다. 그리고 그 리뷰어의 역할은 여전히 UX 라이터가 맡을 수밖에 없다. 그런 면에서 UX 라이터라는 직업은 강화된 텍스트 리뷰어로서 계속해서 존재할 수밖에 없다. 차이가 있다면 그 전에는 기획자가 초안을 작성했지만, 이제는 AI가 초고 작성에 도움을 준다는 정도일지도 모르겠다.

둘째, LLM 기반 AI는 학습 데이터 세트의 질이 좋지 않은 경우 결과 텍스트의 퀄리티 역시 좋지 않을 수 있다. 아니, 어쩌면 고만고

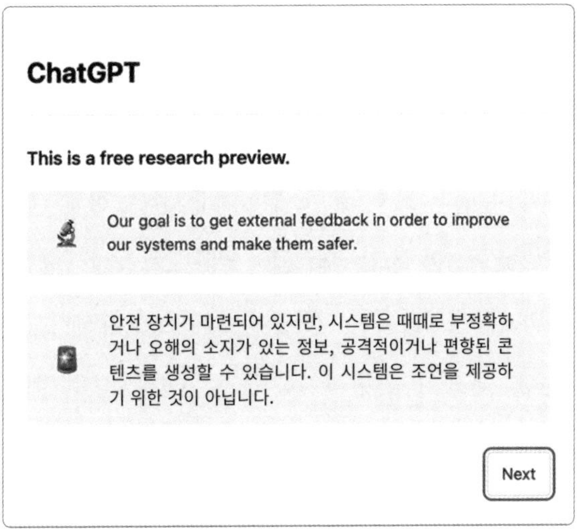

ChatGPT

This is a free research preview.

Our goal is to get external feedback in order to improve our systems and make them safer.

안전 장치가 마련되어 있지만, 시스템은 때때로 부정확하거나 오해의 소지가 있는 정보, 공격적이거나 편향된 콘텐츠를 생성할 수 있습니다. 이 시스템은 조언을 제공하기 위한 것이 아닙니다.

Next

도표 1-3　챗GPT를 시작하면 나오는 가이드 겸 주의 사항. 스스로가 부정확하거나 오해의 소지가 있는 정보를 생성하고 공격적이거나 편향된 콘텐츠를 만들어낼 수 있음을 사전 경고하고 있다.

만한 텍스트 세트를 학습에 사용하는 것이 더 근원적인 문제라고 할 수 있다. 현재의 AI는 대량으로 학습한 데이터를 기반으로 문장을 생성하기 때문에 작성해낸 텍스트가 딱히 틀린 것은 아니지만, 그 자체로는 임팩트가 별로 없는 극히 무난한 결과물을 내어놓는다는 한계가 있다. 이것은 챗GPT 등 거의 모든 LLM 베이스의 AI가 가지는 공통적인 한계다. 국내에도 이미 한국어 AI 글쓰기 툴이 여러 개 출시되어 있는데, 키워드와 몇 개와 사전 설정해 놓은 톤을 선택하면 블로그 게시글, SNS 홍보 문구, 마케팅 카피, 제안서 등 다양한 형식으로 자동 생성

된 텍스트를 바로 제안해 준다. 하지만 정작 생성되어 나온 글이나 문구를 보면 모두 어디서 본 듯한 문장, 표현이 대부분이다. 학습된 데이터를 그대로 표시하거나 검색엔진에서 크롤링한 결과를 내놓는 것이 아니라고 하더라도, 웹상에 존재하는 정제되지 않은 문장을 대량으로 학습한 결과는 새로움이 없이 그저 무난한 양산형 텍스트의 돌려막기일 뿐이다. 물론 한 글자조차 쓰기 어려워하는 사람들에게는 AI 글쓰기 툴이 작성해 준 무난한 생성 문장이 큰 도움이 될 수 있다. 예를 들어 홍보 문구 작성까지 혼자해야 하는 나홀로 스타트업이나 작은 매장을 운영하는 소상공인에게 AI 글쓰기 도구는 꽤나 유용한 툴이 될 수 있을 것이다. 하지만 일반적으로 UX 라이터를 고용할 만한 규모 있는 기업에는 임팩트라곤 없는 무색무취, 무난한 그저 그런 수준의 텍스트는 필요하지 않다. 심지어 정확한 정보를 담고 있는지조차 불투명한 위험한 텍스트는 말이다.

셋째, UX 라이팅은 맥락Context 이해가 가장 중요한 글쓰기인데, 보통 LLM은 글쓰기의 맥락 이해에 있어 명백한 한계를 갖고 있다. 여기에서의 '맥락 이해'는 여러 측면에서 생각해 볼 수 있는데 특히 UX 라이팅 분야에서는 1) 질문 속 어휘, 문장 간의 의미 관계 2) 사용자, 제품을 둘러싼 배경 3) 제작자, 서비스, 브랜드, 타깃 문화 등 비즈니스 환경 등이 중요한 맥락으로 여겨진다.

잘 알려진 대로 AI가 맥락에 따른 뉘앙스와 언어적 복잡성을 파악하기 어려워한다는 사실에 주목할 필요가 있다. 현재의 AI는 문장구조의 모호성, 비꼬기와 역설, 비유적 표현, 문화적 맥락을 파악해서 적절한 텍스트를 생성하는 데에 인간과 비교할 수 없을 만큼 어려움을 겪는다. 가중치를 부여하여 보완한다고 하더라도 AI의 텍스트는 앞서 말했듯 사람이 쓴 문장에 비해 정확도가 낮을 위험을 항상 가지고 있다. 특히 한국어는 어순이 유동적이며 문장성분의 생략도 많기 때문에 언어 모델이 다음 단어를 예측하기 무척 어려운 언어 중 하나이다. 이런 언어적 특성은 AI의 정확한 글쓰기에 영향을 미치게 된다. 적게는 백만에서 많게는 수억 단위의 사용자층을 대상으로 하는 서비스의 UI 텍스트는 극도로 간결하고 정교해야 하며, 사용하는 어휘도 역시 맥락상 매우 정확해야 하는데, 이런 AI의 맥락 이해 부족은 한국어 UI텍스트의 정확성 원칙을 위협하는 요소가 될 수 있다.

2 사용자, 제품을 둘러싼 배경

AI는 UI를 접하는 사용자의 감정과 인지, 그에 따른 선택과 기대에 대한 사용 맥락을 사람처럼 깊이 있게 이해하여 적절한 텍스트로 생성할 수 없다. AI 언어는 평면적이지만, UI를 접하고 있는 사용자의 사전 지식, 경험, 인지, 감정은 너무나도 입체적이기 때문이다. 아무리 프롬프트를 상세하게 작성한다고 하더라도 다각적인 측면에서 사용자의 경험과 복잡한 사용 맥락을 AI에게 제대로 이해시키기는 쉽지 않다. 더 나아가 제품을 둘러싼 다양한 제작 상황과 실시간 트렌드를 반영한 텍스트를 AI에게 기대하는 것은 더더욱 어렵다.

③ 제작자, 서비스, 브랜드, 타깃 문화 등 비즈니스 환경

UX 라이터는 보통 전체적인 제품 보이스와 스타일을 유지하며 텍스트 시스템을 구축, 관리하지만 때에 따라서는 설계자의 특별한 의도나 사업적 요구 사항에 맞게 의외의 곳에 포인트를 주기도 하고, 톤을 다채롭게 변화시키기도 한다. 또 상황에 따라서는 문법 적용이나 어휘 활용에 있어서 아예 가이드라인과 완전히 배치되는 과감한 예외 처리를 단행하기도 한다. 필요하다면 기꺼이 틀린 띄어쓰기를 하기도 하고, 파격적인 표현을 추가해서 분위기를 전환시킬 때도 있는 것이다.

이런 언어적 변주와 예외 처리가 필요한 이유는 서비스와 서비스를 둘러싼 비즈니스 환경이 끊임없이 변화하기 때문이다. 특히 현시점의 사용자 성향을 반영한 생생한 표현이 UI 전방위에서 활약해야 하는 온라인 커머스 등에서는, 낮은 맥락 이해를 기반으로 작성된 무색무취의 AI의 텍스트가 결코 답이 될 수 없다. 사용자와 비즈니스가 팔딱거리며 생동하고 있기 때문에, UI 텍스트 역시 연주자가 독창적인 작품 해석을 바탕으로 다채롭게 연

주하듯 인간의 손으로 생생하게 작성되어야 한다.

요약하자면, 현재의 대규모 언어 모델 기반의 AI는 학습한 데이터를 바탕으로 유사한 텍스트를 생성할 수는 있을지언정, 전례 없는 Unprecedented 새로운 가치를 담은 텍스트, 현재의 사용 경험을 반영한 힘 있는 UX 라이팅은 해낼 수 없다. 아직까지는 인간이 다채로운 사용 맥락에 맞게 작성한 텍스트만이 사용자와 소통할 수 있는 유일한 열쇠이다.[3]

물론 이런 나의 결론이 결코 AI 무용론을 의미하는 것은 아니다. 오히려 나는 AI가 훌륭한 글쓰기 보조 도구로서 UX 라이팅의 워크 플로우를 간소화하고 효율성을 높이며 콘텐츠 품질을 개선하는 데에 큰 도움을 줄 수 있으리라고 기대하고 있다. 실제로 현재 우리 팀은 UX 라이팅과 다국어 번역 작업을 할 때 매 순간 다양한 기술의 도움을 받고 있다. UI 텍스트와 다국어 지원 Key 데이터의 체계적인 관리를 도와주는 검색 시스템, 맞춤법과 어문 규정 준수, 가독성을 체크하기 위한 문법 검사기, 다국어 번역자들에게 제공할 번역 레퍼런스 작성에 꼭 필

---

[3] 도표 1-3의 챗GPT 주의 사항의 마지막 "이 시스템은 조언을 제공하기 위한 것이 아닙니다"라는 부분이 인상적이다. 현재의 LLM에게는 위에서 언급한 한계가 있기 때문에 OpenAI 측에서는 이것을 조언으로 받아들이거나 조언의 근거 자료로 활용되는 데 대해 매우 조심스러울 수밖에 없을 것이다.

재미있는 점은 일반적인 UI 텍스트의 상당수가 사용자에게 정확한 정보를 전달하고, 다음 행동을 지시하고, 부탁하고, 조언하고, 경고하고, 제안한다는 것이다. 확실한 정보 전달과 이후 액션 대한 제안, 권유는 UI 텍스트의 가장 중요한 특징이다. AI가 인간에게 말해주기 어려워하는 것은 결국 인간이 직접 말해줄 수밖에 없다.

요한 파일 생성 자동화, 다국어 번역 전에 글자 수 예상을 위한
AI 번역기, 번역 보조 프로그램인 CAT ToolComputer-assisted
translation tool이 제공하는 TMTranslation Memory(기존 번역과
의 일치를 위한 세그먼트 DB), Concordance DB(번역 이력 검색을
위한 DB), TBTerminology DB(용어 색인 DB) 등 엔지니어링의 도
움 없이는 절대 대량의 텍스트를 쓰고 관리할 수 없다.

　　AI 역시 마찬가지로 가까운 시일 내에 UX 라이터의 훌륭
한 글쓰기 보조 도구로서 더 쉽게 문법과 구문 일관성을 유지
하도록 돕거나, 시스템 내 텍스트 오류의 발견 및 검증을 더욱
빠르고 간편하게 수행할 수 있게 할 것이다. AI가 작성한 초안
을 보고 인간 UX 라이터가 새로운 영감이나 아이디어를 얻는
다거나, AI에게 다량의 문장을 먼저 제안 받고 그중 쓸 만한 표
현을 취사선택하여 새로운 문장으로 조합해 보는 것은 지금 당
장이라도 UX 라이팅 작업에 적용해 볼 수 있다.

　　참고로 UX 라이팅 보조 도구로는 메타의 라마LLaMa,
Large Language Model Meta AI와 같이 비용이 많이 들지 않는
소형 언어 모델sLLM, Slim Large Language model이 오히려 더
적합할 수 있다. 커스터마이즈된 AI 툴로써 자사의 보이스와
톤을 적용한 텍스트 생성, 컴포넌트별 자사 스타일 일치 판독,
유사 문형 마케팅 문구의 다량 생성, 공지 사항이나 릴리스 노
트 등 형식이 고정된 UI 텍스트의 초안 작성, 자사 텍스트 가이
드를 학습시켜 가이드에 기반한 오류 검출 기능 등을 구현할

수 있을 텐데, 이 정도는 적은 수의 데이터 학습 세트와 기존 UI 텍스트 데이터 추가 학습, 미세조정Fine-tuning을 통해 비교적 적은 비용으로 구현 가능할 것으로 본다.

더 나은 텍스트를 빠르고 정확하게 작성하기 위해서는 끊임없이 새로운 방식을 시도하고, 두려움 없이 도구 활용과 협업의 기회를 모색해야 한다.

잊지 말자. UX 라이터의 협업 대상은 언제나 인간과 기술 모두였다. 결국 기술이 UX 라이터를 자유롭게 하리라.

요약

○── UX 라이팅은 사용자의 정보 추구 행동을 돕는 일인 동시에, 사용자가 찾는 정보 그 자체를 창조하고 디자인하는 행위이다.

○── UX 라이팅은 사용자와 나누는 지극히 구체적인 대화 디자인이다. 여기에서 '대화'란 언어를 도구로 하여 사용자와 정보 및 반응을 주고받으며 함께 전진하는 상호작용을 의미한다. 대화 디자인을 소탈한 구어체(해요체)로 쓰기, 마치 인간인 듯 연기하기로 잘못 이해해서는 안 된다.

○── UI 텍스트는 서비스의 성격과 철학을 그대로 반영하는 거울이다. 다른 서비스의 텍스트 스타일이나 용어를 무비판적으로 베껴서는 안 된다.

○── UX 라이터는 언어를 다루는 사용성 전문가, 디자이너, 정보 설계자 또는 관리자에 가깝고 실제 프로덕트 메이커로서 일한다. UX

라이터는 그냥 글을 재미있게 잘 쓰는 사람이 아니라, 객관적 근거와 언어 지식으로써 자신이 쓴 모든 텍스트가 프로덕트에서 어떤 의미를 갖는지를 설명할 수 있는 언어 디자이너이다.

○── UX 라이터에게는 어학적 지식뿐만 아니라 UX/UI 디자인 역량, 빠른 손과 특출난 기억력, 문제 해결 능력, 방대한 텍스트를 관리할 수 있는 정보 관리 역량이 요구된다.

○── AI, 특히 LLM을 기반으로 한 인공 지능은 윤리적 취약성과 개성 있는 텍스트 작성의 한계, 창의력과 맥락 이해의 부족 때문에 인간 UX 라이터를 완전히 대체하기 어려울 것이다. 그러나 향후 발전된 AI가 텍스트 품질 개선 및 작업 효율성 재고에 있어 UX 라이터의 훌륭한 글쓰기 보조 도구가 되리라는 것은 의심의 여지가 없다.

2

UX 라이팅
기본 원칙

2-1 살아남고 싶다면 UX 라이팅 원칙을 지켜라

2017년 구글 개발자 콘퍼런스인 Google I/O의 마지막 날에 구글의 UX 라이터들이 등장했다. 개발자들의 축제에 UX 라이터들의 등장은 조금은 의외였는데, 그들은 이 행사에서 '글로써 제품을 돋보이게 만드는 방법How Words Can Make Your Product Stand Out'[1]라는 제목으로 UX 라이팅의 기초에 대해 설명하는 세션을 진행했다. 발표 중에 인상적인 이미지 하나가 등장했는데, 뛰어난 UX 라이팅이란 어떻게 구성되는가에 대한 간단한 다음의 도식이었다.

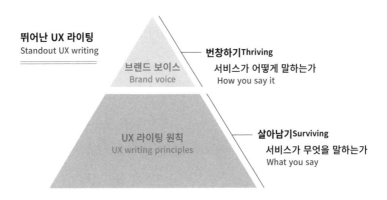

도표 2-1 구글의 UX 라이터들이 Google I/O 2017에서 소개한 뛰어난 UX 라이팅의 구조

---

1 Google I/O 2017, 'How Words Can Make Your Product Stand Out', https://youtu.be/DIGfwUt53nI

언뜻 피라미드처럼 보이는 이 삼각형은 크게 두 부분으로 이루어져 있다. 이미지의 대부분을 차지하고 있는 하단부에는 서비스의 필수 요소로 UX 라이팅 원칙이 자리한다. '서비스가 무엇을 말하는가What you say'에 대한 UX 라이팅 원칙UX writing principles이 뛰어난 UX 라이팅의 하부를 든든하게 지탱하고 있는 모습이다. 이는 어떤 정보가 제공되느냐가 사용자 경험 글쓰기의 근간이 되어야 한다는 의미로 해석할 수 있다.

글쓰기 원칙 상단에 '서비스가 어떻게 말하는가How you say it'가 좁은 면적으로 얹혀져 있는 것도 자못 흥미롭다. 기본적인 UX 라이팅 원칙에 맞게 정보가 작성된 후에 브랜드 보이스Brand voice와 톤까지 잘 콘트롤된다면, 즉 탄탄한 정보 기초에 유려한 말하기 방식까지 두루 갖춘다면 비로소 '뛰어난 UX 라이팅Standout UX writing'이 될 수 있다는 의미로 이 도식을 해석할 수 있지 않을까?

재미있는 것은 What you say 영역 옆에는 Surviving, How you say it 옆에는 Thriving이라고 적혀 있는 것이다. 나는 이것을 UX 라이팅 원칙을 제대로 지키지 못할 경우 서비스가 살아남기 어렵다는 의미로 해석한다. 일단은 서비스가 살아남아야Surviving 번창Thriving도 할 수 있으니, 우리가 피라미드의 어느 부분을 우선시해야 하는지는 자명하다.

여기 글로벌 프로덕트 UX 라이터들의 훌륭한 개념 정의가 또 하나 있다. 2022년 여름 애플의 UX 라이터들은 Writing

도표 2-2 애플의 UX 라이터들은 WWDC22에서 PACE라는 네 가지 핵심 라이팅 키워드를 소개했다.

for interfaces[2]라는 동영상에서 PACE라는 네 가지 글쓰기 프레임워크에 대해 설명했다. 그들은 이 영상에서 목적Purpose, 예측 가능Anticipation, 맥락Context, 공감Empathy이라는 네 가지 핵심 UX 라이팅 키워드를 소개하며, 이를 통해 자연스러운 사용 흐름을 만들 수 있고, 사용자를 제품에 참여시키거나 사용자가 우리 서비스의 말에 귀 기울이게 만들 수 있다고 주장했다. 글쓰기를 할 때 많은 고려 사항이 있음에도 애플의 UX 라이터들은 무엇을, 어떻게, 언제 말해야 할지에 대한 이 PACE 원칙이야말로 UX 라이팅에서 무엇보다 중요하다는 것을 강조했다.

2 Apple WWDC22, 'Writing for interfaces', https://developer.apple.com/videos/play/wwdc2022/10037/?time=1346

사실 전 세계 UX 라이터 협의회(?) 같은 곳에서 정한 UX 라이팅 원칙이라는 건 없다. 그래서 위와 같이 구글과 애플의 UX 라이터들도 각자의 경험을 토대로 정립된 관점에서 의거하여 훌륭한 원칙을 제시할 수 있었던 것이다. 한국어 UX 라이터로서 나는 정확성Clear, 간결성Concise, 일관성Consistent을 가장 중요한 UX 라이팅 원칙으로 꼽는다.

Google I/O 2017에서 구글의 라이터들은 일관성 대신 유용성Usable을 언급했지만[3], 사실 UI 텍스트의 특성상 화면에서 유용하지 않은 UI 텍스트라는 것은 있을 수가 없고, 있어서도 안 되기 때문에 유용함을 별도의 원칙으로 뽑아 강조할 필요까지는 없다고 본다. 애초에 한정되고 좁은 모바일 화면에 의미도 효과도 없는 아무 말이나 넣을 수는 없으니까 말이다. 나는 정확성, 간결성, 일관성이라는 세 가지 원칙이 잘 지켜지기만 하면 유용성은 자연스럽게 확보된다고 생각한다. 또 그간 실무 라이팅의 영역에서 크고 작은 범위에서의 일관성이 결여되었을 때 여러가지 문제가 발생했던 것을 봐왔기에, 어찌 보면 너무나 당연한 유용성이라는 가치보다는 조금 덜 강조되어 온 일관성을 우선으로 삼아야 한다고 생각한다.

이번 2장에서는 UI 텍스트와 서비스, 모두를 '살아남게'

---

3 Google I/O 2017에서는 ① 명확한Clear: 전문 용어를 피하고 맥락을 제공하는jargon-free, offers context, ② 간결한Concise: 효율적이며 우선순위에 따라 배치하는economical, front-loaded, ③ 유용한Useful: 다음 액션을 지시하는directs next action을 세 가지 원칙으로 제시했다.

하는 UX 라이팅의 세 가지 원칙에 대해 살펴보기로 한다. 이 원칙들이 구체적으로 무엇인지, 왜 지켜야 하는지, 실제 실무에서 이 원칙을 지켜서 글을 쓴다는 게 어떤 것인지에 대해서도 구체적으로 알아보겠다.

참고로 도표 2-1 삼각형의 상단 부분, 즉 우리 서비스를 번창하게Thriving 만들어줄 보이스와 톤 설정하기, 사용자 친화적으로 쓰기, 누구나 알 수 있게 쉽게 쓰기 등의 기술에 대한 이야기는 이 책의 3~5장에서 자세하게 다룰 것이다. 이 부분은 많은 사람들이 UX 라이팅에 대해 논할 때 큰 관심을 주는 부분이고, 간혹 UX 라이팅의 전부인 것처럼 소개되는 경우도 있다. 이번 장에서 소개할 UX 라이팅 원칙보다야 그쪽이 더 흥미롭고 재미있으니까 그와 같은 관심의 쏠림을 이해 못 하는 바는 아니지만, 부디 지금 UX 라이팅 기본 원칙을 뛰어넘어 바로 다음 장으로 가지는 말길 바란다. 지금부터 소개할 이 부분이 바로 UX 라이팅의 근간이자 핵심이니까 말이다. 서비스의 번창을 꿈꾸기 전에 살아남기가 우선이다. 피라미드 아래부터 차근차근 다지면서 올라가야 꼭대기까지 마스터할 수 있다는 진리를 잊지 말자.

정확하게 쓴다:
도로 표지판이 거짓말을 한다면?

● UI 텍스트가 담는 정보: 구조, 개념, 상황

정확성은 내가 UX 라이팅 기본 원칙에서 가장 중요하다고 생각하는 원칙이다. 가끔 '다른 원칙에 비해 너무 정확성에만 집착하는 거 아니야?'라는 핀잔을 들을 정도로 가장 먼저, 그리고 가장 마지막까지 UI 텍스트의 정확성을 체크한다. 그 이유는 다름 아닌 UI 텍스트가 UX/UI에서 도로 표지판의 역할을 하기 때문이다. 사용자는 UI 레이블이라는 도로 표지판 정보를 보고 서비스의 구조를 파악한 후, 과업을 이루기 위한 여정을 이어간다. 그런데 만약 표지판이 적절한 장소에 없거나, 모호하거나, 잘못된 정보를 제공하거나, 엉뚱한 방향을 가리키고 있다면 어떻게 되겠는가? 두말할 필요 없이 사용자는 바로 길을 잃게 될 것이다. 나는 이것이 가장 두렵다. 사용자가 길을 잃고 당황해서 여정을 중지하고 떠나는 것, 우리 서비스가 도무지 이해할 수 없는 미로와 같다고 느껴서 손을 털고 나가버리는 영구적 이탈 말이다. 서비스에 대한 불신을 갖고 떠난 사용자는 웬만해서는 다시 돌아오지 않는다.

다시 한번 강조하지만 UI 텍스트의 가장 중요한 역할은 정보 전달이다. 내가 1장에서부터 계속 말해온 이 'UI 텍스트의 정보'라는 것이 무엇인지에 대해 글을 읽는 여러분이 다소 모호하게 느낄 수 있을 것 같아, 정확성의 원칙을 설명하기 전에 이 부분부터 밝히려고 한다. UI 텍스트가 사용자에게 전달해야 하는 정보는 크게 세 가지로 나눠볼 수 있다.

도표 2-3 설정 메뉴, 인터랙션 , 토스트 메시지. 이들은 각각 서비스의 구조, 기능, 현재 상황에 대한 정보를 사용자에게 알려준다.

첫째, 서비스 전체의 구조에 대한 정보이다. 보통 서비스의 내비게이션 시스템Navigation system을 구성하는 메뉴명, 화면 타이틀 등의 레이블Label이 이 구조에 대한 정보를 품고 있는데, 이들은 몇 개의 단어로써 서비스의 전체적인 지형을 구획 지으며, 각 공간이 서비스에서 어떤 역할을 담당하는지를 사용자에게 인지시키는 역할을 한다. 쉽게 말하면 언어로 서비스의 청사진을 설명하는 것이다. "우리 서비스에서는 이 공간은 '홈 화면', 저 공간은 '마이 페이지'라고 부르겠습니다. 이 공간에서 사용자 당신은 이런 일들을 할 수 있습니다. 우리 서비스에는 이런 공간이 총 5개 존재하고 있습니다"처럼 서비스의 구조와 규모를 사용자에게 이해시키는 일은 UI 텍스트가 담당하는 중요한 임무이다. 중요한 임무인 만큼 서비스의 여러 화면과 구조를 2어절 이내의 레이블에 온전하게 담아내는 일은 매우 어렵다. 메뉴명 레이블링을 종종 아트Art의 영역이라고도 부르는 이유도 여기에 있다. 이 레이블을 잘 쓰는 기술에 대해서는 4장 컴포넌트별 UI 텍스트 작성 팁에서 구체적으로 설명하겠다.

둘째, 서비스만의 다양한 기능과 관련 개념, 액션에 대한 정보이다. 기능명이나 서비스에 존재하는 특정 콘셉트, 인터랙션의 이름 등이 이에 해당된다. 주의해야 할 점은 대상에 어떤 이름을 지어주느냐에 따라 그에 대한 사용자의 이해, 태도, 인상이 달라지기 때문에 가능하면 온전히 대상을 담아낼 수 있는 딱 맞는 이름을 붙여주어야 한다는 것이다. 유사 서비스 전반에서 통용되는 일반적인 용어를 사용했다면 사용자가 이해하는 데 무리가 없겠지만, 우리 서비스에만 있는 특별한 기능과 개념이라면 그 성격에 딱 맞는 이름을 새로 붙여서 존재의 특별함을 표현해야 한다.

예를 들어 '이체', '송금', '대출', '상환', '매도', '매수' 등은 보편적인 공통 금융 용어로서 누구나 알고 있기 때문에 만약 서비스에서 동일한 기능을 제공할 때에는 개념 명칭을 새로 작성할 필요가 없다. 아니, 오히려 명칭을 새로 부여하면 기존 금융 서비스 사용자에게 혼란만 줄 테니 새 명칭을 부여하지 않는 것이 좋다.[4] 반면 서비스에서 이용자끼리 돈을 나눠 지불하는 새로운 기능을 개발한 경우라면 '나눠 내기, 각자 부담, 더치페이, N빵, 뿜빠이(?)'와 같이 서비스 고유 기능명을 붙여 대상의 특성을 설명해야 한다. 비슷한 맥락에서 서비스에서 독자적으로 '길게 눌렀다가 왼쪽으로 천천히 옮기기'와 같이 새로운 인터랙션이나 제스처를 개발했다면 그 행위에 걸맞은 이름과 설명을 붙여 충분한 사용 정보를 제공해야 한다.

셋째, 사용자가 처한 상황에 대한 정보이다. 서비스 이용 중에 생긴 다양한 상황, 여기 또는 가까운 다음 페이지에 일어날 일들과 그에 대해 사용자가 고려해야 할 사항들은 서비스 이용 시 아주 중요한 정보이다. 여기에 더해 현재 상황에서 선택할 수 있는 옵션이나 대안도 사용자에게 반드시 알려야 하는 필수 정보라고 할 수 있다. 쉽게 말하면 '여긴 어디고, 당신은 누구고, 지금 무슨 일이 생겼고, 이제 당신이 할 수 있는 일은 이런 것들이 있다'를 사용자에게 명료하게 설명해 주는 것이다. 토스트 메시지Toast message, 승인 팝업Confirm pop-up, 각종 오류 메시지 등이 여기에 속한다. 만약 이들이 알려주는 정보가 정확하지 않다면 사용자는 바로 혼란에 빠지게 된다. 지금 자신에게 무슨 일이 일어나고 있는지 몰라 서비스 한복판에서 불안하게 서성대다가 불안감을 느끼며 그만 화면을 닫아버리게 될 것이다.

---

4 은행, 보험 등의 금융 서비스에서 이 용어들을 각각 '계좌로 옮기기', '돈 보내기', '돈 빌리기', '돈 갚기', '팔아 넘기기', '사들이기'와 같이 독단적으로 바꿀 경우 정확성과 간결성의 문제, 유사 서비스 이용 시의 사용자 혼란, 법적 이슈 등이 발생할 수 있으니 매우 신중해야 한다.

UI 텍스트를 정확하게 쓰려면 어떻게 해야 할까?

우리는 위와 같은 다양한 정보를 거짓 없이 정확하게 사용자에게 전달해야 한다. 물론 모두가 거짓 없이 정확하게 글을 쓰고 싶어 할 테고, 악의를 가지고 사용자를 속이려는 기획자나 디자이너는 아마 없을 것이다. 하지만 그렇게 쓰고 싶은 것과 쓸 수 있는 것은 다른 차원의 문제이다. 그 누구도 스스로 정말 정확하게 문장을 작성하고 있는지를 쉽게 자신하기 어렵다. 모든 측면에서 빠짐없이 정확한 글을 쓰는 것은 생각보다 쉽지 않기 때문이다. UI 텍스트를 정확하게 쓰려면 어떻게 해야 하는지 더 깊게 알아보자.

1 틀린 정보가 화면에 남아 있지 않게 챙긴다

너무 당연한 이야기지만 이게 가장 중요하다. 놀랍게도 나의 의도와 상관없이 잘못된 정보가 화면에 노출되고 있을 수 있다. 잦은 스펙 변경, 화면 업데이트, 때때로 일어나는 기능명 변경으로 잘못된 메뉴명이나 이동 경로가 화면에 표시되는 경우가 대표적인 예이다. 다 같이 새집으로 이사 갔는데 나만 안 챙겨줘서 덩그러니 남겨진 것만큼 불쌍한 건 없다. 업데이트나 리뉴얼이 잦은 서비스에서 이런 슬픈 일이 꽤 자주 발생하곤 하는데, 특히 서비스의 규모가 너무 커서 존재하는 모든 텍스트를 다 챙기지 못할 때 이런 일이 잘 생긴다. 어디에 뭐가 있는지 모르기 때문에 다 바꿨다고 생각해도 놓치는 구멍이 생기게 되는 것이다.

특히 기존 텍스트 일부를 계속 사용하는 대규모 리뉴얼, 리브랜딩 프로젝트의 경우 정신을 바짝 차려야 한다. 서비스 리뉴얼에 따른 UX 라이팅 작업은 텍스트 부분 교체나 업데이트로는 불가능하다는 무서운(?) 사실을 프로젝트팀 전체에 공표하는 것부터 시작된다. 기획, 디자인, 개발 등에서는 보통 엑셀에서 찾아 바꾸기 하는 것처럼 용어를 쉽게 변경할 수 있을 거라고 생각하는 경우가 많은데, 기능명이나 이름만 덜렁 바꾼다고 끝나는 일이 결코 아니다. 바꿔야 할 용어는 한 개라도 그와 연관된 텍스트는 수십, 수백 개이기 때문이다. 변경되는 기능명 하나뿐만 아니라 해당 명사와 호응하는 동사, 신규 스펙을 설명하는 문장 전체도 통으로 손봐야 하는 것을 간과해서는 안 된다. 특히 텍스트 DB에서 관련 텍스트들을 다 색출해서 수정했다고 해도 이미지로 처리된 텍스트는 검색이 안 되기 때문에 업데이트 시에는 관련 화면 전반을 두루 잘 살펴봐야 한다. 잠깐 정신 놓으면 영화 〈나 홀로 집에〉의 맥컬리 컬킨처럼 남겨두고 떠나는 텍스트가 생기게 되고, QA 때 수많은 수정 요청을 받게 될 테니 문제를 간단하게 봐서는 안 된다.

이 외에도 iOS, Android 휴대폰, 각종 태블릿, PC, 웹 서비스까지 여러 디바이스와 OS를 한꺼번에 지원하는 서비스인 경우에도 의도치 않은 부정확함이 발생할 수 있다. 챙겨야 할 운영체제와 디바이스가 여러 개일 경우 담당자 역시 다수이므로

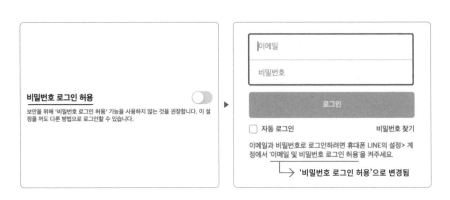

비밀번호 로그인 허용

보안을 위해 '비밀번호 로그인 허용' 기능을 사용하지 않는 것을 권장합니다. 이 설정을 꺼도 다른 방법으로 로그인할 수 있습니다.

▶

이메일

비밀번호

로그인

☐ 자동 로그인   비밀번호 찾기

이메일과 비밀번호로 로그인하려면 휴대폰 LINE의 설정> 계정에서 '이메일 및 비밀번호 로그인 허용'을 켜주세요.

└▶ '비밀번호 로그인 허용'으로 변경됨

도표 2-4 모바일 LINE의 설정 레이블이 먼저 변경되었으므로, 해당 메뉴명을 언급한 PC 버전 레이블도 누락 없이 함께 변경되었다. 담당 기획자가 세심하게 챙긴 덕분이다.

서로 싱크를 맞추기가 어려워 결국 한두 개씩 놓치고 가는 텍스트가 생기기 마련이다.

나는 거짓말을 하지 않았지만 사용자에게는 거짓된 텍스트가 노출될 수 있는 여지는 언제나 있다. 기기 간 정보 불일치, 버전 간의 정보 누락은 멀티 디바이스 사용자에게 혼란과 실망감을 안겨줄 수 있으니, 업데이트할 때마다 누락되는 레이블이 없게 잘 챙길 수 있도록 주의해야 한다. 특히 서비스 구조 변경으로 인해 경로명이 바뀌면 그와 연계된 기능과 운영체제, 디바이스 등을 잘 챙겨야 하는데 예를 들어 도표 2-4와 같이 설정 메뉴명이 바뀌는 경우에는 연계된 다른 기기의 레이블까지 찾아 남김없이 바꿔줘야 한다.

② 사용자가 알아야 할 정보를 충분히 제공한다

사용자에게 제공하는 내용이 틀린 것만 문제가 되는 것이 아니다. 알려줘야 할 정보를 제대로 알려주지 않는 것 역시 정확성을 해치는 일이다. 지금 이 시점에 사용자가 특정 정보를 알아야 문제를 해결할 수 있는데, 그걸 말해주지 않는다면 정확하게 썼다고 말하기 어렵다. UI 텍스트에 제공해야 할 정보를 기획자와 함께 선별하다 보면 가끔 간결성, 전달 효율성 등을 이유로 들며 꼭 필요한 내용을 빼려고 하는 경우가 있다. '이 정도는 생략해도 되지 않겠느냐, 이런 내용은 사용자가 다 안다'라는 사용자 눈높이에 대한 주관적인 생각을 근거로 들며 말이다.

이것이 정말 필요한 정보인지, 아니면 이 맥락에서는 그저 간결성을 해치는 사족인지에 대해서는 개별 케이스마다 냉정하게 살펴보아야 한다. 다만 이 정보가 없으면 우리 사용자가 앞으로 나아갈 수 있느냐 없느냐를 기준으로 했을 때, 아무래도 사용자가 수월하게 전진하기 어려울 것 같다고 생각되면 그 경우엔 정보가 충분하지 않다, 즉 제공된 정보가 정확하지 않다고 봐도 무리가 없을 것이다. 사용자를 도울 수 있는 내용이라면 조금 길어지거나 가이드라인에 맞지 않더라도 예외로 처리하고 정보를 온전히 다 담아내는 것이 맞다.

LINE 아바타 UT사용성 테스트 사례를 통해 사용자를 돕는 정보가 무엇인지에 대해 알아보자. LINE 아바타 런칭 전 증강현실AR, Augmented Reality 모드 UT 진행 중에 '평평한 곳'이라는

게 뭔지 이해하지 못하겠다'는 코멘트가 나왔다. 가이드 텍스트 작성 당시 구글 AR 등 기존 AR 서비스와 비교해도 내용이 풍부한 편이었고, 기능 사양도 비교적 정확하게 기재했다고 생각했기 때문에 UX 라이터들은 도대체 텍스트의 어떤 부분이 미흡했는지를 처음에는 알 수 없었다.

흥미롭게도 그 원인은 텍스트 자체가 아닌 텍스트와 이미지의 불일치에 있었다. UT에 사용된 프로토타입prototype(제품 출시 전 사용성 테스트 등을 위해 제작하는 상호작용 가능한 샘플 버전)을 살펴보다가 텍스트와 함께 표시된 3D 애니메이션에 경사면, 세로 벽면 등으로 오해될 수 있는 미묘한 각도가 있다는 것을 알게 되었다. 가이드 애니메이션과 텍스트가 미묘하게 다른 조건을 설명하고 있었기에 그걸 함께 본 사용자가 혼동을 일으킨 것이었다. 기획자와 UX 라이터는 조금 더 자세한 정보를 제공해서 사용자의 이해를 돕기로 했다.

개선 작업 시에는 실제 UT에서 나온 사용자 코멘트인 '바닥 같은 데를 비추라고 했으면 좋겠어요'를 참고했다. 한정된 텍스트 영역에 '바닥'과 같은 아주 구체적인 예시를 넣는 것이 과연 좋을 것인가에 대해서도 기획자와 논의를 했는데, 결론은 길더라도 다 넣자는 것이었다. 일반적으로 가이드 팝업에서는 직관적인 이미지가 중요한 역할을 하지만, 이번처럼 이미지는 바로 못 고치고 텍스트만 빨리 수정해서 효과를 확인해야 하는 상황에서는 구체적인 텍스트를 쓰는 것이 더 낫다는 판단이었

도표 2-5   LINE 아바타 AR 모드 가이드 텍스트 개선. 낯선 기능일수록 정보를 충분히 제공해야 한다.

다. 도표 2-5는 아바타 AR 기능의 가이드 텍스트와 애니메이션의 수정 전후 모습이다.

실내 사용 환경을 국한하는 느낌을 줄 수 있는 '책상'의 사례를 빼자는 의견도 있었지만, AR 기능의 대부분이 실내에서 이루어지기 때문에 '책상'을 추가하는 것이 좋다는 등의 사례 선별에 대한 논의도 함께 이루어졌다. 이후 가이드 애니메이션까지 수정되어 전보다 훨씬 쉽게 AR 기능을 이해할 수 있게 되었는데, 그럼에도 텍스트는 원래대로 복원하지 않고 계속 긴 버전을 유지하기로 했다. AR 기술이 대중에게 보편화될 때까지는 풍부한 정보를 계속 제공하는 것이 의미 있다고 생각했기 때문이다.

사실 LINE 텍스트의 정보 입자성Granularity 원칙은 되도록 UI 텍스트에 아주 구체적인 예시는 쓰지 않는 것이다. 국지적인 사례 제공은 일부 사용자에게는 도움이 될 수 있을지 몰라도, 또 다른 사용자에게는 오로지 특정 상황만을 상상하게 하는 단점이 있기 때문이다. 그럼에도 불구하고 우리는 이 케이스에서는 예외적으로 아주 구체적 사례를 삽입하기로 했다. 기존 텍스트 작성 원칙을 고수하는 것보다는, 자세한 사례를 통해 신기능에 대한 정보가 없는 사용자의 이해를 돕고 그들을 전진할 수 있게 하는 것이 더 중요하다고 판단했기 때문이다.

③ 포괄적이고 범용적인 문구를 사용하지 않는다

지금까지 실무 UX 라이터로 일하면서 가장 많이 받은 요청이 무엇인지 묻는다면, 나는 '포괄적이고 범용적인 텍스트로 작성해 주세요'라는 요구라고 답할 것이다. 모든 오류 상황에서 쓸 수 있는 만능 범용 문구는 기획자나 개발팀은 선호하고 UX 라이터는 매우 싫어하는 존재이다.

도표 2-6 포괄적 오류 메시지는 사용자에게 아무것도 말해주지 않는다. '안 돼, 안 바꿔줘, 바꿀 생각 없어, 빨리 돌아가'라는 의미 외에는 그 어떤 정보도 없다.

사실 서비스를 만드는 사람의 입장에서 오류 메시지의 개수는 적으면 적을수록 좋다. 시스템 관리 차원에서 공통 메시지 한 개를 아무 때나 불러다 쓸 수 있으면 편한 것이 사실이다. 그렇지만 과연 문제 상황에 놓인 사용자도 그렇게 생각할까? 필수 항목 입력이 빠졌을 때, 생년월일을 8자리로 입력해야 하는데 6자리만 넣었을 때, 이메일을 입력해야 하는데 메일 형식에 @가 빠졌을 때, 최대 글자 수를 초과했을 때, 네트워크 연결이 끊겼을 때, 서버가 다운되어서 당장은 뭔가를 할 수 없을 때 모두 동일하게 '오류가 발생했다'라는 메시지가 표시된다면 사용자는 이 메시지를 어떻게 받아들일까?

포괄적인 오류 메시지의 가장 큰 문제는 사용자가 그 메시지를 보고 오류 상황을 해결할 수 없다는 것이다. 포괄적 오류 메시지는 '우린 망했어'라는 것 외에 사용자에게 어떤 정보도 제공하지 않는다. 사용자가 상황을 파악하고 해결할 수 있는 여지조차 주지 않는 것이다. 결국 그렇게 만드는 사람만 편하고, 쓰는 사람은 무력감을 느끼는 서비스가 되는 것이다. 문제는 거기에서 그치지 않는다. 무슨 일만 생기면 앵무새처럼 '오류가 발생했다'면서 같은 메시지를 보여주는 서비스에 대해 사용자가 좋은 인상을 받을 수 있겠는가? 아마 '이 서비스는 참 성의 없고 대충이네' 이런 인상을 받을 확률이 아주 높다. 성의 없는 제품, 만듦새가 엉성한 브랜드라는 부정적 이미지는 이런 작은 오류 메시지에서부터 싹튼다.

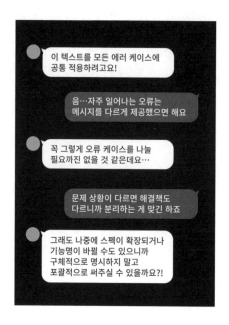

도표 2-7 나중에 무슨 일이 있을지는 아무도 모른다. 일단 현재 사용자의 어려움만 생각하는 것이 좋다.

UX 라이터로 일하면서 도표 2-7과 같은 말을 정말 많이 들었다. 나중에 서비스가 더 커질 수 있으니까 미리 범용 문구로 쓸 수 있도록 작성해 달라는 요구 말이다.

물론 확실한 스펙 변경이나 확장이 예정되어 있다면 불필요한 공수 낭비를 줄이기 위해 포괄할 수 있는 범용 메시지를 미리 써둘 수 있긴 하다. 또 모든 서비스에는 도대체 왜 생겼는지 알 수 없는 오류Unknown error가 반드시 존재하기 때문에, 그런 경우에는 나 역시 눈물을 머금고 '알 수 없는 오류가 발생했습니다'를 쓰곤 한다. 그러나 이런 상황은 아주 예외적이고, 경험적으로 볼 때 열의 여덟은 사용자에게 문제 상황과 해결할 수 있는 길을 명확하게 제시할 수 있는 케이스이다. 결국 상황별로 오류 메시지를 세분화하지 않는 건 만드는 사람의 귀찮음 때문일 확률이 크다.

사용자는 언제나 현재의 서비스, 이 순간의 화면, 오늘의 우리를 보고 있다. 우리는 그저 오늘의 사용자에게 어떻게 하면 정확한 양질의 정보를 제공해 줄 수 있는지만 생각하면 된다. 마치 성장기 어린이의 겨울 점퍼를 두세 사이즈 크게 사두듯 미리부터 먼 훗날의 개발 공수를 고려하여 메시지를 벙벙하게 작성해 둘 이유가 없다. 모두 알다시피 아이 옷은 사이즈에 딱 맞게 입혀야 가장 예쁘다. 그래서 UX 라이터들은 포괄적 메시지를 써 달라는 요구를 받을 때마다 '지금 이 순간에 최선을 다하자'고, '현재 스펙과 케이스에 맞게 텍스트를 세분화하자'고 설득한다. 만약 미래에 스펙이 변경된다면 그때 메시지 변경 요청에 빠르게 대응하겠다고 약속하면서.

오류 메시지에 대한 구체적 작성 방법은 4장의 오류 메시지 작성 팁 부분에서 조금 더 구체적으로 설명하겠지만 간단한 팁 몇 가지를 우선 소개하자면 다음과 같다. 우선 포괄적으로 쓰지 않으려면 문장의 주어에는 정확한 기능명이나 특정 상황을 명시하고, 서술어에는 실질적인 의미를 가진 동사를 쓰는 것이 좋다. 한 문장에 '또는', '혹은', '-거나'와 같이 상황을 2개 이상 병렬 나열하는 접속사를 되도록 사용하지 않는 것도 좋은 방법이다.

　무엇보다 처음부터 화면 설계 시에 예외 케이스를 최대한 세분화하고, 오류나 예외 상황 각각에 대한 메시지를 구분하여 배정해 두어야 한다. 단언컨대, 케이스를 잘 쪼개면 쪼갤수록 세련되고 고급스러운 서비스가 된다. 특정 상황에 최적화된 설명 문구를 보면 자연스럽게 이 서비스가 나를 배려해 준다는 느낌을 받게 되기 때문이다. '오, 내가 이런 괴상한 상황에 처했는데도 이런 상황도 미리 준비해서 말해주는구나? 대단하네' 같은 생각을 하며 서비스의 품질을 신뢰하게 되는 것이다. 조금 귀찮더라도 정교한 서비스를 만들어보자. 이쯤 되면 이건 정성의 문제다.

4　딱 맞는 표현을 사용해야 한다

　정보가 정확하더라도 그것을 담는 표현이 정확하지 않다면 정확하게 썼다고 말하기 어렵다. UI 텍스트에는 정확한 어휘로 서비스를 핍진하게 설명해 줄 수 있는 명확한 표현을 사용해야 한다. 다음 두 가지 예시를 보며 자주 발생하는 불명확한 표현 사용에 대해 알아보자.

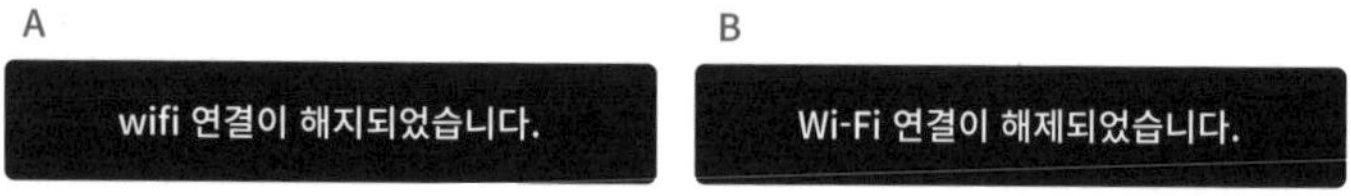

A

> **wifi 연결이 해지되었습니다.**

B

> **Wi-Fi 연결이 해제되었습니다.**

도표 2-8　해지와 해제를 바로 구분하지 못해도 괜찮다. 헷갈릴 때에는 찾아보기만 하자.

A와 B 중에서 어떤 것이 정확한 텍스트인지 대해 모두 잘 알리라 믿지만, 굳이 정답을 말하자면 B가 정확하다. 대문자를 사용한 Wi-Fi가 바른 표기이고, '해지'는 계약 관계를 말소하여 서비스 등을 영구적으로 사용하지 않음을, '해제'는 설정을 풀어 없애거나 기능을 더 이상 사용하지 않음을 의미하는 용어이다. '해지'와 '해제', '정지'와 '중지', '내역', '기록', '이력' 등 비슷하지만 의미가 다른 용어들은 각 상황에 맞게 정확하게 적용해야 한다.

도표 2-9 디테일을 살린 정확한 표현은 쓰기 쉽지 않다.

도표 2-9는 통화 중에 친구에게 파일을 보내려고 하다가 실패한 상황에 표시되는 토스트 메시지이다. 어느 쪽이 더 정확한 문장일까? Wi-Fi 연결 해제 메시지보다 조금 더 까다로운 문제이긴 한다. 분명히 둘 다 비문이거나 틀린 이야기를 하고 있는 것인 아닌데, 어느 쪽을 써야 할지 선택이 어려울 수 있다.

A는 Response와 같은 영어를 한국어로 직역한 번역투 문장이고, 불필요한 지시사 '이'를 사용하고 있다. 당장 다른 기기와 변별할 필요가 없는 상황이기 때문에 영어의 this를 번역한

느낌을 주는 지시사 '이'를 굳이 쓸 필요가 없다. 기기명 변수 (여기에서는 'J의 iPhone') 다음에 조사 '가'를 고정시킨 것도 문제가 될 수 있다. 한국어는 '이/가', '을/를'을 선행하는 대상의 끝음절에 따라 다르게 적용하는데, 이런 기기명 변수에는 어떤 말이 들어갈지 예측할 수 없기 때문에 위와 같이 '가'로 조사를 고정해 버리면 'J의 iPhone가'와 같이 표시될 위험이 있다.

반면 B는 사용자가 시도한 행위가 이루어지지 않았음을 알리고, 그 실패에도 불구하고 사용자가 계속할 수 있는 행위는 무엇인지까지 매끄럽게 알려주고 있다. 기기 변수 방향성을 드러내는 조사 '에'를 추가하여 변수와 조사의 불일치 가능성을 제거했고, 번역투 문장도 사용하지 않았다.

사실 정확한 표현으로 UI 텍스트를 쓰기 위해서는 꽤 오랜 시간의 훈련이 필요하다. 다양한 케이스를 접해보고, 각 상황마다 일반적인 사용자가 문제를 어떻게 이해할지, 어떤 표현을 쓰면 사용자가 오해 없이 받아들일지를 진지하게 고민해야 하기 때문이다. 정확한 표현으로 텍스트를 작성하는 것은 일차적으로 작성자의 문장력, 어휘력과 관련 있는데, 어떻게 하면 그 기초 역량을 단박에 끌어올릴지를 너무 고민할 필요는 없다.

여러분이 전문 UX 라이터라면 죽기 살기로 글쓰기 능력을 끌어올리라고 하겠지만, 기획, 디자인, 개발 직군이라면 그저 성실하게 한 번 더 틀린 곳이 없는지 살펴보는 습관을 기르고 릴리스 전 다른 동료들의 리뷰를 받는 단계를 하나 더 추가하는 것만으로도 충분하다. 다음 세 가지는 혼자서 글도 쓰고 디자인도 해야 하는 고독한 기획자, 디자이너들에게 추천하는 정확한 표현을 쓰기 위한 방법이다.

1. 텍스트를 확정하기 전에 부산대, 네이버, 브런치 맞춤법 검사기를 한 번이라도 돌려보자. 치명적인 실수는 막을 수 있다. 맞춤법 검사 결과가 조금 미심쩍다면 국립국어원 표준국어대사전에서 해당 표현을 검색한 후 예문을 살펴보면 된다. 분명 내가 쓰고 싶은 표현과 비슷한 예문이 있을 것이다.

2. 어떤 어휘가 더 사용자 친화적인지, 더 보편적인지 구분이 어려울 때에는 주요 일간지 신문기사에서 해당 용어를 검색해보자. 여기서 중요한 것은 주요 일간지이다. 그냥 아무 언론, 커뮤니티가 아니다. 검색 결과를 훑어보고 그중 사용 빈도 수가 높은 용어를 사용하는 것을 권한다. 네이버 트렌드나 구글 트렌드의 키워드 검색도 큰 도움이 된다.

3. 최종 텍스트를 확정하기 전에 반드시 쿨 타임을 두어야 한다. '내가 지금 도대체 무슨 말을 하고 있는 거지?' 같은 생각이 들 때가 바로 글을 그만 써야 하는 순간이다. 당장 자리를 박차고 일어나 쉬자. 너무 바빠서 쉴 수 없다면 UI 텍스트를 쓰는 것 말고 다른 일을 먼저 하도록 하자. 잠깐 쉬고 나서 다시 보면 과거의 나를 냉정하게 깔(?) 수 있다. 밤에 쓴 연애편지는 반드

시 다음 날 아침에 읽어보고 보내야 하듯, 모든 글쓰기 작업에는 재검토와 퇴고를 위한 시간이 꼭 필요하다.

정확하지 않은 텍스트는 사용자의 장애물일 뿐이다

정확하지 않은 것을 알면서도 그냥 넘어가려고 하는 일, 모호하고 포괄적인 형태로 산출물을 만들어달라는 요청이 왜 디자이너나 개발자보다 유독 UX 라이터에게 몰리는가에 대해서 한번 고민해 본 적이 있다.

가장 안타까운 상황은 처음 설계 시에 해당 케이스에 맞게 분리해야 한다는 생각을 미처 못 하고 있다가 손쓰기엔 너무 늦었을 때 깨닫는 일이다. 이런 상황에서 '이 케이스와 저 케이스는 사용자가 보게 되는 시점이 달라서 같은 시제로 쓸 수가 없어요, 각각 텍스트를 분리해 주세요'라고 UX 라이터가 말하면 기획자 입장에서는 당연히 당황스러울 수밖에 없다. 앱 배포가 얼마 남지 않았을 때 이런 상황이 생기면 '일단 좀 이상해도 다 포괄할 수 있는 메시지로 써주세요. 다음 버전에서 케이스 분리해서 고칠게요'와 같은 말을 할 수밖에 없다. 물론 그런 이야기를 들을 때 UX 라이터의 표정은 시무룩 그 자체가 되지만, 전체 개발 일정을 고려하지 않을 수 없기 때문에 '그럼 이 팝업은 제가 다음 버전에서 챙길게요. 그때 잊지 말고 꼭 고칩시다'라고 말하고 울며 겨자 먹기로 포괄적인 텍스트를 작성하게 된다. 나중에 그때 약속한 대로 케이스를 분리하겠다고 기획자가 다시 연락해 오면 UX 라이터는 얼마나 반가운지, '아이고 선생님, 잊지 않고 찾아오셨군요! 역시 신의를 아시는 분이네요. 자, 어서 고칩시다!'라는 말이 절로 나온다.

이렇게 하나하나 틀린 것이 없는지 챙기며 정확하게 글을 쓰는 일은 꽤나 손이 많이 가는 작업이다. 케이스가 뭉쳐져 있으면 쪼개달라고 해야 하고, 정보가 부실하거나 누락되어 있으면 악착같이 쫓아가서 이렇게 써서는 우리 사용자가 못 알아듣는다, 여기에 더 이런 내용을 더 넣어야 사용자가 이 플로우를 따라올 수 있다고 듣기 싫은 잔소리도 해야 한다. 하지만 정확성을 놓치면 UI 텍스트는 그 존재의 의미를 잃게 되므로, UX 라이터는 잔소리를 멈출 수 없다.

다시 한번 강조하지만 UI 텍스트는 정확해야 한다. 정확하지 않은 UI 텍스트는 도로 표지판이 아니라 사용자의 여정을 가로막는 장애물일 뿐이다. 그렇기 때문에 나는 여전히 가장 신경 쓰고 세심하게 다뤄야 할 UX 라이팅 원칙이 정확성이라고 생각한다. 도로 표지판이 거짓말하는 건 있을 수 없는 일이니까.

간결하게 쓴다:
투머치 토커 입장 금지

● **짧은 글은 모두가 좋아한다**

훌륭한 UI 텍스트는 정확하고 풍부한 정보를 내용으로 하면서도 한편으로는 매우 간결해야 한다. 나는 단 한 번도 길게 쓴 UI 텍스트가 환영받는 것을 본 적이 없다. UX 라이터는 물론 IT 번역자, 디자이너, 개발자, 무엇보다 사용자가 긴 문장을 싫어한다. 그런데 모두가 짧은 문장을 좋아하니까 짧게 써야 한다는 말은 설득력이 없으니, 먼저 왜 우리가 UI 텍스트를 왜 짧게 써야 하는지에 대해 짚고 넘어가 보자.

가장 중요한 이유는 UI 텍스트는 공간과 시간에 민감한 텍스트이기 때문이다. UI 텍스트가 표시되는 화면, 특히 모바일 화면은 압도적으로 공간이 좁다. 보통 이 공간에 같이 있는 일러스트, 아이콘, 각종 콘텐츠들이 좋은 자리에 우선 배치되기 때문에 사실상 텍스트의 몫으로 배정된 영역은 더더욱 좁을 수밖에 없다. 휴대폰 기종별로 해상도가 다른 점 역시 텍스트 길이에 영향을 미친다. 휴대폰 제조사가 작은 화면의 플래그십 모델을 내어놓으면 향후 몇 년 동안 텍스트를 쓸 때 매우 신경이 쓰인다. 화면이 작으면 작을수록 쓸 수 있는 텍스트는 더욱 한정적이기 때문이다. iPhone SE, mini처럼 화면이 작은 기기가 메이저 모델이 될 경우 해당 모델을 위해 따로 텍스트를 조정해 주는 일까지 있다. 여기에 더하여 토스트나 스낵바, 툴팁, 캐러셀 carousel 배너 등의 컴포넌트는 텍스트가 표시되는 시간까지 제한되어 있다. 화면에서 사라지기 전에 사용자가 내용을 온전히 읽고 이해할 수 있어야 하기 때문에 이런 컴포넌트의 텍스트들은 공간성과 시간성 모두를 고려하여 최대한 짧게 작성해야 한다.

글을 짧게 써야 하는 다른 이유로는 UI 텍스트가 무엇보다 가독성이 중요한 글이기 때문이다. 일반적으로 사용자는 화면에 진입한 후 바로 글자부터 읽지 않는다. 사용자는 먼저 화면 전체를 빠르게 훑어보고 전체적인 형태나 레이아웃만으로 화면의 용도와 의미를 직관적으로 이해해 보려고 하는데, 만약 그게 어렵다고 판단되면 그때부터 텍스트를 진지하게 읽어보려고 하는 경우가 많다. 사용자가 텍스트를 읽기로 마음먹은 그 순간 UI 텍스트는 몇 음절, 몇 어절 또는 한 문장으로 사용자를 빠르게 이해시켜야 한다. 이 때문에 UI 텍스트를 쓰는 사람은 텍스트의 형태를 가장 가독성이 좋은 방향으로 조정하려고 한다. 특히 화면의 뼈대가 되는 타이틀, 인덱스, 버튼과 같은 레이블은 아주 짧으면서도 명확한 정보가 농축된, 그러면서도 가독성이 극도로 강조된 형태로 화면에 배치되어야 한다.

문장 린매스업: 핵심은 남기고, 불필요한 것은 빼고

혹시 린매스업Lean mass up에 대해 들어본 적 있는가? 불필요한 지방은 빼고 근육만 늘린다는 운동인의 궁극적 이상향을 말하는데 운동을 해본 사람이라면 알겠지만, 다른 손실 없이 근육만 남기는 일은 정말이지 쉽지가 않다. 하지만 UI 텍스트에서는 린매스업이 가능하다. 앞서 '정확하게 쓴다'에서 강조한 것처럼 정보를 빼먹지 않고 해야 할 말은 하면서도, 조잡한 장식처럼 주렁주렁 달려 있는 불필요한 정보와 문장성분은 제거하면 된다. 이제부터 UI 텍스트를 짧게 쓰기 위한 몇 가지 린매스업 팁을 소개하겠다.

첫째, 주어와 동사 하나로 구성되는 문장, 즉 단문을 최대 한두 문장만 쓴다. 긴 복문이 될 바에야 차라리 끊어서 가는 것이 낫다. 메뉴 설명, 토스트, 팝업 등에서 세 번째 문장을 쓰고 있는 나를 발견한다면 내가 투머치 토커가 아닌지 반성해 볼 필요가 있다. 주로 화면 마지막에 작게 배치되는 참고 사항, 주의 사항 등의 문단형 요소를 제외하고는 UI 텍스트에서 세 문장을 쓰는 경우는 거의 없다는 것을 기억하자. 참고 사항처럼 화면 하단에 등장하는 덩어리 글 역시도 한 항목에 세 문장이 되면 사용자의 집중도가 떨어지기 때문에, 웬만하면 말머리 기호Bullet point로 항목화하여 한두 문장씩 끊어가는 것이 바람직하다.

둘째, 텍스트에 중복이 있는지를 살펴보고 가능하면 모두 제거한다. 여기에서 중복이라 함은 내용에 대한 것만은 아니다. 정보

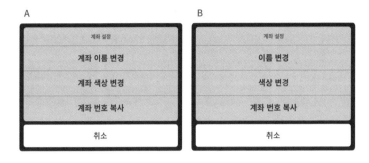

도표 2-10 메뉴 레이블에서 첫 어절 중복을 제거하면 변별성이 높아진다.

와 스타일, 모든 측면에서 겹치는 부분이 있는지 살펴봐야 한
다. 어미, 조사, 앞뒤의 음절 등 작은 요소까지 중복되는 부분이
있는지 기계적으로 확인하고, 만약 중복이 있으면 일단 삭제
후보 선상에 올려놓는다.

특히 문장의 서두에 중복이 존재하면 더욱 눈에 잘 띈다
는 점을 기억해야 한다. 예를 들어 도표 2-10의 A처럼 일렬로
나열되는 메뉴명의 앞부분에 동일한 어휘가 배치된다면 메뉴
변별성이 매우 떨어지게 된다. 일반적으로 한국어 사용자는 좌
측 상단부터 우측 상단으로, 다시 좌측 아래로 F자 모양으로 텍
스트를 읽어 내려가며 대상 간의 차이를 파악하려고 하는데,[5]
A처럼 서두에 동일한 단어가 반복되면 메뉴의 차이를 빠르게

5 F-Shaped Pattern of Reading on the Web: Misunderstood, But Still Relevant (Even on
Mobile), https://www.nngroup.com/articles/f-shaped-pattern-reading-web-content/

인지하기 어려워진다. 사용 패턴이 굳어져 마치 합성어처럼 분리가 어려운 경우를 제외하고 B와 같이 나열된 메뉴명의 첫 부분을 다르게 작성하면 각 메뉴의 특성을 보다 빠르게 파악할 수 있다.

물론 그렇다고 문장이나 구, 어휘의 뒷부분에 중복이 있는 것은 괜찮냐 하면 그 역시 괜찮지 않다. 이들은 괜히 화면만 무겁게 하는 꼬리 같은 것이다 이것들도 모두 삭제할 수 있으면 삭제해야 한다. 근래 서비스 화면의 버튼에 범람하고 있는 잘못된 '-하기'를 예로 들어 이야기해 보자.

버튼은 사용자 보이스가 드러나는 영역이기 때문에, 버튼 텍스트에 염원, 기원, 다짐, 미래, 예정의 의미를 담은 명사형 전성어미 '-하기'를 쓰면, 마치 사용자 스스로가 해당 액션을 다짐하는 듯한 인상을 살짝 주게된다. 버튼 레이블을 속으로 되뇌는 사용자가 순간적으로 마치 스스로가 목표를 설정하고 발화한 것 같은 일종의

'셀프 미션'을 선언한 듯한 느낌을 받게 되기 때문이다. 이 때문인지는 몰라도 요즘 일부 서비스에서 모든 버튼에 '-하기'를 붙이는 경향이 있는데, 이것은 불필요한 어미 중복으로 텍스트의 간결성을 해치는 다소 과한 글쓰기라고 볼 수 있다. 모든 버튼에 '-하기'를 쓰면 버튼당 2음절씩 늘어나면서 화면 내 복잡도가 증가하고 가독성도 저하되는데, 이런 군더더기를 붙이기엔 버튼은 UI에서는 너무나 소중한 컴포넌트이다. 물론 화면 내 몇 군데에서 '-하기' 한두 번 쓴다고 큰 문제가 되는 것은 아니지만, 일반적인 UI 버튼 모두에 '-하기'를 넣으면 텍스트 체계 전체의 간결성을 해치게 되니 주의해야 한다.[6]

내 생각에 가장 안타까운 버튼 텍스트는 '서비스 탈퇴하기', '멤버십 해지하기' 같은 버튼이다. 이런 버튼은 마치 서비스를 꼭 떠나기로, 멤버십을 반드시 해지하기로 사용자 스스로가 다짐하는 듯한 인상을 준다. 습관적으로 '-하기'를 붙이는 '하기병'이 만들어낸 안쓰러운 버튼 레이블이라고 하겠다.

---

[6] 물론 '-하기'를 붙인 버튼을 쓰는 것이 자연스러운 상황이 분명 있다. 과업이 막 시작되었는데 해당 버튼을 누른 이후 꽤 긴 프로세스가 진행될 예정인 경우, 또는 마케팅적 요소가 강한 첫 화면이나 홍보 페이지, 프로모션 팝업 등에서 버튼으로 사용자를 강하게 설득하거나 유혹해야 하는 경우, 그리고 여기에 더해 버튼이 가로로 긴 형태라서 충분한 공간까지 확보된 경우라면 '-하기'형 버튼을 써도 큰 무리가 없다. 가급적 위 조건이 모두 충족될 경우에만 버튼에 '-하기'를 쓰는 것을 권한다.

간결성과 정확성이 충돌할 때

UI 텍스트의 간결성 원칙은 앞서 설명한 정확성의 원칙과 꽤 자주 충돌한다. 정확하게 설명하려면 상세하게 써야 하는 경우가 많고, 그러려면 문장이 길어지게 되니까 어찌 보면 당연한 일이다. 반드시 들어가야 하는 필수 정보가 있는데 주어진 공간이 너무 좁은 상황이라면, 글을 쓰는 UX 라이터나 기획자, 디자이너가 UX 라이팅 원칙 중 어떤 것을 우선으로 할 것이냐를 선택해야 한다. 앞서 정확성이 가장 중요한 원칙이라고 말했지만, 개별 케이스와 맥락, 스펙이나 서비스 제공 상황에 따라 다른 원칙을 우선시해야 할 때도 분명 있다.

보통 간결성과 정확성이 충돌할 때는 당장 디자인 요소나 화면 구성을 고쳐서 공간을 확보하기 어려운 상황인 경우가 많다. 이럴 때 UX 라이터는 다양한 방향으로 대안을 모색한다. 먼저 작성했던 UI 텍스트가 필수 정보만을 담고 있는지 확인하고 중요도에 따라 내용을 재분류한다. 더 이상 뺄 정보가 없다면 혹시 지금이라도 개발에서 다른 컴포넌트로 변경해 줄 수 있는지(토스트로 기획되었지만 공간이 넉넉한 1버튼 팝업으로 변경하기), 아예 정보를 이전이나 이후 화면에 제공해도 되는지(다른 화면으로 옮겨버리기), 비문이 되지 않는 수준에서 문장 요소를 빼면 얼마까지 짧게 쓸 수 있는지, 필수 문장 요소를 빼도 사용자가 내용을 이해할 수 있는지, 다국어를 제공하는 서비스의 경우 다른 언어로 번역했을 때 잘림이 발생하지 않는지 등 다양한 측면을 종합적으로 검토한다.

만약 정보의 정확성이 정말 중요하다고 판단하면 길더라도 모두 그 위치에 밀어 넣어야 한다. 그렇게 긴 텍스트를 넣으면 화면이 못생겨진다고 디자이너에게 한 소리 들어도 '이건 이 시점에 꼭 알려줘야 하는 정보다. 이거 안 쓰면 사용자가 이 문제를 파악하지도, 해결하지 못한다'라며 강하게 밀어붙여야 한다. 반대로 정보를 조금 줄이더라도 화면의 전체적인 조화로움이 우선이 되어야 하는 때가 있다면, 그때는 텍스트 내 정보 우선순위를 매겨서 중요도가 비교적 낮은 어휘나 문구들부터 소거해야 한다. 꾸미는 말을 붙이면 조금 더 아름답고 균형 잡힌 문장이 될 수 있음에도, 디자인의 아름다움과 안정적인 룩앤필을 위해 텍스트의 형태를 양보해야 하는 경우도 분명 있다.

깔끔한 화면을 위해 종종 텍스트가 억지로 간결해지는 상황이 있다. 가끔 기획자나 디자이너로부터 "너무 길면 알아서 '…'으로 표시될 거니까요, 괜찮지 않을까요?"라는 이야기를 듣는 경우가 있는데, 사실 제일 좋지 않은 상황이 화면에 '…'이 나오게 처리되는 것이다. 기계적 절단Truncation이 되어 강제로 말줄임표 처리가 되면 사용자에게 마치 버그처럼 보이게 되어 좋지 않다.

사실 가장 큰 문제는 UI 텍스트의 핵심적인 내용이 '…'으로 처리될 때 발생한다. 도표 2-12의 사례를 살펴보자. A, B, C는 모두 나의 SNS 친구가 어떤 액션을 수행했다고 알려주는 알림이다. A는 UI 텍스트의 마지막을 잘리게 처리했기 때문에

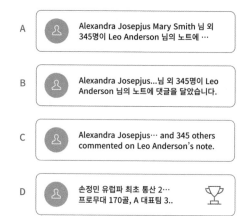

A   Alexandra Josepjus Mary Smith 님 외 345명이 Leo Anderson 님의 노트에 …

B   Alexandra Josepjus…님 외 345명이 Leo Anderson 님의 노트에 댓글을 달았습니다.

C   Alexandra Josepjus… and 345 others commented on Leo Anderson's note.

D   손정민 유럽파 최초 통산 2… 프로무대 170골, A 대표팀 3..

도표 2-12　어떤 상황이냐에 따라 무엇을 버려야 할지가 다르다. 중요한 기준은 어쩔 수 없이 잘림이 발생하더라도 핵심 정보만은 살리는 것이다.

이 알림 메시지를 본 사람은 '그래서 저 친구들이 노트에 어떻게 했다는 거야?'라는 의문을 가질 수밖에 없다. 반면 B의 경우 이름 변수의 일부분을 '…' 처리했기 때문에 UI 텍스트가 잘리지 않았다. 사용자는 이 알림을 보고 SNS에서 무슨 일이 발생했는지를 확실히 알 수 있다.

공간이 아주 제한된 상황이고 심지어 텍스트 중간에 변수까지 있어서 잘림 이슈가 발생할 확률이 매우 높다면 처음부터 변수의 일부분만 노출할지, 아니면 변수 말고 다른 영역을 잘림 처리할지를 잘 정의해 두어야 한다. 변수 일부분만을 표기해도 사용자가 내용을 추측할 수 있는 여지가 있을 때에는 B처럼 이름 변수가 잘리게 해야 한다. 참고로 C는 B의 영어 버전이다. 다국어를 지원하는 글로벌 서비스의 경우 사용자 이름이 매우 긴 국가/지역까지 고려해서 더더욱 변수의 위치와 텍스트 잘림에 신경 써야 한다.

D는 정말 중요한 기록, 즉 숫자 영역이 잘린 배너 텍스트의 사례이다. 손정민이라는 선수가 유럽파 통산 몇 골을 넣었는지가 가장 중요한데 바로 그 부분이 '…'으로 잘림 처리되었다. 변수가 없음에도 화면이 작은 기기에서는 이와 같은 텍스트 잘림이 발생할 수 있다. 우리가 모든 해상도에 대해 일일이 대응할 수 없으므로 이런 잘림 상황은 피할 수 없다. 처음 글을 쓸 때 아주 작은 기기 케이스까지 염두에 두고 중요한 정보를 좌측 상단에 배치하는 등의 구성적인 측면을 고려하는 것이 좋다. 요컨대 처음부터 '…'이 나오지 않게 최대한 간결하게 쓰는 것이 최선이지만 잘림이 발생할 수밖에 없는 상황이라면 무엇을 잘라낼지를 우리 스스로가 미리 결정해 두어야 한다.

2-4 일관되게 쓴다: 다중 인격자처럼 보이지 않는 법

● 일관성이 떨어지면 서비스를 의심하게 하게 된다

일관성은 그동안 UX 라이팅의 원칙 중에서 비교적 덜 중요하게 다뤄져 왔다. 구글 라이팅 가이드라인에서도 간결하게 써라, 명확하게 써라, 유용한 것만 써라, 모든 사용자가 이해할 수 있게 친화적으로 써라 등은 강조되었지만, 일관성에 대한 언급은 없었다. 한국에서도 그동안 브랜딩 측면에서 보이스가 일관되어야 한다는 수준으로 종종 언급되었을 뿐, 텍스트 체계에서 일관성의 중요성이나 일관성이 지켜지지 않았을 때의 문제점 등은 따로 논의된 바가 없다.

하지만 일관성은 UX 라이팅에서 굉장히 중요한 원칙이다. 가장 큰 이유는 텍스트 일관성이 사용자의 서비스 이해에 큰 영향을 주기 때문이다. 만약 같은 개념, 같은 대상을 화면마다 다른 용어로 지칭하거나, 같은 상황인데도 매번 조금씩 다른 메시지를 표시한다면 사용자는 서비스를 도무지 이해할 수 없는 이랬다 저랬다 하는 존재로 인식할 것이다. 예를 들어 SNS의 '관계 맺기' 기능을 지칭할 때 '친구 추가'나 '팔로우' 중 하나를 서비스 공식 용어로 결정하면 그 시스템 전체에서 예외 없이 토씨 하나 틀리지 않고 그 용어를 써야 한다. 여기에서는 '친구 추가', 저기에서는 '팔로우', '친구 맺기' '친구 되기' 등을 섞어 쓰면 안 된다. '에이, 그 말이 그 말이지, 한국 사람이면 다 알아들어요'라고 생각하면 곤란하다. 만약 위 사례처럼 여러 개의 불명확한 표현을 돌려쓴다면 분명 사용자는 이 서비스에는 다수의 관계 맺기 기능이 존재하는데, 자신이 뭔가를 놓치고 있다고 착각하며 불안해할 것이다. 핵심 개념에 대한 일관되지 않은 서술은 서비스에 대한 잘못된 이해를 불러오고 십중팔구 과업 실패와 서비스 이탈로 이어지게 된다.

또 일관성이 맞지 않으면 제품을 신뢰할 수 없게 된다. 일관성 낮은 텍스트가 계속 노출되면 어느 순간 사용자는 텍스트를 끊임없이 의심하면서 비판적으로 읽게 되기 때문이다. 쉽게 말해 틀린 것이 있나 없나, 어긋나는 것이 또 있나 없나를 무의식적으로 찾게 된다는 것이다. 이렇게 되면 사용자에게 서비스를 이용하는 일은 노력을 들여 신경 써야 하는 일, 일종의 고역이 된다. 사용 경험이 편안하고 매끄러우려면 사용자의 긴장도를 낮춰줘야 하는데, 텍스트 불일치가 끊임없이 발견되면 사용자는 원치 않게 정보와 텍스트 이격에만 집중하게 된다.

이 외에도 일관성은 브랜드 이미지와도 깊은 관련성을 가진다. 일반적으로 사람들은 예측 가능한 존재, 일관성 있는 존재를 선호한다. 어떤 대상을 접하든 '어, 여기에 구멍이 있네? 허술하네? 앞뒤가 안 맞네?'라는 생각이 드는 순간, 브랜드에 가졌던 긍정적인 이미지에 균열이 가기 시작한다. 보이스와 톤의 일관성이 깨졌을 때에는 더더욱 불쾌한 기분을 느끼게 된다. 이질적인 보이스와 톤이 화면 곳곳에서 튀어나오는 일이 반복될 때, 사용자는 여러 명의 직원이 원칙 없이 나타나 허술하게 자신을 응대하고 있는 듯한 느낌을 받게 되니까 말이다. 결국 사용자는 '도대체 여기는 뭐하는 데인지 도통 모르겠다'는 인상을 받게 되고, 빠르게 브랜드에 대한 호감을 거둬들이게 될 것이다.

서비스 규모, 조직, 소통, 시스템 여부에
영향을 받는 텍스트 일관성

정확성이나 간결성이 서비스 기획자, 디자이너, UX 라이터 개인의 역량에 크게 영향을 받는다면, 일관성은 서비스 규모, 조직의 커뮤니케이션 문제, IT 업계 직군들의 업무 특수성, 텍스트 관리 시스템 구비 여부와 밀접한 연관을 가진다. 규모가 작은 서비스인 경우 보이스, 톤, 용어, 문형 등의 기초적인 일관성은 비교적 쉽게 지켜질 수 있다. 보통은 한 명의 기획자, 디자이너가 UI 텍스트를 담당하기 때문에 웬만해선 일관성이 흐트러지지 않는다. 서비스 화면이 몇 장 안 되면 일관성을 잃기가 쉽지 않고, 다루는 범위가 좁다면 다른 동료들이 일관성이 맞지 않는 부분을 금방 찾아내 피드백해 줄 수 있기 때문이다.

하지만 서비스의 규모가 조금만 커지면 상황이 달라진다. 서비스가 성장함에 따라 조직도 비대해지고 화면이나 기능이 잘게 쪼개져 각 서비스, 기능별로 담당하는 기획자나 디자이너가 수 명 또는 수십, 수백 명이 될 수도 된다. 휴대폰과 같은 복잡한 디바이스의 OS와 기본 탑재 앱을 만들어야 하는 제조사의 경우 기능별, 화면별로 담당자가 배정되기 때문에 UX 조직이 100명이 넘는 경우도 흔하다. 100명의 UX 디자이너들이 각자의 언어로 텍스트를 쏟아낸다고 생각해 보라. 텍스트 가이드라인이 있다고 하더라도 서비스 전체의 UI 텍스트가 일관되게 작성될 확률은 단언컨대 0퍼센트다. 100명의 사람은 100개의 결이 다른 언어 감각을 갖고 있으니까 말이다.

조직 내 커뮤니케이션 문제는 일관성에 영향을 미치는 또 다른 요인이다. 화면 간의 일관성이 무너지는 것은 보통 담당자들의 가이드라인 미준수나 상호 소통의 부재 때문에 생긴다. 공식 용어나 문형을 다르게 쓰면서 '이렇게 말하나 저렇게 말하나 내용만 맞으면 되는 거지. 내가 완전히 틀린 말을 쓴 건 아니잖아?'처럼 텍스트 일관성을 가볍게 여기는 경우가 대표적이다. 또는 '저 담당자가 쓴 텍스트는 우리 서비스 스타일과 안 맞는 거 같은데… 딱히 내가 맞다고 말하기도 그렇고, 그냥 말하지 말자'라고 피드백을 주저하는 경우도 꽤 많다. 무엇이 정확하고 맞는 텍스트인지 말해줄 수 있는 언어 전문가가 없기 때문에 텍스트가 이상해 보여도 자신의 의견을 섣불리 말하기 어려워하는 것이다.

이렇게 각자도생 하면서 소통하지 않고 텍스트를 쓰면 어떤 문제가 발생할까? 한 사람이 담당한 화면이나 기능 내에서는 문제가 없을지 몰라도, 여러 담당자의 기능을 이어 붙여 서비스를 완성했을 때에는 분명 결이 맞지 않는 내용들이 엉성하게 연결되어 있는 콜라주 같은 텍스트 더미가 탄생하게 될 것이다. 가히 UX 바벨탑 같은 상황이라 하겠다.

여기에 이직, 퇴사 등으로 담당자 교체까지 있으면, 그야말로 텍스트 체계는 카오스 그 자체가 된다. 문구 변경 히스토리는 어딘가로 사라져 버리고 도대체 무엇이 우리 서비스의 기준 용어인지 알 수 없게 되어버리는 것이다. UX 라이터로서 인정하기 싫지만, 일반적인 회사에서 UI 텍스트 목록과 변경 히스토리는 인수인계 시에 가장 나중에 전달되거나 아예 사라져버리는 경우가 많다. 텍스트 관리 시스템이 있다면 검색이라도 해서 기존 스타일에 맞춰가려는 노력이라도 할 텐데, 놀랍게도 꽤 규모가 있는 서비스에서조차도 모든 서비스 화면에 어떤 텍스트들이 현재 노출되고 있는지 전체 목록도 갖고 있지 않은 경우가 꽤 많다. IT 회사에서 텍스트 데이터 관리 시스템을 만드는 것이 그렇게 어렵지 않음에도 불구하고 텍스트와 관련된 업무는 보통 개발이나 디자인 이슈보다 우선순위에서 밀리곤 한다. 진심으로 안타까운 일이다.

일관성에 영향을 미치는 여섯 가지 요소

그럼 이제부터 이렇게 중요한 텍스트 일관성이 도대체 무엇인지에 대해서 조금 더 구체적으로 알아보자. 일관성은 다양한 측면에서 살펴볼 수 있는데, 일반적으로 서비스 문구에 있어서는 다음 여섯 가지 요소를 주의해서 봐야 한다.[7]

---

[7] 다음 책에서 참고한 내용이다. 루이스 로젠펠드·피터 모빌 지음, 김수 옮김, 『인포메이션 아키텍처: 효율적인 웹사이트 구축을 위한 정보설계 지침서』, 인사이트, 2011. 일관성은 레이블링 시스템Labeling system 구축과 밀접한 관계를 갖고 있기에, 나는 정보 구조에 대한 이 책이 일관성의 의미를 가장 잘 설명하고 있다고 생각한다. 일관성에 영향을 끼치는 요소 여섯 가지를 이 책을 참고하여 옮겼고 사례만 한국어에 맞게 수정하였다. 일관성과 레이블에 대한 내용은 4장 컴포넌트별 텍스트 작성 팁의 레이블 작성법에서 조금 더 깊게 설명한다.

1 스타일Style

각 컴포넌트에 적용될 텍스트의 형태적 규칙, 영어의 경우 대소문자 규정, 문장부호와 각종 숫자 표기법 등을 말한다. 예를 들어 원칙적으로 문장의 마지막에는 마침표가 있어야 하지만, 우리 앱에서는 토스트에서만은 특별히 마침표를 생략하겠다는 규칙을 자체적으로 정할 수 있다. 또 '대출 상환'이라는 단어는 원래 2단어이지만, 우리 서비스에서는 2어절이면서 4음절인 금융 용어의 경우 붙여쓰기 한다는 원칙을 별도로 만들 수도 있다.

2 시각적 표현Presentation

텍스트 글꼴, 글자 크기, 굵기, 컬러 등의 디자인 요소를 말한다. 사용자는 시각적인 디자인 요소를 통해 각 텍스트의 위상을 인지하는데, 예를 들어 크고 진한 글씨는 타이틀, 연하고 작은 글씨는 디스크립션이라고 여기고 이들의 형태를 기준으로 각 요소 간의 위계와 의미적 포함 관계 등을 추론하는 것이다. 시각적 표현의 일관성을 지키기 위해서는 디자인팀과의 긴밀한 협의가 필요하다. UX 라이팅 팀은 컴포넌트를 인덱스Index(타이틀 위에 위치하는 작은 카테고리 분류 태그)로 보고 단일 명사로 리뷰했는데, 실제 디자인에서는 타이틀용 글꼴과 굵기로 표시된다면, 그동안 UX 라이팅 팀이 지키고 있었던 타이틀 구문 형식에 대한 일관성이 깨지기 때문이다.

③ 구문법Syntax

단어가 결합하여 구, 절, 문장의 구조나 기능을 구성하는 규칙 또는 원리를 말한다. 만약 한 화면에서 타이틀에는 명사구나 명사형을, 디스크립션에는 항상 문장형을 썼다면 서비스 속 모든 화면의 타이틀, 디스크립션에서도 동일한 구문법을 적용해야 한다. 한 화면에선 타이틀 위치에 '삭제할 내역이 무엇인가요?'와 같은 문장형을 쓰고 다른 화면에서는 '삭제할 기록 선택'과 같이 명사구를 쓰지 않도록 주의하자. 하나의 텍스트 시스템 안에서는 구문법에 대해서 통일된 접근 방식을 견지해야 한다.

④ 포괄성Comprehensiveness

텍스트가 담고 있는 정보의 특성이 고르고, 또 구성 요소들이 중복, 누락, 겹침이 없이 온전히 전체를 이루고 있는 상태, 즉 MECEMutually Exclusive Collectively Exhaustive한 상태로 제공되어야 사용자가 전체적인 의미 체계를 상상할 수 있다.[8] 예를 들어 '학생'이라는 대메뉴 하위에 '초등학생, 고등학생, 대학생, 대학원생' 메뉴만 있다면 사용자는 '왜 중학생은 없지?'라며 혼란스러워하게 될 것이다.

---

[8] 특히 레이블링 시스템에서는 각 이름들이 상호 배타적이면서도 그들의 개념을 다 모았을 때 완전한 전체를 이루는 상태가 가장 이상적이다. 메뉴 레이블들만으로 전체 구조를 꽉 채워 설명하기 어려울 수 있는데, 그렇다고 하더라도 개별 메뉴 이름들만큼은 반드시 상호 배타적이어야 한다.

입자성Granularity

정보의 상세한 정도와 양, 즉 입도粒度를 말한다. 예를 들어 여러 페이지에 걸쳐 사례를 제시하려고 할 때에 각 사례에 포괄적인 내용만을 담을 것인지, 아니면 상당히 구체화된 개별 사례까지 언급할 것인지에 대한 일관된 기준을 만드는 것이다. 만약 한 페이지에서 특정 사례만 지나치게 상세하게 설명한다면 사용자가 위화감을 느낄 수 있기 때문에 서비스 전체적으로 정보 입자성을 모두 비슷한 수준으로 맞춰주는 것이 좋다. 또 다른 예로 서비스 화면 내 경로 표기법을 들 수 있다. 서비스 내에서 '도움말'이라는 최상위 페이지명만 언급할 것인지, '도움말〉자주 묻는 질문〉회원가입' 등과 같이 하위 경로의 명칭을 몇 단계까지 밝혀줄 것인지를 규칙을 갖고 일관되게 적용해야 한다.

6 대상Audience

글을 읽는 사용자 집단을 고려하여 어휘 난이도 등의 일관성을 지켜야 한다. 예를 들어 일반인을 대상으로 질병에 대한 정보를 소개하는 웹사이트에 '간세포성 암종Hepatocellular'과 같은 전문가 용어와 '체기', '배앓이'라는 비전문가의 일상용어를 섞어서 쓰면 안 된다.

일관성의 다층적인 유지

서비스 내의 텍스트 일관성은 다양한 층위에서 준수되어야 한다. 가능하면 서비스와 서비스를 둘러싼 외부 텍스트와의 일관성까지 모두 지키는 것이 가장 좋지만, 역시 우선적으로 챙겨야 할 것은 서비스 화면, 즉 서비스 내 일관성이다. 내부 일관성이 깨진 것은 사용자 눈에 정말로 잘 보이기 때문이다. 그중에서도 같은 화면 내의 일관성이 가장 최우선시 되며, 여러 화면이 모여서 구현되는 기능과 앱(서비스)의 일관성까지는 반드시 지켜져야 한다. 기초적인 일관성이 지켜지지 않으면 앞서 말한 서비스 신뢰도, 완성도에 큰 금이 갈 수 있기 때문이다.

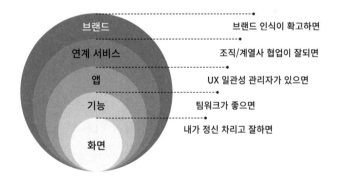

도표 2-13　일관성은 화면에서 서비스, 브랜드까지 다층적으로 지켜져야 한다.

물론 그렇다고 딱 우리 서비스의 내부 일관성만 잘 챙기겠다는 생각을 해서는 곤란하다. 브랜드에 소속되어 있는 서비스의 경우 브랜드 이미지와 보이스, 그룹사의 연계 서비스까지도 신경 써야 한다. 다양한 가전을 다루는 삼성이나 애플 등의 거대 제조사를 예로 들어보자. 모바일 기기와 생활 가전을 모두 만드는 브랜드에서 각 기기의 UI 텍스트를 쓸 때 같은 대상이나 액션을 다른 용어, 다른 보이스로 설명한다면 어떻게 될까? 두 기기를 모두 소유하고 있는 사용자는 기기 간 연동을 하려고 할 때 분명 당황하게 될 것이다. 두 기기를 만드는 계열사와, 조직은 모두 다르지만 사용자는 그 모두를 단일 브랜드 제품으로 인식하고 당연하게 일관된 텍스트를 예상하고 있기 때문이다. 만약 한쪽에서만 전혀 다른 용어를 쓰거나, 너무 이질적인 보이스를 UI 텍스트에 적용하면 해당 브랜드 인식과 제품 사용에 큰 혼란이 생길 수 있다.

특히 IoT가 보편화되고 있는 상황에서 거의 모든 가전을 모바일 기기로 제어하기 때문에, 모바일 기기와 가전의 텍스트 일관성은 더욱 강조될 수밖에 없다. 제어 앱에서는 '기기의 플레이 아이콘을 누르세요'라고 써 있어서 봤더니, 막상 기기 본체 패널에는 '재생'이라고 쓰여 있는 것 같은 소소한 불일치 조차도, 두 기기 화면을 동시에 바라보고 있는 사용자에겐 큰 어려움으로 다가올 수 있다.

애플의 생태계 내에서 Mac과 iPhone, AirPods 등의 기기가 연동되는 장면을 떠올려 보자. 기기 간 연결 시, 또는 기능 간의 연동과 해제 시에 표시되는 텍스트들이 모두 일관된 용어로 작성되어 있다는 걸 알 수 있다. 각 기기에 표시되는 보이스 역시 균일한 결로 사용자에게 말을 건넨다.[9] 사용자는 매끄럽게 기기를 연결하면서 애플의 여러 UX/UI 디자이너 개개인의 보이스가 아닌 애플의 단일한 브랜드 보이스를 느끼며, 안정된 일체화 경험을 만끽할 수 있다. 탁월한 텍스트 일관성이 만들어낼 수 있는 뛰어난 UX란 바로 이런 것이다.

일관되게 쓰고 일관되게 관리하라

텍스트 일관성 지키기의 시작은 두말할 것도 없이 텍스트 가이드라인을 만드는 것이다. 특히 정보의 입자성과 포괄성은 개별 설계자의 의도와 초기 설계안에 큰 영향을 받기 때문에, 다수의 화면 설계자들과의 협업을 위해서라도 텍스트 가이드라인은 반드시 필요하다. 규칙이 있어야 그 규칙을 기준으로 설계자와 논의도 하고, 설계자가 다른 스타일을 주장할 때 서비스 전체의 공통 규칙 준수를 이유로 들어 설득할 수 있기 때문이다. 그래서 UX 라이터는 채용되자마자 가장 먼저 서비스 전체를 커버할 수 있는 텍스트 가이드라인 작성부터 시작한다.

일반적으로 텍스트 가이드라인에는 UI 텍스트의 목적, 대

---

9 애플의 한국어 번역 텍스트는 건조한 번역투로 작성되어 있고 보이스와 톤의 일관성은 약한 편이다. 하지만 연계 기능, 기기 간의 용어, 스타일, 구문 일관성은 매우 훌륭하다. 보이스와 톤의 일관성까지 느끼려면 언어 설정을 영어로 바꿔서 영어 원문 텍스트를 보길 바란다.

상, 보이스, 문체, 사동 및 피동법의 사용, 각종 문장부호, 기호, 숫자 표기법, 경로 표기법, 외국어나 약어 표기법, 들여쓰기 및 줄바꿈, 단어 끊어쓰기Word-wrap 규칙, 고유명사 표기법, 서비스 핵심 용어 목록 등의 내용이 담기게 된다. 조금 더 상세하게 작성할 경우 각 컴포넌트별로 스타일을 규정해 두기도 한다. 예를 들어 팝업의 타이틀은 어떤 구문법을 적용할 것인지, 플레이스홀더Placeholder나 툴팁Tooltip의 길이 제한은 어느 정도로 둘 것인지 등 아주 구체적인 작성법까지 가이드라인에 포함시킬 수도 있다.

위와 같은 내용을 담은 기본 텍스트 가이드라인이 간단하게라도 마련이 되었다면, 여기에 더해 우리 서비스만의 텍스트 규칙을 마음대로 추가해 볼 수 있다. 우리 서비스는 고객을 '사용자'라고 부를지, '고객'이라고 부를지, 또는 아예 이름 변수를 넣어서 '○○ 님'이라고 부를지를 정의해 놓는 것이다. 고객의 이름을 직접적으로 부르려면 어떤 상황이어야 하는지를 규정한 내용을 세부 항목으로 넣어도 좋다. 우리 서비스에서만 사용하는 특정 개념, 세계관, 인터렉션과 관련된 용어에 대해 정의해 두거나 사용자가 자주 처하게 되는 오류 상황에는 어떤 메시지를 띄울 것인지, 특정 오류 텍스트는 어떤 상황에서만 써야 하는지에 대해 상세 가이드도 추가할 수 있다.

참고로 앞서 말한 여섯 가지 일관성 요소들 중 텍스트의 시각적 표현Presentation은 디자인 시스템과 깊은 관련이 있다.

디자인 가이드라인에 세부 컴포넌트별 스타일(글꼴, 크기, 굵기 등)에 대한 정의가 있으면, UX 라이터들은 그에 맞게 문장이나 구의 적용 방식, 형태, 길이, 문장부호 사용 여부 등을 규정할 수 있다. 특히 들여쓰기나 자간, 줄바꿈, 행 끝 단어 끊어쓰기 규칙 등은 특히 디자인과 개발에 큰 영향을 받으므로, 관련된 규칙을 정립할 때에는 디자인팀과 개발팀의 자문을 받는 것이 좋다. 물론 반대로 디자인 가이드라인이 일반적인 텍스트 작성 패턴을 수용하기 어려울 정도로 좁게 규정된 경우 UX 라이터 들이 기존 디자인 가이드라인 개선을 요구할 수도 있다.

이렇게 말하면 어쩐지 길고 묵직한 가이드라인을 써야 할 것 같지만 결코 그렇지 않다. 텍스트 가이드라인의 형식과 분량 은 사실 별로 중요하지 않다. 가이드라인은 프로덕트 메이커들이 서비스 텍스트에 대해 같은 이해를 할 수 있도록 돕기 위해 존재하는 것이다. 단 몇 장의 A4 용지에 끄적거린 가벼운 문서라도 상관 없다. 기획자, 디자이너, 개발자, 마케터 등 서비스를 만드는 모든 사람들이 함께 공감하고 이해할 수 있는 글쓰기 원칙이라면 어떤 형식 이든 괜찮다. 전문적이거나 촘촘하지 않아도 문제될 것이 하나 없으니, 지금 바로 짧은 문서 한 장, 또는 가벼운 파일 하나로 우 리 서비스만의 텍스트 가이드라인을 만들어보길 바란다.

만약 서비스의 규모가 크다면 UX 라이터를 고용하는 것 을 강력하게 추천한다. 가끔 서비스도 크고 텍스트도 많은데 UX 조직에 UX 라이터가 없는 경우, 또는 UX 라이터가 있음에도 라이터가 텍스트를 직접 쓰지 않고 기획자에게 가이드라인만 제공하는 경우가 있다. '우리는 서비스 업데이트 속도가 너무 빨라요, 우리 서비스 규모가 너무 커요'라며 기획자에게 글쓰기 보조 툴을 주고 알아서 쓰게 하는 하는 경우 말이다. 기획자 각자가 알아서 써서 일단 앱 배포하고, 나중에 뭔가 문제가 생기면 그때 UX 라이터를 투입해서 문제 되는 텍스트만 수정하겠다는 이 같은 발상은, 영원히 서비스 텍스트 일관성을 유지하지 못하게 만든다. 매일매일 이 화면 저 화면에서 불일치 요소가 새롭게 생성되는데 어떻게 서비스 내의 텍스트 일관성을 획득할 수 있겠는가? 매번 소는 소대로 잃고, UX 라이터는 외양간만 줄기차게 고치게 될 것이다.

UX 라이터가 직접 라이팅을 하지 않고 텍스트 시스템을 스스로 관리하지 않으면 규모가 큰 서비스는 금방 엉망이 되어 버린다. 어떤 분의 비유처럼 '대하소설을 100명에게 나눠 쓰게 하면 그게 일관되게 만들어지겠냐'는 거다. 기능 단위로 다 다른 사람이 작성한 게 금방 눈에 띄고 각자도생으로 서비스를 만들고 있는 것이 티가 나게 된다. '해요체를 쓰세요'와 같이 문체를 통일하라고 가이드만 주면 언뜻 볼 때 텍스트의 결을 비슷하게 느낄 수는 있겠지만, 정작 UI 텍스트에서 훨씬 더 중요한 정보의 입자성, 추상화 수준, 구문 관리 등 실제적인 텍스트 일관성은 제각각이 될 수밖에 없다. 기획자의 자의적인 판단으로 삽입되는 다크 패턴 문구나 아슬아슬한 수위의 마케팅 문구

만큼이나 이 일관성의 붕괴는 서비스의 큰 리스크이다.

이런 문제의 가장 빠르고 확실한 해결 방안은 다시 말하지만 UX 라이터가 글을 쓰고 스스로가 쓴 글을 서비스 전에 확인하는 것이다. 만약 정말 리소스가 부족해서 UX 라이터가 텍스트 라이팅을 직접 할 수 없다면, 서비스 전에 스스로 모든 텍스트의 품질을 최종 검수라도 해야 한다. 즉, 텍스트의 퀄리티와 일관성에 대해 기능 설계자와 UX 라이터가 공동 책임을 져야 한다는 것이다. 그것이 우리 서비스를 이용하는 사용자에 대한 예의다.

디자인 가버닝Design governing과 같이 정기적인 텍스트 가버닝Text governing도 일관성 유지를 위해 꼭 필요한 작업이다. 매년 봄맞이 대청소를 하는 것처럼 어디선가 누락된 텍스트를 찾아 넣거나 UX 라이터도 모르게 들어가 있던 텍스트를 색출해서 털어내는 텍스트 가버닝은 고되지만 무척 중요한 일이다. 이런 대청소는 보통 기존 테스트 가이드라인을 기준하여 이루어지는데, 재미있는 점은 대청소를 마치면 그간의 업데이트 상황과 트렌드를 반영하여 가이드라인을 수정해야 한다는 것이다. 원칙적으로 텍스트 가이드라인에 의거해 연역적으로 UX 라이팅을 해야 하지만, 빠르게 변화하는 환경에서 텍스트 트렌드에 변화가 있다면 당연히 그 내용을 반영하여 귀납적으로 가이드라인을 수정해야 한다. UX 라이팅은 규칙을 지키면서도 동시에 규칙을 만들고, 바꾸는 일이다. UX 라이터는 항상 현재 가이드라인을 믿고 따라가려고 하지만, 어느 순간 가이드라인이 오히려 사용성을 해치고 있다고 판단되면 단호하게 예외 처리를 하거나 가이드라인에 칼을 댄다.

요약

○——— UX 라이팅 원칙은 다양하게 정의될 수 있지만 현재의 모바일 환경에서는 정확성, 간결성, 일관성이 무엇보다 강조된다. 뛰어난 UX 라이팅을 하기 위해서는 '무엇을 말할 것이냐'를 먼저 챙기고 그 다음에 '어떻게 말할 것이냐'를 고민해야 한다.

○——— 정확성은 UX 라이팅에서 가장 강조되는 원칙이다. UI 텍스트는 서비스의 구조, 기능과 개념, 상황 정보를 사용자에게 정확하게 전달해야 하는데, 정확하지 않은 UI 텍스트는 사용자에게 장애물이 될 수 있으니 항상 주의해야 한다. 텍스트를 정확하게 쓰려면 업데이트 시의 누락에 유의하면서 사용자에게 필요한 정보가 빠짐없이 전달될 수 있도록 해야 한다. 또 포괄적이고 모호한 서술은 지양하고, 상황에 딱 맞는 적확한 표현을 사용하도록 노력해야 한다.

○——— 간결성은 가독성과 시공간성에 민감한 UI 텍스트의 성격과 관련 있는 원칙이다. 간결하게 쓰려면 한두 문장 내외의 단문만 쓰고

형식적, 의미적 중복은 되도록 모두 제거하는 것이 좋다. 특히 텍스트 잘림Truncation은 사용자에게 버그처럼 보일 수 있을 뿐더러 중요 정보를 전달하지 못하는 정확성 이슈를 발생시키므로 주의해야 한다.

일관성은 서비스에 대한 이해와 완성도에 큰 영향을 준다. 일관되지 않은 텍스트는 제품 신뢰도와 브랜드 이미지에 나쁜 영향을 줄 수 있으므로 서비스 전반을 관통하는 텍스트 일관성 유지는 무척 중요한 문제다. UI 텍스트의 일관성은 스타일, 시각적 표현, 구문, 입자성, 포괄성, 대상의 성격 등의 요소와 깊은 관련이 있으며, 화면 말단에서부터 서비스 전체를 넘어 브랜드까지 다층적으로 유지, 관리되어야 한다. 일관성을 지키기 위해서는 텍스트 가이드라인이라는 기준을 두고 UX 라이터가 직접 문구를 작성하고 관리해야 한다.

3
—

보이스와 톤

서비스의 목소리 더빙하기

3-1 돋보이고 싶다면
보이스와 톤을 정돈하자

● **보이스와 톤: 말하는 걸 들으면 그가**
어떤 사람인지 알 수 있다

이번 장에서는 2장 도표 2-1에서 언급한 '뛰어난 UX 라이팅' 피라미드의 상단, 즉 '서비스가 어떻게 말하는가'와 관련된 보이스와 톤에 대해 알아보기로 한다.

UX 라이팅에서 보이스Voice란 어떠한 상황에서도 변하지 않는 서비스 고유의 목소리를 의미한다. 일반적으로 보이스는 사용자가 서비스를 경험하면서 느끼는 분위기, 이미지와 밀접하게 연관되어 있다. 상대에게 어떤 인상을 받느냐는 외적인 요소에도 크게 영향을 받지만, 목소리와 억양, 어조와 같은 말하기 스타일에도 크게 좌우되니까 말이다. 실제 다른 사람과 대화할 때 우리는 상대의 표정뿐만 아니라 목소리의 높낮이, 빠르기, 리듬감, 사용하는 어휘의 종류를 통해 상대방의 성격이나 배경에 대해 자연스럽게 추측한다. UI에서도 마찬가지다. 사용자 역시 텍스트에 담긴 서비스 보이스를 느끼면서 해당 서비스의 성격을 유추한다.

이처럼 보이스는 서비스나 브랜드의 성격, 인상과 밀접한 연관성을 갖기 때문에 서비스 내에서의 무계획적인 목소리의 변화는 당연히 지양해야 한다. 만약 서비스 보이스를 독특하게 설정하고 싶거나, 전과 다른 캐릭터나 개성을 서비스에 새로 부여하고 그것을 텍스트로 표현해 보고 싶다면 반드시 먼저 브랜딩팀이나 콘텐츠 전략팀과 상의하도록 하자. 내가 설정하려는 보이스가 우리 브랜드의 이미지, 서비스 콘셉트와 맞지 않다면 갑작스러운 브랜드 이미지 붕괴가 일어날 수 있으니까 말이다.

갑작스럽게 변화하지 않는 것이 중요한 보이스와 달리 톤Tone은 구체적인 상황이나 맥락에 따라 변화할 수 있다. 일반적으로 특정 상황이나 사용 맥락에 따라 다른 어조를 사용하면 사용자에게 서비스의 태도나 감정을 드러낼 수 있다. 뿐만 아니라 톤의 변화를 통해 사용자에게 현재 일어나고 있는 상황에 대한 힌트를 줄 수도 있는데, 서비스의 어조가 무겁게, 또는 가볍게 변하면 눈치 빠른 사용자는 '어, 지금 뭔가 좀 달라진 모양인데?' 하면서 상황의 변화를 예민하게 알아챈다. 일반적인 모국어 화자라면 크게 노력하지 않아도 어조에 담긴 분위기를 파악할 수 있으므로, 미묘한 톤 조정은 은근하면서도 꽤나 효율적인 정보 전달 방식이라고 할 수 있겠다.

예를 들어보자. 우리는 화면에 표시된 오류 메시지의 톤을 조절하여 이것이 작은 문제인지 아니면 큰 문제인지를 사용자에게 알려줄 수 있다. 작은 네트워크 오류나 흔히 일어날 수 있는 서버 오류라면 어조를 아주 심각하게 가져가지 않아도 괜찮다. 오류 메시지의 톤을 무겁지 않게 설정하면 사용자의 과도한 걱정을 덜어줄 수 있고 재시도의 의지 또한 북돋아 줄 수 있다. 반면 저장한 데이터를 모두 날릴 수 있는 심각한 문제 상황에서의 경고 메시지는 반드시 진중하고 차분한 톤으로 써야 한다. 돌이킬 수 없는 중대한 결정(회원 탈퇴로 인한 마일리지 소멸 같은 경제적 손실, 인터넷 환전, 주소를 잘못 쓰면 회수할 수 없는 코인 송금 등)에 대해 다시 묻는 확인용 팝업 역시 진지하고 심각한 어조를 견지해야 한다. 서비스의 전체의 보이스가 가볍고 익살맞게 설정되어 있다고 하더라도, 이런 상황에서까지 발랄한 어조를 써서는 곤란하다.

3-2 한국어 보이스와 톤에 영향을 미치는 네 가지 요소

UI 텍스트는 문어文語 와 구어口語의 성격을 모두 갖고 있기 때문에 보이스와 톤을 정립할 때에는 이들 모두의 특성을 고려해야 한다. 근래 들어 UI 텍스트의 구어적인 성격을 지나치게 강조한 나머지, 녹취와 다름없는 정제되지 않은 텍스트를 사용하면서 이를 사용자 친화적인 글쓰기인 것처럼 오인하는 경우가 있다. 사용자가 텍스트 리더기로 UI 텍스트를 듣는 것이 아님에도 말이다. 당연하게 모든 UI 텍스트는 화면 위에 문자로 표시된다. 그렇기 때문에 UI 텍스트를 작성할 때에는 어문 규정 준수 등 보편적인 문어 작성법을 기본으로 하되, 대면 발화 시에 고려해야 하는 리듬감, 뉘앙스, 호흡, 감정의 완급 조절 등을 함께 고려하는 것이 좋다.

또 개별 언어가 가진 특수한 성격이 보이스와 톤에 큰 영향을 미친다는 점 역시 잊지 말아야 하는데, 단적인 예로 같은 서비스의 한국어, 영어, 일본어 UI 텍스트의 보이스와 톤을 살펴보면 공통된 요소도 분명 많지만, 언어가 달라서 전혀 공유할 수 없는 요소도 존재한다는 것을 알 수 있다. 높임 표현의 유무, 화자와 청자의 위계 관계, 공적 대화가 이루어질 때의 분위기, 고객에 대한 일반적인 태도 등은 각 언어와 그 언어를 사용하는 문화권마다 모두 다르기 때문이다. 보이스와 톤에 대한 다른 언어권의 이론을 한국어 UX 라이팅에 적용할 때에 조금은 비판적인 자세를 견지해야 하는 이유가 여기에 있다.[1]

이제부터 한국어 UI 텍스트의 보이스와 톤에 영향을 미치는 네 가지에 대해 설명해 보려고 한다. 물론 이들 외에도 텍스트의 결에 영향을 주는 다른 여러 요소가 있겠지만, 실무 라이팅을 하면서 느낀 가장 중요한 요소만 선별하여 밝힌다. 이 네 가지는 보이스와 톤 모두를 설정할 때 고려해야 하는 것들이

---

[1] 그동안 보이스와 톤은 다소 이미지 키워드를 중심으로 논의된 감이 없지 않다. 예를 들어 금융 서비스는 '신뢰감 있는Trustworthy' 보이스를 가져야 한다고 말하면서도, 정작 어떻게 문구를 써야 그런 보이스를 구축할 수 있는지에 대해서는 좀처럼 설명하지 못했다. 보이스와 톤은 언어의 특성에 강하게 영향을 받으므로 한국어의 언어적 특이점을 잘 모르면 실질적인 보이스와 톤 구현법을 설명할 수 없다.

다. 서비스 전체에 이들을 일관되게 적용해서 개성 있는 보이스를 정립할 수도 있고, 특정 맥락에 집중하여 적용해서 독특한 어조를 생성할 수도 있다.

문체	어휘 및 문장	유머	거리감
해요체와 하십시오체의 비율	어휘 난이도와 문장 길이	위트 있는 표현과 이모티콘 사용	심리적 퍼스널 스페이스의 설정

도표 3-1　한국어 UI 텍스트의 보이스와 톤에 영향을 미치는 네 가지 요소

1. 문체: 해요체와 하십시오체의 비율

한국인은 '-요'와 '-ㅂ니다'에 예민하다

한국어는 화자, 청자, 객체 사이의 관계에 따라 높임 관계를 달리 표현하는 높임법을 가진 언어이다. 여러 한국어 높임법 중에 가장 발달된 것은 말의 끝 용언의 어미에 '-요, -ㅂ니다'를 붙이는 상대높임법이다. 쉽게 말하면 종결 어미의 높임을 보고 상대가 나를 자신과 동등하거나 낮은 위상으로 여겨 적당히 높이고 있는지, 반대로 아주 어렵게 생각해서 한껏 높여주고 있는지를 판단한다는 것이다.

'저 아세요? 왜 반말하세요?'로 시작하는 한국인 특유의 싸움 클리셰를 떠올려 보자. 나는 이런 싸움을 목격할 때마다 대부분의 한국인들이 상대높임법의 기제를 완벽하게 체화하고 있다는 사실을 거듭 깨닫는다. 한국인 모두가 상대높임을 구현하는 각 어미의 의미가 무엇인지를 확실하게 알고 있을 뿐만 아니라, 꽤나 중요하게 생각한다는 것을 단적으로 드러내 주는 좋은 사례라고 본다.

UI 텍스트에서 상대높임법은 사용자와 서비스의 관계를 정립하는 데에 중요한 역할을 한다. 근래 친근함을 이유로 UI 텍스트에서 반말 또는 평어[2]를 쓰는 경우도 있지만, 이는 아주 예외적이고 일반적으로 UI 텍스트에서는 높임말인 해요체와 하십시오체를 사용한다. 이 해요체와 하십시오체는 한국어 UX 라이팅의 보이스와 톤과 매우 밀접한 관계를 가지며, 두 종결 표현의 사용 비율과 빈도가 서비스 성격 표현에 강력한 영향을 미치게 된다. 이들의 사용 양태가 격식성, 공식성, 브랜드 퍼소나Persona, 서비스가 상정한 사용자 퍼소나, 그리고 그 둘 사이의 권력 위계를 선명하게 드러내기 때문이다.

참고로 일반적으로 대면 대화에서의 해요체와 하십시오체 사용은 발화자와 청자의 관계, 발화 맥락이 어떠한지에 따라 그 공식성이나 친근성이 미묘하게 다르게 해석되는 경향이 있다. 아주높임이나 두루높임을 쓰더라도 발화 당시의 높낮이,

---

2 여기에서 평어는 비속어를 제외한 반말을 말한다. 근래 들어 평등한 관계를 위해 평어를 사용하자는 논의가 조금씩 있긴 하지만, 일반적으로 언중들 사이에서는 '매우 친밀할 때 쓰는 위계 없는 말'이라는 의미와 '상대를 낮추어 하는 말'이라는 의미 모두로 이해되고 있기 때문에 UI 텍스트에 평어를 바로 적용하는 것은 쉽지 않아 보인다.

장단, 억양 등이 해석에 큰 영향을 미치는 것이다. 다행히 UI 텍스트는 화면에 표시되기 때문에 그런 현장 요소의 간섭에서는 비교적 자유롭다. 우리는 오직 화면상에서 사용자가 눈으로 텍스트를 빠르게 스캔했을 때 순간적으로 느끼게 되는 인상에만 집중하면 된다.

그럼 이제부터 하십시오체와 해요체에 대해서 조금 더 구체적으로 알아보자. 엄밀한 언어학적 정의는 아니지만, 일반적인 UI 텍스트에서 해요체와 하십시오체는 사용자에게 다음과 같은 인상을 준다.

해요체 －이에요, －할래요	vs.	하십시오체 －합니다, －하겠습니다
비공식적이고 사적인 상황에서 쓰이는 두루높임 비격식체		**공식적이고 전문적인 상황에서 쓰이는 아주높임 격식체**
어린이 같고, 비전문적이고, 감정적이고, 따뜻하고, 부드럽고, 친근하고, 사적이고, 상대와 거리를 좁히려는 느낌		어른스럽고, 이성적이고, 전문적이고, 냉정하고, 건조하고, 딱딱하고, 공적이고, 상대와 적당한 거리를 유지하려는 느낌

도표 3-2 해요체와 하십시오체는 공식성과 정중성의 측면에서 큰 차이가 있다.

해요체와 하십시오체는 크게 두 가지 측면에서 차이를 보인다. 첫째, 높임의 정도이다. 해요체는 상대를 적당히 높이는 표현이기 때문에 UI 텍스트에서 해요체를 쓸 경우 사용자를 동등하거나 아주 약간 높은 대상인 것처럼 여기는 인상을 줄 수 있다. 반면 하십시오체를 쓰면 사용자를 서비스 자신보다 확실히 높이고 있다는 느낌을 주게 된다. 위계 관계에 있어서 사용자를 보다 어렵고 높은 대상으로 여기고 대우하고 있다는 인상을 줄 수 있는 것이다.

둘째, 격식성이나 공식성, 전문성의 정도이다. 해요체는 다분히 사적인 표현이라고 할 수 있다. 해요체로 작성된 문장을 읽으면 언뜻 서비스와 사용자가 감정적, 사적인 대화를 할 만한, 즉 사적으로 꽤나 가까운 사이인 듯한 인상을 받을 수 있다. 반면 하십시오체는 더 공식적이고 격식을 차려야 하는 상황에서 쓰는 말투, 즉 보다 이성적이고 진지한 어른의 문체이다. 이 문체를 쓰면 서비스와 사용자 사이에 사회적인 공적 관계가 정립된 듯한 느낌을 줄 수 있으며, 보통 전문 분야의 대화를 나눌 때에는 집중적으로 하십시오체를 쓰기 때문에 서비스의 전문적인 이미지를 강조할 때 유용하다.

초등학교 저학년 때는 하십시오체를 좀처럼 쓰지 않고 교과서에서도 거의 등장하지 않지만, 고학년으로 올라갈수록 점차 하십시오체를 써야 하는 공식적인 상황이 많아지고, 그에 따라 스스로 해요체를 쓰는 상황과 쓰면 안 되는 상황을 구분할 수 있게 되는 걸 떠올려 보면 어렵지 않게 이해할 수 있을 것이다. 또 성인들이 공적인 영역, 즉 사적인 자비(?)가 통하지 않는 분야에 대해 논의할 때 반드시 하십시오체를 쓰는 것 역시 이들 두 문체의 차이가 잘 드러나는 좋은 예이다. 보고, 발표, 세미나, 학회 등 공적이고 전문적인 자리에서는 누가 뭐라고 규정해 두지 않아도 모두가 알아서 하십시오체를 주로 사용한다. 성인 한국어 사용자라면 누구나 공식성, 격식성의 차이를 예민하게 인지하고 있으며 상황에 따른 상대높임 활용을 눈치껏 해내고 있다는 것을 알 수 있다.

그런데 한국어의 해요체와 하십시오체를 적절하게 활용하여 원하는 보이스나 톤을 구축하는 것은 생각보다 까다롭다. 그 이유는 이들 문체에 위에서 설명한 두 가지 성격이 끈끈하게 결합되어 있기 때문이다. 해요체는 두루높임+비격식성, 하십시오체는 아주높임+격식성을 띠고 있다. 만약 높임과 격식 요소가 느슨하게 분리되어 있다면 문체를 조합해서 다루기가 좀 쉬울 텐데, 실제로 이들 성격은 각종결 표현에 분리가 어렵게 단단하게 결합되어 있어 사용할 때 표현의 정도 조절에 어려움을 겪게 된다. 아주 쉽게 말하면 한국어에서는 상대를 적당히 높이면서 공식적으로 말하기가 어렵고, 상대를 아주 높이면서도 사적인 느낌을 주며 말하기 역시 쉽지 않다는 것이다.

증권이나 보험 앱과 같은 금융 서비스를 예로 들어보자. 서비스 전반을 해요체 범벅으로 만들면 사적으로 아는 사이처럼 격의 없는 느낌을 줄 수 있겠지만, 사용자를 지나치게 만만하게 본다는 인상을 줄 수도 있다. 금융기관의 공식적인 느낌이 덜해지고 전문성이 결여된 듯 보이는 것도 문제가 될 수 있다. 그렇다고 정중한 어른, 냉철한 금융인, 금융기관의 대표 서비스라는 인상을 주려고 하십시오체만 고집해서 쓰면 아주높임의 성격이 함께 부각되면서 사용자와의 심리적 거리가 멀게 설정되어 서먹하고 경직된 느낌을 줄 수 있다. 요컨대, 적당히 상대를 높이면서도 너무 격식을 차리지는 않은 듯 편안한 인상을 주고 싶다면, 오직 하나의 문체만을 사용해서는 그러한 분위기를 적절히 구현해 낼 수가 없다는 것이다. 상대높임법이란 정말이지 까다롭기가 그지없다.

해요체만 쓰면 정말 사용자가 서비스를 친근하게 느끼는가?

이런 상대높임법의 특성에 비추어볼 때 우려되는 글쓰기 방식이 하나 있다. 근래 '해요체를 쓰면 사용자가 친근하다고, 또는 친절하다고 느낄 것이다'와 같은 잘못된 명제가 UX 라이팅에 대한 오해로 업계에 떠돌고 있는 듯 보인다. 특히 MZ세대를 타깃으로 한 서비스에서는 하십시오체가 고루하고, 어렵고, 늙다리 고인물 그 자체인 것처럼 여겨지는 듯하다. 마치 하십시오체가 힙한 UX를 망치는 주범인 양 취급하면서, 하십시오체를 쓰면 UX 라이팅을 잘못하고 있는 듯 말하는 사람들도 있다. 나는 이런 잘못된 인식을 기반으로 UX 라이팅을 하거나 브랜드 보이스를 정립하려는 데 대해 우려하지 않을 수 없다.

사실 해요체는 친근함과는 그리 관련이 없다. '친근하다'의 사전적 의미는 '사귀어 지내는 사이가 아주 가깝다. 친하여 익숙하고 허물이 없다'인데 이건 온전히 사용자가 서비스를 가깝게 느끼느냐 아니냐의 문제이다. 서비스가 어떻게 말하느냐가 사용자와 서비스 사이의 진정한 친밀도를 결정하지 않는다. 내가 해요체로 말한다고 해서 상대방이 나를 친근하게 느끼리라는 건 착각이란 말이다. 서비스와 사용자가 서로 친근한지 아닌지는 온전히 사용자의 마음에 달렸고, 이들 사이의 신뢰는 서비스에 대한 좋은 경험이 어느 정도 축적되고 나서야 성립될 수 있다. 처음 써본 서비스가 해요체로 범벅이 되어 있다고 해서 사용자가 '어머, 이 서비스는 아주 친근하구나! 나와 정말 가깝구나!' 이렇게 느끼진 않을 것이다. 쓰다가 기능이 편하고 내게 좋은 경험을 주면 그때 브랜드에 대한 좋은 감정을 가지면서 자연스럽게 친근하게 느끼게 될 것이다.

오히려 UX가 엉망인 서비스가 해요체만 고집하면 정리되지 않아 정신없고 전문성 없는 미성숙한 브랜드 이미지가 사용자에게 각인될 위험이 더 크다. 요컨대 해요체를 많이 쓰는 것은 사용자와 서비스 사이에 말랑말랑한 사적인 분위기가 조성되었으면 한다는 서비스 제작자 욕망의 발로일 뿐이다. 서비스가 사용자에게 일방적으로 친한 척을 하는 것일 뿐이고, '너랑 친해지고 싶어서 내가 말을 좀 편하게 할게, 우리 서비스에서 너무 긴장하지 말고 편하게 있어'라고 말하는 정도로 이해하는 것이 맞다. 다시 강조하지만 상대높임 문체의 노출 타이밍과 빈도를 조절하는 것은 상당히 까다로운 일이다. 사용 상황과 관계에 대한 고민 없이 보이스든 톤이든 상관하지 않고 해요체만을 고집할 경우 외려 역효과가 발생할 수 있다.

은행 창구에 가서 업무를 보는데 은행원이 '어서 와요. 한

도가 초과되어서 안 돼요. 계좌가 막혔네요. 본인 신분증만 가능해요, 아뇨 그건 말고요, 다른 서류요. 그 계좌 말고 이 계좌를 써야 해요. 다른 건 없어요?'처럼 해요체만 줄줄 쓴다면 어떤 느낌일지 상상해 보라. 모든 문장의 어미를 똑같이 해요체로 말하는 기계적인 인간이 없다는 것은 차치하고, 그런 대우를 받는 고객이 거북함을 느끼지는 않을까? 해요체가 주로 동등하거나 아주 약간 높은 위계의 상대에게 편하게 대할 때 쓰이기 때문에 사용자는 순간 '왜 이렇게 애들처럼 말하지? 왜 나를 막 대하지? 나를 공적인 고객으로 소중히 여기지 않는 건가?'라고 오해할 수도 있을 것이다. 공적이어야 하는 상황에까지 사적인 느낌을 주는 말투만 집중적으로 사용하면 이런 불쾌감이 발생할 위험이 항상 존재하게 된다.

해요체와 하십시오체를 양손에 쥐고

그럼 서비스 텍스트에서 상대높임 종결 표현은 도대체 어떻게 다뤄야 할까? 서비스 보이스를 구축하는 사람이 미리 알아두었으면 하는 것은 다음 두 가지이다.

첫째, 두 문체를 상황에 맞게 적절하게 섞어 써야 한다. 앞서 말했듯 해요체는 두루높임 + 비격식성, 하십시오체는 아주높임 + 격식성을 띠고 있다. 높임의 수준과 격식성이 단단하기 결합되어 있기 때문에 어쩔 수 없이 음료의 농도를 조절하듯 두 문체를 적절하게 섞어서 사용해야 원하는 보이스를 구축할 수 있다. 일반적으로 한국인들은 사회적 관계에서 발화 시에 거의 100퍼센트 해요체와 하십시오체를 섞어서 쓰는데, 이는 두 가지 문체를 섞어서 쓰는 것이 가장 기계적이지 않고, 동일 문체의 중복을 피할 수 있으면서도 자연스러운 그야말로 '가장 한국인다운 말하기'이기 때문이다. 성인 대부분은 한국어 네이티브로서 언어적 직관에 따라 적절한 수준의 격식성, 정중성을 표현하면서도 분위기가 너무 무거워지지 않도록 두 문체를 섞어서 말할 수 있다.

특히 톤을 조절할 때는 더더욱 해요체와 하십시오체를 조화롭게 사용해야 한다. 앞서 말했듯 상황에 따라서 변화하는 것이 톤이기 때문에 사용자가 심각해야 할 때, 기대감을 느껴야 할 때, 즐거워야 할 때에 그에 걸맞은 문체를 사용하여 읽

OO Pay 결제 주의 사항

OO Pay 선불카드로 결제(OO Pay온라인 가맹점 결제, OO 터치 결제, OO 결제)할 때에는 OO 포인트가 우선 **사용돼요**. OO 포인트를 사용한 결제를 취소하면 사용된 포인트는 다음 날 OO Pay 계좌로 **환불돼요**. 환불에 대한 자세한 사항은 고객센터에 문의해 **주세요**.

OO Pay 결제 주의 사항

OO Pay 선불카드로 결제(OO Pay온라인 가맹점 결제, OO 터치 결제, OO 결제)할 때에는 OO 포인트가 우선 **사용됩니다**. OO 포인트를 사용한 결제를 취소하면 사용된 포인트는 다음 날 OO Pay 계좌로 **환불됩니다**. 환불에 대한 자세한 사항은 고객센터에 문의해 **주세요**.

도표 3-3 눈으로 읽지 말고 천천히 소리 내어 읽어보자. 주의 사항이라는 텍스트 성격과 제시 맥락을 고려할 때 어느 쪽이 더 적절한가? 어미에 집중해서 볼 때 어느 쪽이 덜 심심하고 기계적인 중복성이 덜한가? 문체에 따라 난이도가 달라지는가?

는 사람이 그 분위기를 온전히 느낄 수 있게 만들어야 한다. 특히 텍스트가 다루는 정보의 성격에 따라 해요체와 합쇼체를 적절한 비율로 섞어 쓰는 것이 무엇보다 중요하다. 도표 3-3 Pay 서비스 화면 하단에 노출되는 주의 사항을 입으로 소리 내어 읽어보자. 무엇이 금융 서비스의 주의 사항이라는 정보와 형식에 가장 자연스러운 문체인지 알 수 있을 것이다.

'우리 서비스는 힙하니까 단일 문체 해요체로 일치시켜 버리고 모든 상황에서 우리는 해요체만 쓰겠어요!'처럼 다른 문체를 완전히 배제해 버리면, 우리 서비스의 보이스는 유아적이고 지나치게 친한 척하는 비전문적인 목소리가 될 수밖에 없다. 반대로 '본 서비스는 다루는 주제가 무겁고 어려우므로 진중하고 공적이며 전문적인 것처럼 보이도록 오로지 하십시오체만 쓰도록 하겠습니다'와 같은 생각도 역시 잘못됐다.

모든 UI 텍스트 문장의 어미를 '-요'나 '-ㅂ니다'로 맞추겠다고 생각하는 것은 애초에 불가능한 어미 순혈주의에 대한 강박이다. 그건 텍스트 가이드를 지키는 것이 아닌 유아적인 어미 짝 맞추기에 불과하다. 이렇게 어미 짝맞추기만 고집한다면 어떤 일이 벌어질까? 서비스 화면의 모든 문장에 '-해요, -예요, -해요'와 같이 어미가 중복되면서 어린 아이를 흉내내는 기계가 글을 찍어낸 것 같은 어색함만이 남게 된다. 근래 들어 해요체만 고집하는 서비스에 내가 느끼는 인상이 바로 그것이다.

물론 텍스트 가이드라인에 우리 서비스의 메인 문체가 무엇인지를 기재할 수 있지만, 그 문제만 써야 한다고 강압적으로 강요해서는 안 된다. 한국인 누구도 그렇게 말하고 쓰지 않기 때문이다. 해요체와 하십시오체는 한국어 UX 라이팅의 특수한 요소이자 한국어 UX 라이터가 가진 두 가지 중요한 도구이다. 결코 하나를 금지하거나 버릴 필요가 없다.

둘째, 보이스에 영향을 미치는 메인 문체를 정할 때에는 서비스의 종류와 사용자 간의 관계를 깊이 고민해야 한다. 서비스와 사용자 사이의 관계 설정은 UX와 UX 라이팅 모두에서 아주 중요한 문제이다.[3] 고객의 입장에서 서비스가 나를 어떻게 대우해 줬으면 좋겠는지를 상상해 보자. 사용자는 우리 서비스에게 대접받길 바랄 것이냐, 아니면 편한 상대인 것처럼 격의 없이 대해주길 바랄 것이냐를 진지하게 생각해 볼 필요가 있다.

예를 들어, 우리가 다뤄야 할 서비스가 금융이냐, 생산성이냐, 커뮤니케이션이냐, 커머스냐에 따라 어떤 보이스를 가져야 할지가 다르고, 메인 문체를 무엇으로 써야 할지 또한 달라진다. 신뢰를 생명으로 하는 금융의 메인 문체는 하십시오체가 되는 것이 조금 더 유리할 것이다. 일반적으로 신중하게 처리해야 하는 돈과 관련된 과업에는 자신감과 신뢰, 단호함과 전

---

3 보이스와 톤 정립을 위해 사용자와 서비스 간의 관계 설정을 할 때에는 각종 인터뷰, 참여 관찰, 고객 퍼소나Customer persona와 서비스 퍼소나Service persona, 사용자 여정 지도 Customer journey map 같은 정성적 UX 방법론을 충분히 활용해 보자. 데스크 리서치나 정량적인 데이터만으로는 서비스와 고객의 권력 관계, 대우법에 따른 감정의 변화를 추측하기 어렵다. 감정과 관계에 대한 설정은 구체적인 인터뷰와 대화를 통해 수집한 정성적 자료를 바탕으로 하는 것이 효과적인 경우가 많다.

문성이 돋보이는 문체가 더 잘 어울린다. 특히 대출, 환전, 각종 약관 동의 등 집중을 요하는 화면에서는 금융기관의 공적, 격식적인 분위기를 상기시킬 수 있는 하십시오체의 사용 빈도를 조금 더 높이되, 문장 내 수식언 등은 제거하여 간결성 역시 높이는 것이 좋다. 대신 상품 프로모션용 배너나 마케팅 콘텐츠의 타이틀 등에서는 해요체를 사용하여 분위기를 환기하는 전략을 쓰면 된다.

반면 감성이나 친밀감을 자극해야 하는 서비스, 즉 이커머스, 배달, OTT 등의 엔터테인먼트, 어린이를 대상으로 한 서비스에서는 굳이 공식성, 전문성을 강조할 필요도, 사용자의 위계를 높게 설정할 필요도 없다. 즐거운 쇼핑센터, 식당, 레스토랑, 키즈카페에서의 사적인 경험을 상기해 볼 때, 사용자의 긴장감을 낮출 수 있는 비격식체 해요체를 메인 문체로 사용하고, 다양한 수식언들도 자유롭게 추가하면 좋을 것이다. 일부 결제 관련 주의 사항, 약관 동의, 개인 정보 활용 등의 영역에서만 서브 문체로 하십시오체를 섞어 쓰면 된다.

해요체가 힘을 발휘할 때가 있다

지금까지 너무 해요체를 구박한 듯한 느낌이 들어 마지막으로 해요체를 쓰는 것이 좋은 경우, 또는 반드시 해요체를 써야 하는 경우에 대해 잠깐 살펴보자. 보통 해요체는 온보딩이나 사용 가이드 등 서비스 초반부에 등장하는 텍스트에서 큰 활약을 하곤 한다. 앞서 말했듯 일반적으로 해요체는 사용자가 덜 집중해도 되는 사적인 상황에서 많이 쓰이므로, 서비스 첫 화면에서 해요체를 쓸 경우 사용자에게 아직 그렇게까지 긴장하지 않아도 좋다는 시그널을 줄 수 있다. 새 서비스에 대한 낯선 감정과 그로 인한 긴장감을 낮추고, 사용자가 조금 더 편안하게 서비스에 진입하게 하기 위해서라면 아무래도 해요체를 쓰는 것이 유리하다. 또 사용자의 흥미를 끌거나 감성적인 욕구를 충족시켜야 하는 상황에서 역시 격식체인 하십시오체보다는 해요체를 쓰는 것이 좋겠다.

이 외에도 사용자에게 뭔가 부탁하거나 요구하는 문장을 써야 할 경우에는 해요체를 쓰는 것을 권장한다. 이때에는 보조용언(-어 주다, -어 보다)을 곁들인 해요체를 쓰는 것이 조금 더 좋다. UI 텍스트에는 사용자에게 뭘 해달라고, 뭘 해보라고 요구하는 문장이 정말 많은데, 그럴 때마다 매번 정색하고 '하십시오'처럼 딱딱하게 명령하거나, '하세요'처럼 아랫사람에게 시키듯 말하면 마치 서비스가 사용자에게 강요하거나 완고하게 지시한다는 느낌을 줄 수 있다. 강요와 명령처럼 사람을 불쾌하게 하는 건 없다. 하십시오체를 서비스 메인 문체로 정하고 정중하고 공식적인 보이스를 전체적으로 유지한다 해도, 사용자에게 뭔가 부탁하거나 권유하는 상황에서는 되도록 부드러운 해요체를 사용하는 것이 좋다.

특히 보조동사와 해요체가 결합한 '-주세요', '-보세요'는 해요체로만 쓰는 명령형 '하세요'보다 덜 권위적이고 부드럽게 청유하는 뉘앙스를 갖고 있기 때문에 대부분의 요청 및 권유 문장에서 유용하게 사용할 수 있다.[4]

실제로 휴대폰 회사에서 일할 때 화면 공간이 부족해서 '나중에 다시 시도하세요', '불필요한 파일을 삭제하세요'와 같이 보조동사 없는 해요체를 썼다가 '어디 감히 고객에게 이래라저래라 명령하느냐! 서비스가 건방지다!'라는 서릿발 같은 VOC를 받은 일이 있다. 해요체를 보조동사 없이 '하세요'형으로 쓰면 상대방을 너무 하대하는 인상을 주게 된다는 것을 고객이 예민하게 인지한 것이다. 고객의 의견처럼 '−주세요', '−보세요'가 분명 덜 강압적이고, 덜 불쾌하게 느껴지는 것이 사실이니까, 당시 나는 겸허하게 VOC를 받들어 군말 없이 문장을 고쳤다.

2. 어휘 및 문장: 어휘 난이도와 문장 길이

한국어 보이스와 톤에 영향을 주는 두 번째 요소는 어휘 난이도와 문장 길이다. 이 요소를 통해 사용자는 이 서비스가 얼마나 나를 배려하고 있는가를 느낄 수 있다. 특히 어휘 난이도는 사용자가 서비스에게 느끼는 거리감, 긴장감과 깊은 관련성을 갖는

---

4 보통 사용자가 반드시 수행해야 할 과업인 경우에는 '−주세요'를, 필수적이지 않은 과업 수행을 권유할 경우에는 '−보세요'를 쓴다. 예를 들어 오류 상황에서는 '다시 시도해 주세요'를, 사용자의 니즈가 없는데도 서비스 측에서 기능 사용을 권유하는 상황에서는 '지금 ○○ 기능을 사용해 보세요!'처럼 표현할 수 있다.

다. 어려운 어휘가 많이 나오거나 긴 복문이 많은 경우, 사용자는 서비스에 대해 '이 사람들이 뭐라고 하는지 1도 모르겠다…'와 같은 불편한 감정을 느낄 수 있다.

보이스와 톤 정립을 위해 어휘와 문장을 다룰 때에는 지극히 상식적인 수준에서 생각하면 된다. 서비스 사용자층이 폭넓은 경우 고유어 중심의 낮은 난이도의 단어를 사용하여 짧고 쉽게 서술하면 되는데, 보통 초등학교 6학년에서 중학교 3학년 정도가 알고 있는 수준의 어휘(34,000~40,000단어)[5]를 사용하는 것이 일반적이다. 사용자가 주로 쓰는 입말이나 생활 언어와 크게 다르지 않은 어휘를 자주 활용하면 '오, 이 서비스는 이야기가 좀 통하는데? 내가 다 알아듣게 말하는데?' 같은 인상을 줄 수 있다.

물론 어휘 난이도를 낮추기 위해 평범한 한자어를 고유어로 억지 순화할 필요까지는 없다. 'UX 라이팅에서 어려운 한자어와 외래어는 무조건 배척해야 해! 모든 사람이 알아들어야 하니까 고유어 중심으로 쉽게 풀어써야 해!'라는 잘못된 생각으로 멀쩡한 단어를 지나치게 풀어쓰면 결국 북한 문화어처럼 되어버린다. 우리가 '셀카' 대신 '자기 사진'을, '휴대폰' 대신 '손전화'라고 표기할 것은 아니지 않는가? 같은 의미라면 조금 더 쉬운 용어를 우선 적용한다는 원칙을 세우거나, 사용자가

---

5 서상규 외, 「2021년 국어 기초 어휘 선정 및 어휘 등급화 연구 결과보고서」, 국립국어원, 2021 참고.

어렵다고 느낄만한 전문용어가 나오면 적절한 타이밍에 개입하여 쉬운 말로 용어를 풀어 설명해 주는 것으로 충분하다. 용어 순화와 쉬운 글쓰기에 대한 이야기는 5장의 '사용자 친화: 사용자와 서비스가 함께 성장하는 법'(233쪽)에서 조금 더 자세하게 다룬다.

만약 타깃 사용자층이 어린이, 노인층과 같이 연령이 낮거나 아주 높다면 더욱 용어 사용에 주의를 기울여야 한다. 미디어 리터러시Media literacy가 낮은 사용자를 대상으로 하거나, 유사 서비스에서 제공한 적 없는 완전히 새로운 기능을 처음 선보이는 경우에도 마찬가지이다. 이 경우 청장년층 사용자를 대상으로 할 때보다 UI 텍스트 단위별로 한 번에 담는 정보의 양을 더 적게 조정해야 하며, 같은 정보를 제공하더라도 쉬운 표현이 없는지를 찾아 우선 적용하는 것이 바람직하다. 문장 길이 역시 주어와 서술어를 하나씩만 사용하는 단문을 여러 개로 나눠 써서 되도록 짧게 서술하는 것이 좋다.

반면 성인이나 미디어 리터러시가 높은 사용자를 대상으로 할 때에는 난이도 높은 저빈도어를 비교적 자유롭게 사용해도 큰 무리가 없다. 이 경우 숙련된 사용자층이 알 만한 용어는 굳이 순화하지 않고 사용하는 것이 오히려 사용자를 편안하게 할 수 있다. 예를 들어 금융 거래를 할 수 있고 또 자주 해왔던 성인 사용층을 대상으로 하는 증권, 은행 앱 등에서는 이런 어휘 전략을 시도해도 큰 무리가 없을 것이다. 초보 사용자에게 하듯 모든 말을 하나하나 다 풀어서 써버리면 외려 사용자가 '다 아는 걸 뭘 구구절절하게 말하지? 왜 이렇게 어린애 다루듯 설명하고 그러는 거야?' 같은 생각을 하게 될 수 있다. 의미가 압축되어 있고 오랜 역사를 지닌 기본 금융 용어를 사용하면 문장을 효율적으로 구성할 수 있기 때문에, 속도와 효율성을 중시하는 숙련된 사용자에게는 적정 수준에서 해당 업계의 용어를 사용하는 것이 바람직하다.

같은 맥락에서 이런 사용자를 타깃으로 하는 서비스의 문장은 너무 짧게만 쓰면 안 된다. 또 조금 길더라도 체계적으로 정보를 전달할 수 있는 구조화된 복문, 효율적인 커뮤니케이션이 가능한 매끄러운 문장이 오히려 더 환영받을 수 있다. 두세 줄이 넘는 너무 긴 문장은 읽기 어렵다는 상식선의 원칙은 지키되, 단문과 복문을 조화롭게 섞고 높은 수준의 어휘도 문장에서 적절히 사용하여 충분한 정보량과 자연스러운 문장 흐름을 추구하는 것이 좋다.

● 3. 유머: 위트 있는 표현과 이모티콘 사용

잘 쓴 유머의 효과

보이스와 톤에 영향을 주는 세 번째 요소는 유머이다. 유행어나 위트 있는 표현뿐만 아니라 분위기 환기나 재미를 위해 특수문자나 기호, 이모티콘 등을 사용하는 것도 모두 여기에 포함된다. 최근 들어

국내 서비스에서 마케팅 카피와 UI 텍스트에 유머 요소를 차용하는 일이 점차 많아지고 있다. 유행어나 화제의 밈을 텍스트 중간중간에 삽입하여 센스 있는 인상을 주려고 노력하거나, 텍스트 주변에 이모티콘을 추가해서 서비스의 감정을 표현하려는 것이다.

실제로 UI 텍스트에 유머를 사용하면 몇 가지 긍정적인 효과를 기대할 수 있다. 우선 유머는 과업을 수행하는 사용자의 긴장감을 감소시켜 준다. 사용자가 뭘 해보기도 전인데 화면에 무거운 분위기가 조성되어 있다면, 이모티콘 한두 개로 그 긴장감을 다소간 누그러트릴 수 있다. 또 위트 있는 표현은 사용자 행동을 유도할 수 있는 힘도 가지고 있다. 산뜻하고 가벼운 표현으로 사용자의 경계심을 완화시켜 UI가 제안하는 행동을 더 잘 따르고 받아들이게 할 수 있다. 딱딱하게 이래라저래라 시키는 것보다는 부드럽고 위트 있게 제안하면 설득 효과가 높아지기 마련이니까 말이다.

무엇보다 유머는 사용자가 서비스를 더 긍정적으로 느끼게 만들고 브랜드 이미지에 호감을 갖게 한다. '어? 이 서비스가 이런 웃긴 말도 할 줄 아네?'처럼 뜻밖의 의외성에 매력을 느낄 수도 있고, 서비스가 사용한 유머의 결이 사용자의 취향과 잘 맞는다면, 그 순간 빵 터지면서 브랜드 호감도가 수직 상승할 수도 있다. 나와 유머 코드가 맞는 사람에게는 자연스럽게 호감이 가게 마련이니까 말이다.

세심한 유머 관리의 필요성

마이크로카피라는 용어가 IT 업계에 널리 알려진 이후 많은 기획자, 디자이너들이 자신의 서비스에서 유머와 위트를 시도하려고 한다. 앞서 말했듯 유머가 제대로 먹혔을 경우에는 긍정적인 효과가 크기 때문에, 나는 소규모 서비스를 시작하는 경우에는, 사용자에게 좋은 첫인상을 심어줄 수 있는 방법의 하나로 유머를 추천하곤 한다. 단, 유머나 위트를 적용할 때에는 주의해야 할 점이 몇 가지 있다.

우선 같은 유머가 반복 표시되는 상황이 있어서는 안 된다. 이는 곧 사용자가 자주 볼 수 있는 화면에는 유머를 적용하지 않는 것이 좋다는 말이다. 아무리 재미있는 유머라도 반복해서 보면 재미는커녕 짜증만 느끼게 된다. 그러므로 앱 사용 중 반복해서 볼 확률이 높은 메뉴명, 화면 타이틀, 디스크립션이나 비교적 발생 빈도가 높은 네트워크 연결 오류 메시지 등에는 유머를 사용하지 않는 편이 좋다. 유머를 시도하려면 사용자가 두 번 다시 보지 않을 메시지, 또는 아주 드물게 노출되는 오류 문구를 그 대상으로 삼도록 하자. 첫 진입 후 표시되는 온보딩 메시지의 환영 문구, 일회성이지만 사용자가 조금 성가시게 느낄 튜토리얼, 자주 등장하지 않는 404 오류 문구 같은 것 말이다.

개인적으로 유튜브나 슬랙 등의 서비스에서 앱 릴리스 노트와 같이 주목도가 낮은 요소에 유머를 적용한 것은 꽤 좋은 시도였다고 본다. 릴리스 노트는 앱스토어에만 노출될 뿐, 서비스 내부 UI 텍스트가 아니기 때문에 플로우에 직접적으로 영향을 미치지 않는다. 한두 번 정도 유머러스한 릴리스 노트를 쓰고 다시 기존의 평범한 스타일로 복귀하는 것도 가능하다. 일반적으로 유머는 시작하는 것은 쉽지만 어색하지 않게 끝맺는 것이 무척 어려운데, 버전별 릴리스 노트는 독립적으로 존재하기 때문에 유머를 시작하고 끝내는 데에 한결 자유롭다. 여러모로 유머 테스트 베드로서 좋은 공간인 셈이다.

유머를 사용할 때 주의해야 할 또 다른 점은 지속적으로 유머 표현을 업데이트해 주어야 한다는 것이다. 유머는 시의성時宜性이 중요하기 때문에 일단 현재 시점에서 재미있는 표현을 적용했으면, 시간을 두고 그 유머가 계속 제대로 작동하고 있는지를 자주 들여다보아야 한다. 유행어나 밈과 관련된 트렌디한 내용을 UI에 직접 노출할 경우, 얼마 지나지 않아 그 내용을 이해하지 못하는 사용자가 나올 수 있다. 지난달까지 반응이 좋았다고 하더라도, 이번 달엔 '도대체 이게 무슨 말이야…? 어디가 웃기다는 거야?' 같은 냉정한 반응이 돌아올 수도 있다.

그러므로 UI 텍스트에 유머를 적용했다면 트렌드를 잘 살펴보다가 표현의 유효기간이 만료되었다고 생각되는 즉시, 그 유머 요소를 빼거나 다른 표현으로 교체해 주어야 한다. 케케묵은 유머는 브랜드 이미지에 부정적인 영향을 주므로, 처음 유머를 써보려고 할 때, 앞으로 내가 꾸준히 표현의 유지 보수를 잘 할 수 있을지를 따져보고 시도하길 바란다. 실상 상당히 귀찮고 손이 많이 가는 것이 유머다.

유머를 적용할 때 주의해야 할 마지막 사항은 타깃 사용자가 해당 표현을 유머로 받아들일 수 있는지를 사회 문화적 맥락에 비추어보아 굉장히 보수적으로 판단해야 한다는 것이다. 유머나 이모티콘은 연령, 성별, 인종 등의 문화적 맥락과 깊게 연관되어 있는 경우가 많기 때문에, 예상치 못하게 소외감과 불쾌감을 느끼는 사용자가 생길 수 있음을 항상 염두에 두어야 한다. 또 유머가 특정 연령, 성별, 인종, 문화와 관련하여 한 대상을 차별하거나 공격하는 맥락으로 해석될 여지가 있다는 것도 잊지 말자.

이모티콘도 다르지 않다. 이 역시 다의적으로 해석이 가능한 상징이기 때문에 예상치 못한 논란에 휩싸일 위험이 상당하다. 특히 다양한 문화권 사용자를 대상으로 하는 글로벌 서비스인 경우에는 피부색이나 성별에 대한 농담, 차별적으로 해석될 수 있는 이모티콘은 애초부터 사용하지 않도록 더더욱 주의를 기울여야 한다.

지금 일하고 있는 LINE은 글로벌 서비스이기 때문에 유머에 대해 다소 보수적인 시선으로 바라보고 있다. 어떤 문화권에서는 받아들일 수 있는 유머라고 하더라도 다른 문화권 사용자에겐 어색하거나 불쾌할 수 있으니까 말이다. 언제든 발생할 수 있는 이 같은 리스크를 피하기 위해 LINE의 UX 라이팅에서는 기본적으로 유머나 위트 있는 표현을 사용하기보다는 단정하고 명확한 보이스로 담백하게 서술할 것을 권장한다. 아

도표 3-4 LINE 미팅에서 잘못된 주소를 입력했을 때 나오는 오류 화면. 이 정도 부드러운 위트를 넣는 데도 다들 꽤나 고민했다.

주 가끔 유머 요소를 넣을 때에도 오해나 부정적으로 해석될 여지가 전혀 없는, 그야말로 인류 보편적인 경험에 기반한 부드러운 위트만을 사용하려고 노력한다.

도표 3-4는 화상 회의 기능인 LINE 미팅을 쓰려던 사용자가 주소창에 링크를 잘못 입력했을 때 만나게 되는 오류 메시지이다. 화상 회의 서비스명이 'LINE 미팅'이라는 것에서 착안해, 미팅룸에 잘못 들어간(주소를 잘못 입력한) 사용자에게 서비스가 재치 있게 말을 거는 인상을 주고자 했다. 살면서 누구나 한 번쯤은 겪었을 법한 보편적인 경험, 즉 내 회의실이나 강의실인 줄 알고 문을 벌컥 열고 들어갔는데 그곳은 실상 엉뚱한 방이었고, 안에 있던 사람들이 놀라며 나를 보고 '어, 이 방

이 아닌 것 같은데요…?' 하고 말해주는 상황을 위트 있는 텍스트로 재현해 본 것이다.

이 표현은 아주 보편적인 경험에서 착안한 순한 맛 유머라고 볼 수 있는데, 이런 부드러운 위트 문구 하나를 두고도 기획자와 UX 라이터들은 꽤 오랫동안 고민했다. 사용자가 이 오류 문구를 자주 볼 일은 없는가? 이 유머는 우리 서비스에서 용인할 수 있는 성질의 것인가? 이 문구가 차별이나 공격으로 이해될 소지는 전혀 없는가? 문화권에 따라 다른 의미로 오해받거나 부정적으로 해석될 여지는 없는가? 모든 사용자에게 적용될 수 있는 보편적 위트로서 정말 위험하지 않은 유머인가? 하고 말이다.

4. 거리감: 심리적 퍼스널 스페이스의 설정

'사용자 이름' 부르기

근접학Proxemics에서 시작된 퍼스널 스페이스Personal space란 개념은 한 개인을 둘러싼 물리적 공간 영역, 즉 한 개인이 타인에게 허용할 수 있는 거리를 의미한다. 사람마다 어떤 거리 이내로 다른 사람이 접근해 오면 본능적으로 불편함을 느끼게 되는데, 이 거리는 한 개인이 타인의 침범으로 인해 압박감, 불안감을 느끼기 시작하는 일종의 마지노선이라고 할 수 있다. 만약 타인이 그 선을 넘으면 '여기는 내 사적인 영역이야,

여기를 넘지 마!'처럼 심한 거부감을 느끼게 된다. 퍼스널 스페이스는 개인마다 모두 다르고 상황에 따라 변화할 수 있으며, 특히 개인이 속한 문화에 큰 영향을 받는다.

재미있게도 서비스와 사용자 사이에도 일종의 감정적 퍼스널 스페이스가 있다. 쉽게 말해 서비스를 이용하다가 '어, 이건 조금 부담스러운데? 이 서비스 왜 이래? 선 넘네?'라는 생각이 떠오르는 지점, 그곳이 바로 그 사용자의 감정적 마지노선이다. 한국어 글쓰기의 보이스와 톤을 결정하는 마지막 네 번째 요소는 이 심리적 퍼스널 스페이스의 설정이다.

보통 UX 라이팅에서는 사용자 이름 변수를 문장에 삽입하여 직접 호명하거나, 사적인 관계에서나 통용되는 감성적 공감 표현을 문장에 추가하는 방식으로 서비스와 사용자 사이의 심리적 거리를 조정하곤 한다. 그러나 이 방법은 사용자 감정의 퍼스널 스페이스를 넘나드는 민감한 행동이 될 수 있기 때문에, 앞서 설명한 유머 표현 이상으로 조심스럽게 다뤄야 한다. 심리적 바리케이드의 위치는 개개인마다 다르기 때문에, 콘텐츠나 텍스트를 작성하는 사람은 타깃 사용자의 감정선에 대해 끊임없이 고민할 수밖에 없다. 분명한 것은 최대한 사용자와 가깝게 가려는 목표를 갖고 있으면서도, 동시에 수많은 사용자 그 누구라도 불쾌해하지 않을 정도의 보편적인 저지선이 어디인지를 예민하게 파악하여 절대 그 선만은 넘지 말아야 한다는 것이다.[6]

그럼 먼저 심리적 퍼스널 스페이스와 관련된 UX 라이팅 기술 중에 하나인 '사용자 이름 부르기'부터 간단하게 살펴보자. 일반적으로 상대의 이름을 알고, 대화를 시작할 때 그 이름을 호명한다는 것은 두 존재 사이에 이미 어떤 관계가 존재하다는 것을 의미한다. 상대방의 이름을 부르는 순간 익명에서 실명으로, 일반 고객에서 특별히 신경 쓰고 있는 중요 고객으로 두 존재의 관계가 새롭게 규정되는 인상을 주기 때문이다. 특급 호텔이나 고급 레스토랑 등에서 고객의 이름을 부르며 대화를 이어나가는 이유도 바로 그 고객을 차별되는 존재로 특별하게 인지하고 있다는 것을 드러내기 위해서이다.

이런 기제는 UI 텍스트에서도 동일하게 작용한다. 일반적으로 사용자 이름 변수는 사용자에게 구체적인 대상을 인지시켜야 하거나, 한 사용자를 다른 사용자와 명확히 구분 지어야 하거나, 사용자의 주목을 확실히 끌어내야 할 때에 UI 텍스트에 추가한다. 특히 개인화 메시지에서는 자주 사용자의 이름을 불러 주목도를 높이고 감정의 거리를 좁히려고 노력하는 경우가 많다. '철수 님, 안녕하세요?', '미영 님, 두 번째 구매해 주셨네요!', '정희 님의 취향에 맞는 상품을 추천드려요!'와 같이 내 이름을 불러주는 서비

---

6 에드워드 홀Edward T.Hall은 대인 간 거리Interpersonal distance를 밀접한 거리Intimate distance (보호자와 어린이, 연인 사이), 개인적 거리Personal distance (친밀한 친구), 사회적 거리 Social distance (회사 동료 등 사무적인 관계), 공적 거리Public distance (연사와 청중)로 나누어 정의했다. 에드워드 홀 지음, 최효선 옮김, 『숨겨진 차원』, 한길사, 2013 참고.
나는 UX 라이터로서 원래 공적 거리에 위치해야 하는 서비스가 끊임없이 사회적 거리를 넘어 가족, 친구와만 나눌 수 있는 개인적 거리에까지 진입하려 한다는 느낌을 받는다. 과연 사용자는 서비스가 어디에 위치하기를 바라는 걸까? 또 서비스는 어느 위치까지 가까이 다가설 수 있을까? 이는 서비스를 만드는 모든 사람의 고민일 것이다.

스 화면을 보며 누구나 인게이지가 조금 높아지는 경험을 해봤을 것이다. 누군가가 내 이름을 부르면, 또는 내 이름이 화면에 표시되어 있으면 사용자는 쉽게 그 콘텐츠를 지나치지 못한다. 코딩된 호들갑이라는 것을 다 알면서도, 별로 중요한 메시지가 아니라는 것을 예상하면서도, 차마 외면하지 못하고 한 번은 꼭 들여다보게 되는 것이다. 이는 칵테일 파티 효과Cocktail party effect나 자기 관련 효과Self-referential effect 또는 선택적 지각Selective perception 이론 등을 활용한 심리학적 글쓰기 전략이라고도 볼 수 있다.

사용자 이름 부르기는 서비스 UI 텍스트에 꼭 필요한 방법이고 특히 개인화된 맞춤 메시지에서 빼놓을 수 없는 요소이긴 하지만, 반드시 빈도를 조정해서 써야 한다. 근래 들어 개인화 마케팅의 주요 수단으로 이메일이나 뉴스레터에 꼭 사용자 이름 변수를 넣으려고 하는 것을 볼 수 있는데, 욕심이 지나쳐 시도 때도 없이 사용자를 호명해서 주의를 잡아두려고 하면 안 된다. 주의를 끌기 위해 이름을 너무 자주 표기하면 사용자의 피로도가 급격하게 높아지기 때문이다. 누가 계속 내 이름을 부르면 끊임없이 주의를 집중해야 하기 때문에 자연히 긴장감, 피로감이 높아지게 되고, 호명 빈도가 잦아질수록 애초에 노렸던 이름 부르기의 특별한 효과도 금세 사라지게 된다.[7]

결국 이름 변수를 넣어야 할 때와 넣지 말아야 할 때를 매번 잘 판단해야 하는데, 일반적으로 호명이 필요한 경우는 앞서 말했듯 사용자 주의를 강하게 끌어야 할 때, 또는 사용자가 서비스로부터 특별하게 대우받는 느낌을 느껴야 할 때이다. 대표적 사례로는 생일 축하 알림 메시지가 있다. 누구에게나 생일은 특별한 날이기 때문에, 서비스 입장에서도 다른 우려 없이 생일자의 이름을 부르며 진심으로 축하해 줄 수 있다. 이런 경우 걱정 없이 사용자 이름을 호명하며 함께 기뻐해도 괜찮다. 아니, 영혼 없는 생일 메시지처럼 느껴지지 않도록 이럴 때에는 꼭 사용자 이름을 호명하도록 하자. 다른 누구도 아닌, 바로 당신의 생일 축하한다고 분명하게 강조할 필요가 있으니까 말이다.

반면 도표 3-5처럼 쇼핑 앱 검색 로그를 기반으로 이름을 넣어서 광고 메일을 보내는 것은, 사용자에게 다소 부담스럽게 느껴질 수 있다. 매일 아침 내 이름을 호명하면서 어제 검색한 쇼핑 내역을 재확인받는 건 딱히 유쾌한 일이 아니다. 특히 나와 별로 상관없는 물건을 알고리즘으로 추천하면서 '전주경 님 춤추는 트리는 어떠세요?'라고 묻는다면 약간은 당황스럽기까지 하다. 굳이 어떠냐고 물으면 '저는 별론데요…'라고 대답하는 수밖에 없지 않은가? 나의 경우 도대체 언제까지 이런 메일

---

7 같은 맥락에서 의문문도 빈도를 조절해서 사용해야 한다. 질문으로 글의 서두를 시작하는 방법은 누구나 질문을 받으면 대답에 대한 압박감을 느낀다는 보편 심리에서 착안된 글쓰기 기법이다. 독자의 긴장감을 높여서 주목을 끄는 방식이기 때문에 너무 자주 쓰면 사용자가 피로감을 느껴 아예 서비스 이용 자체를 기피하게 될 수 있다. 끊임없이 질문을 던지며 재촉하면 사용자가 시간을 갖고 능동적인 판단을 하기 어렵기 때문이다.

예를 들어 배송지 주소 삭제 화면의 메인 타이틀로 '○○ 님, 어떤 주소를 삭제하시겠어요?' 보다는 '삭제할 주소 선택'이 덜 부담스럽다. 중요하지 않은 과업에 습관처럼 의문문을 추가하면 서비스 이용이 인지 노역認知勞役이 되어버릴 수 있다.

[받은메일함] (광고) **전주경님**이 찾던 '장아찌간장' 🔍 🔗
[받은메일함] (광고) **전주경님** 저를 찾으셨나요? '참깨 드레싱' 🔍 🔗
[받은메일함] (광고) **전주경님** 디올반지14k 어떠신가요? 🔍 🔗
[받은메일함] (광고) **전주경님**이 찾던 그 '융성식품 쌍화차' 🔍 🔗
[받은메일함] (광고) **전주경님** 춤추는 트리 어떠신가요? 🔍 🔗

도표 3-5 쇼핑 로그를 기반으로 한 광고 이메일. 내가 쌍화차를 검색한 건 맞지만 거의 매일 이름을 부르며 이런 광고를 보내오니 부담스럽다.

을 보내는지 궁금해서 스팸함에 넣지 않고 지켜보고 있었지만 (나랑 상관없는 어떤 괴상한 물건을 어디까지 추천해 줄지 알고리즘이 궁금하기도 했었다), 아마 대부분의 사람들은 한두 번 정도 받고 스팸 처리를 했을 것이다. 자신의 이름이 이렇게 스팸 메일에 헛되이 소진되는 것을 반가워할 사람은 별로 없다. 사용자의 소중한 이름을 언제 불러야 할지에 대한 서비스의 고민이 중요한 이유이다.

독이 될 수 있는 공감 표현

서비스와 사용자 사이의 심리적 거리감을 조정하는 다른 UX 라이팅 기법으로는 공감 표현이 있다. 나는 여러 방식의 공감 표현 중 사용자가 처한 사정에 대해 마치 서비스가 잘 아는 듯 말하거나 사용자의 감정을 예단하는 듯한 표현에는 상당한 위험이 도사리고 있다고 생각한다. '고객님, ~하시죠?', '고객님 ~하셨나요?', '고객님, 고생하셨네요' 같은 표현이 이에 해당된다. 이런 스타일의 반문형 공감 표현은 고객의 감정을 이해하고 있음을 충분히 드러내라는 전통적인 CS 고객 응대법에서 파생된 것으로 보인다. 실제로 보이스 피싱을 소재로 한 어느 코미디 프로그램에서는 '고객님 ~해서 많이 놀라셨죠? 저도 많이 놀랐습니다'와 같은 유행어로 상담원의 가식적이고 기계적인 공감을 풍자하기도 했다.

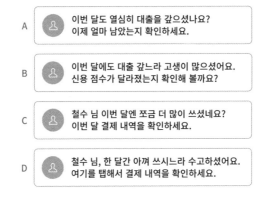

도표 3-6 대출과 카드 결제 내역 관련 알림. 섣부른 공감 표현은 사용자를 화나게 할 수 있다.

근래 들어 도표 3-6과 같은 공감 표현을 알림 메시지로 보내는 경우가 잦은데 이런 공감 표현은 유머만큼이나 조심스럽게 접근해야 한다. 특히 금융 서비스에서 개인의 삶의 심각한 부분과 관련된 내용에 대해 언급할 때에는, 섣불리 공감 표현을 쓰지 않도록 조심해야 한다. 대출, 소비 등 개인의 재정과 관련된 부분은 사용자에게는 굉장히 민감한 영역이므로 아주 큰 주의가 필요하다.[8] 경제활동을 하는 성인에게 부채와 같은 네거티브 재무 지표와 관련된 사항은 무척 심각하고 고통스러운 것일 수 있다. 대부분의 사람에게 대출 상환이란 고통과 부담, 떠올리면 괴로운 것이기에 매달 많은 돈이 빠져나가는 걸 아예 보기조차 싫어서, 또는 대출 이자 갚느라 통장이 텅텅 비는 걸 떠올리기 싫어서 울며 겨자 먹기로 자동이체로 돌려놓고 외면하는 경우까지 있을 정도이다.

개개인의 여러 사정이 얽혀 있는 민감한 재무 문제에 대해 '이번 달에도 대출 열심히 갚았나요? 얼마나 갚았는지 확인해 보세요'라든지 '이번 대출 상환으로 대출 잔액이 줄었네요. 힘드셨죠? 수고하셨어요'처럼 상황을 예단하고 이해하는 듯 말하는 것이 항상 좋은 결과를 가져오지 않는다. 오히려 어떤 사용자에게는 눈치 없는 서비스가 심리적 퍼스널 스페이스의 바리케이드를 부수고 진입하는 인상을 줄 수 있다. 부채는 그만큼 개인에게 예민한 문제이다.

소비와 관련된 내용 역시 마찬가지이다. 개개인마다 소비의 맥락과 사정은 너무나도 다르다. 지난달 카드 값이 줄거나

---

[8] 보통 대출은 개인이 타인에게 알리고 싶어 하지 않는 불편하고 내밀한 주제로 분류된다. 사용자 조사를 할 때에도 입냄새, 액취같이 민감한 주제로 분류되어 포커스 그룹 인터뷰FGI, Focus group interview가 아닌 1:1 인터뷰로 조사를 진행하게 된다.

늘었다는 것이 반드시 아껴 썼거나 과소비했다는 것을 의미하지 않는다는 말이다. 사용자가 정말 아껴 썼는지, 돈이 없어서 아예 못 쓴 것인지, 지름신을 견디지 못하고 감당 못 할 소비를 하고 지금 후회하는 상황인지, 누구에게 돈을 뜯겨서 원치 않는데 카드를 긁었는지는 서비스를 만드는 우리는 결코 알 수 없다. 서비스가 이 부분에 대해 무심하게 아는 척을 했을 때, 너무나 다양한 사용자의 경험과 감정이 어떤 부정적인 방향으로 솟구칠지 역시 우리가 예상할 수 없는 것들이다.

물론 이런 유의 감정적 표현이 누군가에게는 인상적으로 각인되어 그가 우리 서비스의 팬이 될 수도 있다. 아마 설계자가 공감 표현을 UI 텍스트에 넣을 때에는 대부분 그런 효과를 기대했을 것이다. 하지만 그 표현을 좋아하는 고객만큼이나 다른 상황에 처한 어떤 고객에게는 이런 배려 없는 코멘트가 강한 불쾌감으로 남을 가능성이 충분히 있다. 이것이 공감인지, 격려인지, 놀림인지, 감시인지, 주제 넘은 치하인지는 메시지를 받는 각 개인의 성향, 상황, 감정에 따라 정말 다르게 받아들여질 수 있다.[9] 그러므로 민감한 주제에 대해 큰 고민 없이 공

---

9 감정이나 상황을 예단한 공감 표현은 보통 개인화 메시지 알림 등에 자주 활용되는데, 조건에 따라 아주 세분화된 설계를 하고 그에 맞게 몇백, 몇천 개의 문구 세트를 준비하더라도 그 메시지가 사용자의 상황에 딱 들어맞을 확률은 그리 높지 않다. 노출 로직이 아무리 잘 짜여져 있어도 사용자가 워낙 많기 때문에 예외 케이스가 상당히 많이 나오게 되는 것이다. 특히 사용자의 연령, 신체를 언급해야 하는 헬스케어 서비스, 개인의 재정 상태를 말하는 은행, 증권, 카드 앱 등에서는 개인화 메시지가 다루는 주제가 민감할 뿐더러 오해, 오독될 확률이 높기 때문에, UX 라이팅 하기가 정말 어렵다.

감 표현을 적용하지 않도록 항상 조심해야 한다.

　사실 이런 유의 공감 메시지들이 화면에 단 한 번만 노출 된다면 그다지 큰 문제가 아닐 수 있다. 문제될 만한 표현도 한 번만 표시되면 빠르게 잊혀질 가능성이 더 높으니까 말이다. 가장 좋지 않은 상황은 이런 표현이 지속적으로 반복 노출되는 것이다. 예를 들어 대출의 경우 보통 매달 같은 날짜에 상환하기 때문에 서비스 측에서 별다른 처리를 해두지 않으면 사용자는 동일한 대출 상환 치하(?) 메시지를 매월 동일한 날짜에 받게 된다. 프로그래밍된 성의 없는 공감과 인정이 매달 스팸처럼 전송되는 것을 목격하면, 결국 사용자는 피상적인 서비스라는 브랜드 인식을 가지게 될 수밖에 없다. 그냥 스팸도 기분 나쁘지만, 나를 되게 생각해 주는 척하는 메시지를 스팸으로 보낼 때 더 큰 위화감을 느낀다는 것은 모두가 동의할 것이다. 그러므로 공감 표현을 UI 텍스트에 시도할 경우에는 유머와 마찬가지로 같은 문구가 반복 노출되지 않도록 세심하게 관리해야 한다.

　결국 이런 모든 상황을 고려해 보면 사용자의 감정을 건드리고 공감을 무기로 쓰려는 감성적 메시지는 다른 어떤 UI 텍스트보다 더 세련되게 디자인되어야 한다는 결론에 다다르게 된다. 감정적 퍼스널 스페이스를 넘나들며 사용자의 마음에 다가서려고 할 때에는 정말 신중하게 표현을 골라야 하고, 표시 맥락과 타이밍, 횟수에 대해서도 다각적으로 검토해야 할 것이다. 공감 표현은 사용자 상황에 대한 깊은 이해, 진정성 있는 관심, 그리고 그것을 충실하게 드러낼 수 있는 언어적 표현 능력까지 모두 갖췄을 때에만 시도할 수 있는, 어떻게 보면 가장 난이도 높은 UX 라이팅 기법이다. 만약 그 모든 걸 커버할 수 있는 기량이나 자신이 없다면 쓰지 않는 것이 여러모로 안전하다.

그럼에도 공감 표현을 시도하고 싶다면 다른 리스크가 거의 없는 행복, 기쁨, 안정, 인정 등의 긍정적 감정과 관련된 메시지부터 작성해 보자. 사용자에게 보편적인 공감, 축하가 필요한 순간이 언제인지를 곰곰이 떠올려 보고, 그에 걸맞은 따뜻한 메시지부터 제공해 보길 권한다. 한 가지 팁을 주자면 일반적으로 계절 인사, 명절 인사, 감사, 생일 축하 메시지는 비교적 안전한 감정 메시지로 분류된다. 예를 들어 금융 서비스에서는 적금 만기 도래 알림이 거의 예외 없는 긍정적인 메시지로 분류될 수 있다.

잠깐. 혹시 지금 속으로 '이 사람 정말 대단히 뒤틀린 꼰대네, 뭐 이렇게 걱정이 많아?'라고 생각했는가? 여러분의 기대만큼 쿨하지 못해서 미안하지만, UX 라이터는 수많은 사용자를 고려하며 텍스트를 작성해야 하기 때문에 이런 조심스러움은 어쩔 수 없다. 나는 수많은 사람들이 느낄 수 있는 다양한 감정의 스펙트럼을 두루 살피지 않고, 배려하지 않는 그런 사람이야말로 꼰대라고 생각한다. 인간의 감정은 너무나 다채로운 결을 가지고 있고, 수많은 사용자 모두를 불쾌하게 하지 않는 일은 생각보다 쉽지 않다. 그러니 우리는 사용자의 감정에, 한 사람의 깊은 사연에 대해 그저 한없이 겸손해지고 낮아지는 수밖에 다른 방법이 없다.

UX 라이터는 얕은 공감 문구에 열광하는 한 명의 팬보다는, 문구를 읽고 불쾌감을 느껴도 그저 침묵하고 있다가, 냉정하게 서비스를 떠나는 천 명의 사용자를 더 두려워하기 때문이다.

3-3 LINE의 보이스: 우리 사이의 거리를 좁히는 따뜻한 목소리

마지막으로 보이스와 톤 설정의 구체적인 사례로서 LINE의 보이스에 대해 소개해 보려고 한다. LINE 디자인 시스템에도 공개되어 있는 LINE의 보이스 가이드는 조금 특별한 방식으로 작성되었다. LINE 보이스 문서를 작성할 당시, 우리는 이미 MAU월간 활성 사용자가 1억 5천만 명에 달하는 거대한 서비스였고, 지난 10년 동안 LINE 보이스를 담은 수많은 UI 텍스트가 사용자에게 이미 노출되어 온 상황이었다. 문서 작성 당시 한국어, 영어, 일본어 UX 라이터들은 어느 정도 LINE의 보이스에 대한 공통된 생각을 갖고 있었고, 그 생각을 기반으로 매일 UX 라이팅 작업을 함께하고 있었지만, 막상 이미 존재하는 우리 서비스의 목소리를 몇 개의 단어로 정의하려니 도대체 어떤 단어가 적합할지 적잖이 고민이 되었다.

가장 문제가 되었던 것은 보이스를 정의하는 단어를 각 언어로 표현했을 때 발생하는 미묘한 의미와 뉘앙스 차이였다. LINE이

지원하는 전 언어를 관통하는 공통 보이스가 분명 존재함에도 불구하고, 그 보이스를 규정하는 어휘를 하나 선정해서 여러 언어로 번역해 보면 막상 우리가 생각한 그 가치, 그 느낌이 번역어에 잘 담기지 않았기 때문이다. 한·영·일 언어 담당자들이 보이스를 표현할 수 있는 적절한 어휘를 선정하기 위해 토론을 거듭했고, 그 과정에서 '그 어휘는 우리 언어에서는 너무 모호하다, 그 단어를 쓰면 내가 담당하는 언어에서는 전혀 다른 의미를 갖게 된다' 등 다양한 의견들이 쏟아져 나왔다. 해당 의견을 반영한 여러 버전의 가안들도 수차례 작성되었다가 폐기되었다.

철저히 영어 중심으로 UI 텍스트가 작성되는 여느 글로벌 서비스와는 달리 LINE은 한·영·일 3개 국어 동시 UX 라이팅을 추구하고 있고, 무엇보다 각국의 언어와 문화, 텍스트 스타일을 모두 존중한다는 원칙이 있기 때문에 서비스의 보이스를 한·영·일 공통 워딩으로 정의하는 것이 정말 쉽지 않았다.

하지만 늘 그렇듯 우리는 답을 찾았다. 한·영·일 UX 라이터들의 고민과 노력으로 작성된 LINE의 보이스는 다음과 같다. 우리는 연령, 문화, 국적, 성별에 관계없이 모든 사용자와 대화해야 하는 글로벌 서비스 LINE의 보편성을 이 LINE 보이스 문서에 담으려고 노력했다.

명확하게

명확하지만 단정적이지 않습니다.

- 명확하지 않은 텍스트는 읽기도, 이해하기도 어렵습니다. 사용자가 LINE의 목소리를 신뢰할 수 있도록, 다르게 해석될 여지가 없는 명료하고 단순한 표현만 사용해 주세요.
- 문제 상황의 원인을 명확하게 알려주고, 해결 방안도 함께 제시해 주세요.
- 중의적으로 해석될 수 있는 표현 대신, 사용자의 빠른 선택을 도울 수 있는 표현을 사용해 주세요.

사람과 대화하듯이

사람과 대화하듯이 말하지만 결코 가볍지 않습니다.

- 실제 존재하는 'LINE'이라는 사람과 사용자가 서로 대화를 나누고 있다고 상상해 보세요. 사용자가 일상에서 자주 쓰는 쉬운 용어로 따뜻하고 친근하게 사용자와 소통해 주세요.
- 오류 상황에서도 따뜻하고 친절한 목소리로 해결 방식을 안내해 주세요. 어려운 기술 용어나 불필요한 외래어 사용은 최소화해 주세요.
- 사용자 사이의 소통, 새로운 연결을 친근한 목소리로 응원하고 격려해 주세요.

사려 깊게

사려 깊지만 걱정이 많지 않습니다.

- 항상 사용자의 입장에서 사용자가 무엇을 하고 싶은지, 무엇을 궁금해하는지를 세심하게 고려해 주세요. 사용자의 서비스 탐색과 선택 행위를 사려 깊은 목소리로 지지해 주세요.
- 과업의 실패는 사용자의 탓이 아닙니다. 사용자의 탐색과 선택을 위축시킬 수 있는 단정적인 통보나 비난은 삼가 주세요.

각 보이스의 첫 문장은 전통적인 브랜드 보이스 개발 방법 중 하나인 "We're ＿＿＿, but we're not ＿＿＿."을 사용하여 보이스를 조금 더 명확하게 규정한 것이다. 브랜드를 표현하는 말과 브랜드에 어울리지 않는 유사 표현을 쌍으로 나열하여 제품의 개성과 특징을 명확하게 표현하는 방법이다. 다음은 위세 가지 보이스 워딩에 대한 해설이다.

명확하지만, 단정적이 않다는 말은 사용자의 자율성이나 맥락의 다양성을 이해하고 포용한다는 의미이다. '당신이 틀렸고 내가 맞다, 당신은 이 기능에 대해 잘 모르니 우리가 가이드하는 대로 따르라'는 강력한 자신감이나 오만한 태도가 서비스 보이스에 드러나지 않도록 주의해야 한다. 우리는 우리 서비스의 품질에 분명한 확신이 있지만, 그 확신은 오로지 사용자의 서비스 이용을 돕기 위해 존재한다. 우리가 옳다고 단정하고 사용자에게 우리의 확신을 강요하지 않는다. 정확하고 명확한 언어로 정보를 안내하고, 사용자가 그 정보를 토대로 자유롭게 선택할 수 있게 돕는 것이 무엇보다 중요하다.

사람처럼 말하지만 가볍지 않다는 것은 구어체가 가질 수 있는 가벼움, 휘발성, 비전문적, 낮은 신뢰감 등의 한계를 극복하는 것을 의미한다. 누구나 편안하게 이해할 수 있는 일상적 어휘와 표현을 사용하여 우리 서비스를 표현한다. 동시에 우리는 배려와 겸손, 예의, 포용이라는 가치를 통해 사용자를 이해하고, 사용자의 심리적 퍼스널 스페이스를 함부로 침범하지 않는다. 친근하면서도 신뢰할 수 있는 단정한 목소리로 사용자의 여정을 차분하게 안내하는 데 집중한다.

사려 깊지만 걱정이 많지 않다는 것은 텍스트에 불필요한 경고나, 우려, 제약이 없다는 의미이다. 사용자를 도와주고 싶은 마음이 걱정이나 잔소리로 이어져서는 안 된다. 우리는 사용자의 상황에 대해서 충분히 이해하고 항상 도움을 줄 준비가 되어 있지만, 사용자의 과업 실패를 미리 우려한 나머지 불필요한 경고나 설명으로 그들의 행동을 제약해서는 안 된다. 단정적인 통보나 비난, 확정적 표현을 지양하고 진정한 의미의 겸손하고 사려 깊은 태도를 추구한다.

LINE 앱과 패밀리 서비스를 만드는 임직원인 LINER들이 사용자와 소통하는 방식은 'CLOSING THE DISTANCE', 즉 사람과 사람, 정보, 서비스 사이의 거리를 좁힌다는 LINE의 미션과 맞닿아 있다. UX 라이터들은 한 명의 LINER로서 세상의 모든 것을 연결하기 위해 정확하고 사려 깊은 사람의 목소리로 사용자와 대화하고 있다. 나는 이 세 가지 보이스의 근간에는 아시아 문화 특유의 겸손함, 배려, 친절함이 녹아들어 있고, 더 깊은 곳에는 LINE이라는 브랜드가 지닌 따뜻함이 자리 잡고 있다고 생각한다.

물론 이런 LINE의 보이스 정의에도 일정 부분 한계가 있다. LINE이 워낙 큰 생태계를 가진 거대 브랜드, 대형 서비스이기 때문에, 브랜드 하위 서비스 모두를 포괄할 수 있도록 보이스와 톤이 아주 포용적이고 보편적일 수밖에 없다. 많은 사용자를 대상으로 하고 있기 때문에 애플, 구글, 메타 등 여타 글로벌 서비스와 마찬가지로 너무 튀지도, 너무 강렬하지도 않아야 한다는 제약을 가진다.

만약 이 글을 읽는 여러분의 서비스가 좁은 사용자층, 타깃화된 특정 그룹을 대상으로 하고 있다면, 나는 여러분만의 개성적인 보이스를 디자인해 보라고 권하고 싶다. 이번 장에서 설명한 네 가지 요소를 적절하게 활용한다면, 분명 다른 서비스에서 찾아보지 못한 매력적인 목소리를 만들어낼 수 있을 것이다.

요약

○—— 보이스Voice는 어떠한 상황에서도 변하지 않는 서비스 고유의 목소리, 톤Tone은 구체적인 상황이나 맥락에 따라 변화할 수 있는 어조를 말한다. UI 텍스트가 지닌 문어와 구어의 성격, 개별 언어의 특수성들은 서비스의 보이스와 톤에 큰 영향을 준다.

○—— 한국어의 보이스와 톤에 영향을 미치는 요소 중 가장 중요한 것은 상대높임법의 해요체와 하십시오체이다. 해요체는 두루높임과 비격식성을, 하십시오체는 아주높임과 격식성을 갖고 있다. 오직 하나만 사용해야 한다는 강박을 버리고 서비스 성격, 사용 맥락, 사용자층에 맞게 두 문체를 조화롭게 적용해야 한다.

○—— 어휘 난이도와 문장 길이를 통해 사용자는 이 서비스가 얼마나 나에게 친절한가, 나를 배려하고 있는가를 느낄 수 있다. 사용자층과 서비스의 성격에 따라 어휘 난이도와 단문, 복문의 비율을 적절하게 조정해야 한다.

⊶　　위트 있는 표현이나 이모티콘 등을 UI 텍스트에 활용하면 사용자의 긴장감 완화와 서비스 호감도 향상에 도움을 줄 수 있다. 유머를 시도할 때에는 시의적절한 표현을 사용하되 반복 노출되지 않게 구성하는 것이 중요하다. 무엇보다 연령, 성별, 인종 등의 문화적 맥락과 관련하여 오해가 생길 여지가 없는지 보수적으로 판단하여 적용해야 한다.

　　⊶　　심리적 거리감 조정은 보이스와 톤 디자인에서 가장 까다로운 요소이다. 사용자와의 거리를 좁히기 위해 사용자 이름을 호명하는 방식은 자주 사용하면 피로감을 높이므로 반드시 빈도를 조절해서 써야 하며, 사용자의 감정선을 넘나드는 공감 표현은 일부 민감한 분야에서는 불쾌감을 불러일으킬 수 있으므로 다른 어떤 UI 텍스트보다 더 세련되게 디자인되어야 한다.

4

—

UI 컴포넌트별
텍스트 작성 팁

4-1 UI 컴포넌트와 UI 텍스트

UI 컴포넌트는 화면 위에서 사용자 경험을 만들어내는 귀중한 도구이자 재료이다. 단독으로, 또는 여러 개의 조합으로 다양한 효과를 만들어내고 자연스러운 사용 흐름을 일궈낸다. UX 라이터로 일하면 이 UI 컴포넌트를 재료로 만들어진 화면 설계서를 하루에 적어도 십여 개 이상 읽게 된다. 설계서에는 설계자의 성격과 취향, UX에 대한 생각이 오롯이 반영되어 있는데, 문제를 정의하고 풀어가는 각자의 방식 역시 모두 다르기 때문에 설계자 개개인의 상상력을 담은 설계서를 읽는 일은 꽤나 재미있다. 특히 각 OS별 컴포넌트의 특성을 잘 반영했으면서도 흐름까지 매끄럽게 설계된 기획안을 받아 그에 잘 어울리는 UI 텍스트를 작성할 때에는 즐거운 마음까지 든다.

물론 모든 화면 설계가 UX 라이터의 마음에 쏙 드는 것만은 아니다. UX 라이터를 곤란하게 하는 설계안도 분명 있다. 각각의 UI 컴포넌트에는 그 쓰임새, 출현 요건 등이 어느 정도 정해져 있는데 가끔 너무나 창의적으로(?) 컴포넌트를 활용한 설계를 받아볼 때가 있다. 물론 의외의 활용이 의외의 좋은 결과를 불러올 수도 있겠지만, 그동안 수십 수백 명이 쓴 수천 개의 설계안을 보면서 UI 컴포넌트의 활용에 대해 어느 정도 개념을 갖고 있는 숙련된 UX 라이터 입장에서는 이걸 정말 이렇게 적용해도 될지 약간은 불안한 마음이 들곤 한다. 특히 프로덕트

오너십을 가진 PM, 기획자, 디자이너에게 텍스트 전문가로서 이렇게 컴포넌트를 쓰면 적절한 UI 텍스트를 여기에 배정하기가 어렵다는 말을 어떻게 전해야 할지 매번 조심스럽다. UI 컴포넌트와 UI 텍스트는 한 몸이라는 것을 UX 라이터만큼 절실하게 인지하고 있는 사람이 생각보다 많이 없기에, 설계자에게 컴포넌트 변경을 제안하고 설득하는 일은 결코 쉽지 않다.

　일반적으로 함께 일하는 사람들이 UI 컴포넌트에 대해 동일한 이해를 하고 있으면 작업이 순조롭게 진행된다. 이를 위해 조직 내에서 사용하는 컴포넌트의 명칭도 통일되는 것이 좋고 적용법, 패턴, 예외적 사용 등도 대략적으로나마 합의되어 있어야 한다.[1] 'UI 컴포넌트에 대한 생각이 같으면 UX 라이팅할 때에도 훨씬 수월하다. 서로의 주관적 선호나 기호가 개입될 확률이 낮으므로 불필요하게 컴포넌트의 용도에 대해 긴 토론을 할 필요가 없다. 오직 히스토리와 디자인 가이드라인이 말하게 하면 되니까 말이다.

　같은 맥락에서 텍스트에 대한 논쟁이나 이견을 줄이기 위해서는 당연히 각 UI 컴포넌트에 대한 텍스트 가이드라인이 있

---

[1]　조직 구성원 모두가 컴포넌트나 기능을 동일한 명칭으로 부르는 것은 상당히 중요한 문제이다. '우리는 이제부터 이것을 모달이나 얼럿이 아니라 팝업이라고 부르기로 해요', '이렇게 생긴 컴포넌트는 아이콘 토스트라고 부를게요'처럼 조직 내에서 쓰는 표현을 일치시켜 두면 불필요한 커뮤니케이션 비용을 줄일 수 있다.
특히 기능명이나 서비스명의 경우 개발 프로세스 중반 이후에 확정되는 경우가 많은데, 이때부터 가칭과 최종 명칭이 뒤섞이며 사용되어 의사소통의 혼란이 초래되는 일이 자주 있다. 일단 명칭이 확정되면 그때부터 모든 구성원들은 일시에 정확하게 공식 명칭을 불러야 한다.

어야 한다. 앞서 2장에서 일관성에 대해 설명하면서 텍스트 가이드라인의 중요성에 대해 강조했었다. 보통 규모 있는 조직에는 디자인 시스템이 있고, UX 라이팅 팀이 있는 경우 반드시 텍스트 가이드라인이 있다. 하지만 작은 조직에서는 러프한 수준의 디자인 시스템을 갖추는 것도 쉽지 않고, 텍스트 가이드라인 역시 쉽게 만들기 어려운 것이 현실이다. 그러나 이렇게만 말하면 '그럼 어쩌나요? 우리는 규모가 작은데 그냥 되는 대로 써야 하나요?'라고 물을 것 같기에 이번 4장에서는 화면에 자주 등장하는 중요한 UI 컴포넌트에 대한 UI 텍스트 작성 팁을 소개하겠다.

이제부터 설명할 컴포넌트들은 모두 사용자의 의사 결정에 영향을 미치거나, 그 의사 결정을 수행하거나, 수행한 결과를 통보하는 역할을 한다. 이들은 모두 시간성과 공간성에 매우 예민한 컴포넌트들로서 이들 위에 표시될 UI 텍스트를 작성할 때에는 가독성, 길이, 구성을 충분히 고려해야 한다. 엄밀하게 말하면 UI 컴포넌트라고 부르기 어려운 것도 설명에 포함시켰고(오류 메시지), 동일 컴포넌트로도 볼 수 있는 팝업의 버튼과 콜 투 액션CTA, Call to action(사용자의 반응을 유도하는 행위 혹은 요소)의 역할을 하는 커맨드 버튼은 굳이 나누어 설명했다. UI 컴포넌트 개념과 분류에 지나치게 얽매이지 않고 실무 UX 라이팅을 할 때 중요도가 높은 요소들로 선별하여 설명했으니 여러분의 이해를 부탁드린다. 개인적으로 이 정도만 알아두면 당장은 텍스트 가이드라인이 없더라도 큰 문제없이 UI 텍스트를 작성할 수 있으리라 생각한다.

4-2 레이블: 이름을 짓는 일은 정보를 설계하는 일

● 이름 짓기의 어려움

폴라 베어 북Polar bear book이라는 애칭이 있는 『인포메이션 아키텍처Information Architecture』[2]는 내가 학생 때 가장 좋아했던 책이다. 첫 출간된 지는 꽤 오래되었고, 그동안 개정판이 여러 번 나왔지만 주로 웹사이트 사례를 중심으로 논지를 전개하고 있기 때문에 모바일 중심의 현재 IT 환경과는 다소 맞지 않은 부분이 있다. 그럼에도 불구하고 나는 이 책을 기획자, 디자이너, UX 라이터가 읽어야 하는 책으로 자주 추천하곤 한다. UX와 디지털 환경을 정보학의 측면에서 바라보고 있으며, 무엇보다 UX 라이팅과 레이블링 시스템에 대한 통찰력 있는 서술을 제공하고 있기 때문이다.

이 책에서 저자는 정보 설계IA, Information architecture를 '정보를 조직화하여 사람들이 질문에 대한 적절한 답을 찾을

2   루이스 로젠펠드·피터 모빌 지음, 김수 옮김, 『인포메이션 아키텍처: 효율적인 웹사이트 구축을 위한 정보설계 지침서』 인사이트, 2011.

수 있도록 해주는 것'으로 정의했다. 사용자가 서비스에서 원하는 것을 얻어갈 수 있도록 정보 탐색을 돕는 일, 사용자를 위해 시스템의 정보 구조를 디자인하고 각 요소의 명칭을 정하는 일로 IA를 바라보고 있는 것이다. 그는 IA를 크게 4개 영역으로 나눴는데, 그중 하나가 바로 지금부터 설명할 레이블의 체계, 즉 레이블링 시스템Labeling system이다. 레이블링 시스템은 인간의 정보 추구 행태에 대한 답으로, 서비스에 존재하는 다양한 개념과 그 관계를 UI 텍스트(레이블)를 이용하여 사용자에게 알려주는 것이라고 할 수 있다.

레이블Label은 레이블링 시스템을 구성하는 세부 요소로서 서비스에 존재하는 많은 정보 덩어리Information chunk의 이름이다. 내비게이션 바의 메뉴명, 설정 화면의 메뉴 타이틀, 아이콘 아래에 붙어 있는 아이콘 이름이 모두 레이블이며, 이들은 주로 명사, 명사구의 형태를 띠고 있다. 레이블링Labeling은 말 그대로 이들 정보 덩어리 각각에 이름 딱지를 붙이는 행위를 말한다.

이름을 짓는 이 레이블링 행위는 정보 설계에 있어서 실질적인 핵심 작업이다. 이름이 있어야 존재가 개념화될 수 있고, 다른 존재와의 차이도 드러낼 수 있기 때문이다. UX 라이팅의 영역에서 역시 레이블링은 핵심 작업이라고 말할 수 있을 정도로 아주 중요한 행위이며, UX 라이터는 레이블링을 통해 서비스 내 정보 영역을 어떻게 범주화할지, 사용자가 정보와 정보 사이를 어떻게 이동하게 만들 것인지에 대해 깊게 관여하게 된다.

그런데 문제는 이 레이블링이라는 것이, 또 레이블의 총체적인 집합체인 레이블링 시스템을 구축하고 관리하는 것이 결코 쉽지 않다는 것이다. 나는 세상에서 제일 어려운 일이 아이 이름을 짓는 것이라고 생각하는데, 마찬가지로 많은 UX 라이터들이 가장 까다롭게 생각하는 업무도 서비스에 있는 다양한 요소의 이름 짓고 관리하는 것, 즉 레이블링 시스템의 구축이다.

왜 레이블링이 가장 까다로운 UX 라이팅일까? 기본적으로는 이름을 짓는 행위가 결코 단순하지 않기 때문이다. 레이블링을 할 때에는 대상의 특성, 서비스 내의 위상, 인접 레이블과의 어울림, 표시되는 맥락과 타이밍 속에서 해당 이름이 가져야 하는 특별한 의미 등을 두루 고려해야 한다. 제약 조건을 모두 수렴하면서도 기능 콘셉트를 추상화, 일반화하여 굉장히 정확한 명사구로 뽑아내는 일은 그래서 UX 라이팅 업무 중에서도 가장 난이도가 높은 작업에 속한다.

레이블링이 어려운 또 다른 이유는 실무 작업 방식과 관련 있다. 애초에 주 설계자의 관점이 많이 반영된 설계안 위에 설계자 본인이 아닌 타인이 레이블을 붙이는 것이 쉬운 일이 아니다. UX 라이터로 일하면서 적어도 백여 명 이상의 기획자를 만나 그들이 작성한 설계서를 리뷰해 보면서 알게 된 사실이 있는데 메뉴를 묶고, 분리하고, 층위를 구분하는 논리 구조는 설계자마다 모두 다르고, 각 구성에 대한 메뉴명, 타이틀, 디스크립션을 작성하는 스타일 역시 각자의 언어 경험에 따라 완전히 다르다는 것이다. 쉽게 말하면 정보 설계의 오너십을 갖고 있는 설계자가 조직화 시스템, 내비게이션 시스템의 개념과 구성을 먼저 확정해 버리면, 이 구조에 대해서 완벽하게 동의하거나 같은 인식을 갖고 있지 않는 타자로서 UX 라이터는 레이블링을 할 때 어려움을 느낄 수밖에 없다는 것이다. 도표 4-1의 사례를 통해 이 어려움에 대해 조금 더 구체적으로 설명해 보겠다.

도표 4-1 화면이 확정된 후 뒤늦게 UX 라이팅을 하면 더 나은 레이블을 제안해 볼 여지가 없어진다.

만약 여러 항목을 삭제하는 메뉴를 A처럼 구성한다고 가정해 보자. A와 같이 개별 항목마다 삭제하는 메뉴를 따로 분리해서 구성하면 레이블의 반복은 피할 수 없다. 추후 삭제할 항목이 추가되면 '○○ 삭제'와 같은 메뉴가 아래로 계속 늘어나게 될테고, 레이블 간의 중복성도 더욱 심해질 수밖에 없다. 만약 영어를 지원하는 서비스라면 상황은 더 안 좋아진다. 언어 특성상 'Delete A, Delete B, Delete C…'와 같이 같은 동사가 앞쪽에 병렬 나열되어 레이블의 중복이 두드러지게 되고, 그에 따라 메뉴 변별성도 낮아지게 된다. 반면 B와 같이 설계하면 레이블의 반복을 피할 수 있다. 분명 A와 B 구성 각각에 장점이 존재하지만 UX 라이터의 입장에서는 어휘 중복을 방지하고 항목 간의 관계를 보다 잘 드러낼 수 있는 B와 같은 형태를 선호한다.

그런데 여러가지 상황적 이유로 인해 A 안처럼 화면 구성이 확정되어 버린 다음 설계자가 메뉴 레이블링을 의뢰해 오면, UX 라이터는 레이블의 간결성과 변별성을 손해 보는 방식으로만 텍스트를 쓸 수밖에 없다. 누르면 바로 삭제가 실행되는 메뉴이기 때문에 레이블에서 공통 동사 '삭제'를 제거할 수도 없어서, 울며 겨자 먹기로 UX 라이팅 원칙에 어긋나는 레이블링을 해야 하는 것이다. 화면 구성을 조금 바꾸면 레이블링 영역에서 더 높은 사용성을 담보할 수 있는데, UX 라이팅 팀이 너무 늦게 프로젝트에 참여해서 의견조차 내볼 수 없는 이 같은 경우가 사실 가장 뼈아프고, 무기력해지는 상황이다.

물론 화면 설계 시 고려해야 할 다양한 지표와 배경들이 있으므로 오직 텍스트 퀄리티와 좋은 레이블만을 위해 설계해 달라고 요구할 수는 없다. 하지만 분명한 것은 카테고리와 계층 구조가 확정되어 버리면 레이블은 어쩔 도리 없이 그 방향을 따라가는 수밖에 없는 것이고, 그렇게 레이블링 시스템이 이상하게 구축되면 서비스 전체가 이상하게 보인다는 것이다. 그래서 UX 라이터들은 항상 화면 설계안이 완전히 굳어지기 전에 프로젝트에 참여하기를 바란다. 아직 설계가 말랑말랑한 상태에서 레이블링 작업을 시작해야, 적어도 이 구성에 어떤 언어적 문제가 있는지, 어떻게 하면 텍스트와 설계안이 조화롭게 어울릴 수 있는지에 대해 언어 UX 디자이너로서 제언해 볼 수 있으니까 말이다.

레이블링할 때 주의할 점

그럼 레이블링을 할 때 알고 있으면 좋은 팁을 몇 가지 알아보자. 레이블링은 고도의 개념화 작업인 동시에 분류된 개념을 언어로 외화하는 기술 작업이기 때문에 말로써 이 요령을 설명하기 쉽지 않지만, 그래도 레이블에 있어서는 '대표성'이 가장 중요하다는 사실만은 강조하고 싶다. 레이블을 쓸 때에는 해당 명칭이 다루고 있는 대상의 성격을 언어가 오롯이 담아내는지, 잘 포괄하는지를 먼저 체크해야 한다.

예를 들어 설정 화면의 메뉴명을 정할 때에는 상위 메뉴명이 하위 메뉴들의 개념을 잘 대표하는지를 살펴봐야 한다. 상위 메뉴명이 포괄하지 못하는 하위 메뉴가 하나라도 있다면 하위 메뉴를 다른 상위 메뉴 아래로 보내거나 아예 상위 메뉴명을 고쳐야 한다. 이 때문에 레이블링을 할 때에는 가능하면 레이블이 커버해야 하는 대상 개념이나 공간을 좁게 한정하는 것이 가장 좋다. 너무 큰 개념을 단어에 담으려고 하면 반드시 삐쭉 빠져나오는 대상이 생기기 때문이다.

다음으로 중요한 것은 주변 다른 레이블과의 변별성이 잘 드러나게 쓰는 것이다. 레이블 초안이 마련되었다면 그 텍스트가 서비스 레이블링 시스템 안에서 독특하고 변별적인 위상과 명칭을 획득했는지 여러 레이블 간의 상호 비교를 통해 확인해야 한다. 보통 레이블링 시스템을 구축할 때 가장 기본이 되는 자료는 현재 서비스에 있는 모든 텍스트 목록이다. 지금 서비스에 어떤 레이블들이 존재하고 있는지, 어떤 기능명, 메뉴명, 아이콘명이 화면에 살아 있는지, 또는 예전에는 썼던 이름이지만 지금은 화면에 노출되지 않는 레이블이 있는지, 그것은 왜 삭제되었는지에 대한 히스토리까지 모두 알고 있어야 한다. 관련 텍스트 목록을 펼쳐놓고 새로 작성한 레이블과 어깨를 나란히 하는 주변 레이블을 함께 살펴보며, 레이블 각자가 서로 뚜렷하게 구별되는지, 혹시 각 용어와 개념 간에 의미적, 표현적 중복이 있지는 않은지 확인해야 한다.

일반적으로 레이블은 혼자서만 의미를 발현하는 것이 아니라 주변 레이블과의 어울림, 비교 대조를 통해 그 뜻이 비로소 명확해지거나 의미가 한층 강화되는 측면이 있다. 단독 표기되었을 때는 조금 모호하게 느껴질지라도, 해당 레이블을 품고 있는 상위 레이블이 확실한 의미를 뿜어내고 있다면 하위 레이블은 그 의미의 날개(?) 아래서 부담을 덜 수 있는 것이다.

로컬 내비게이션 바LNB, Local navigation bar 레이블링 사례를 예로 살펴보자. 도표 4-2는 어떤 PC 프로그램의 LNB이다.

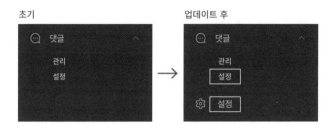

도표 4-2 기존 LNB 하단에 전체 설정이 대메뉴로 추가되었다고 가정해 보자. 댓글 관련 설정을 담당한 기존 소메뉴와의 변별성을 어떻게 만들어낼 것인가?

프로그램이 처음 서비스되었을 때에는 첫 번째 이미지처럼 댓글 관련 소메뉴가 LNB의 마지막에 자리하고 있었다. 상위 메뉴 레이블이 대표 명사 '댓글'이었기 때문에 하위 레이블에서는 굳이 '댓글 관리, 댓글 설정'과 같이 표기하지 않았다. 상위 레이블이 의미의 울타리가 되어주므로 하위 메뉴명에서는 간결성을 높여 '댓글'을 생략하고 상세 스펙인 '관리', '설정'만 레이블로 사용한 것이다.

그런데 이후 UI 개선 작업을 통해 우측 상단에 있던 시스템의 전체 설정이 대메뉴로서 LNB의 가장 아래에 추가되었다고 가정해 보자. 두 번째 이미지처럼 내비게이션 메뉴의 구조가 처음과 다르게 변경되었을 때, UX 라이터는 어떻게 해야 할까? 당연히 메뉴 사이의 정보적인 균형을 잡기 위해 이렇게도 써보고 저렇게도 써보며 변별성과 균형감을 모두 획득하려고 노력해야 할 것이다. 하지만 '관리'나 '설정' 소메뉴 앞에 '댓글'을 일괄 붙이자니 메뉴명 앞머리의 중복이 심해지고, 아무것도 붙이지 않자니 '(댓글)설정'과 바로 아래 '(전체)설정'의 레이블이 완전 일치되어 버리는 문제가 생긴다. 레이블링 시스템에서 완전 일치되는 레이블은 있어서는 안 되므로 UX 라이터는 어쩔 수 없이 다른 방법을 모색해야 한다. 새로 추가된 대메뉴 '설정'을 아예 '전체 설정'과 같은 레이블로 바꿀 수도 있겠지만, 일반적인 '설정' 레이블의 용례(시스템 전체를 커버하는 최상위 설정에는 다른 수식언을 붙이지 않는다)와 어긋나게 된다.

만약 여러분이 이 프로그램의 담당 UX 라이터라면 LNB 레이블들이 서로 중복되지 않으면서도 각자의 변별성을 획득할 수 있도록 어떤 방식으로 새 레이블링을 하겠는가? 어쩌면 기존 사용자의 새로운 학습 부하를 줄이기 위해 레이블 중복인 상태로 내버려 두는 것이 더 나을 수도 있다. 추가된 전체 설명 메뉴 앞에 톱니 바퀴 아이콘이 있고 내어쓰기로 변별성이 확보되었다고 주장하면서 말이다. 사실 이런 레이블링에는 딱히 정답이 없다. 하지만 UX 라이터는 이런 답이 없는 문제를 하루에도 여러 건 각기 다른 설계자와 협의하여 풀어내야 한다. 각 기능별로 레이블을 둘러싸고 있는 맥락과 히스토리가 다르기 때문에 매번 같은 공식으로 문제를 풀지 않는데, 나는 그것이 UX 라이팅의 매력이라고 생각한다.

레이블링을 할 때 잊지 말아야 할 마지막 사항은 일관성이다. 앞서 UX 라이팅 원칙에서 강조한 일관성은 레이블링 시스템을 구축할 때 특히 중요하게 지켜야 하는 원칙이다. 사용자가 서비스의 전체적인 지형을 얼마나 쉽게 추측하고 파악하느냐는 온전히 일관된 레이블링에 달려 있기 때문이다. 서비스를 처음 방문한 사용자가 단 몇 개의 레이블을 보고도 서비스의 전체적인 모습을 파악하고, 아직 보지 않은 메뉴의 역할까지 유추하려면 서비스 레이블이 매우 일관된 형태를 띠고 있어야 한다. 아주 쉽게 말하면 타이틀은 타이틀끼리, 메뉴명은 메뉴명끼리 서로 형태적, 의미적 유사성을 갖고 작성되어야 한다는 것이다.

레이블링 시스템을 구축할 때는 2장에서 설명한 일관성에 영향을 주는 여섯 가지 요소(스타일, 시각적 표현, 구문법, 포괄성, 입자성, 대상)를 특별히 고려해 주길 바란다. 이 중에서도 시각적 표현 요소인 글자 굵기, 글꼴, 색상, 사이즈, 들여쓰기 등은 사용자에게 레이블의 위상을 판단하는 중요한 근거가 되기 때문에 레이블 작성 시에는 디자인팀과의 긴밀한 소통이 필요하다.

아이콘 레이블의 중요성

디자인팀과 긴밀하게 논의하며 작성해야 하는 레이블이 하나 더 있는데, 바로 아이콘 레이블이다. 지금까지 레이블링의 사례로 내비게이션 메뉴명, 화면 타이틀 등을 설명했지만, 아이콘 레이블 역시 레이블링 시스템에 있어서 무척 중요한 존재이다. 일반적으로 레이블링이라고 하면 텍스트 요소만 다루는 것이라고 생각하는 경우가 있는데, 아이콘 역시 화면에서 중요한 의미 표현 수단이기 때문에 레이블링 시스템에 자주 사용된다. 공간이 협소한 모바일 환경에서는 아이콘이 텍스트보다 강력한 역할을 할 때가 많기 때문에 UX 라이터들은 종종 텍스트 레이블을 아이콘으로 대체할 것을 먼저 기획자에게 권하기도 한다.

텍스트를 아이콘으로 대체하려고 할 때 기억해야 할 것은 모든 아이콘에는 필연적으로 모호함이 있기 때문에 가급적 아이콘 하단에 이름을 병기해 주어야 한다는 것이다. 아이콘은 상징성을 가진 이미지로서 기표Signifier에 기의Signified가 깃들어 있는 형태이기 때문에, 현실적으로 아이콘이 표현하고자 하는 의미를 모든 사람이 정확하게 이해할 수는 없다. 비상구 이미지, 남녀 화장실 픽토그램처럼 보편적인 아이콘이 아니라면 아이콘에 레이블을 추가해 모호성을 제거해 주어야 한다. 심지어 보편적 아이콘이라도 조금의 변형이 있거나 의미 확장이 있다면, 사용자의 오해를 방지하기 위해서라도 레이블을 추가하는 것이 좋다. 참고로 많은 서비스의 PC 버전에서 아이콘 위에 커서를 올리면 호버링Hovering(PC 프로그램 등에서 마우스 등을 컴포넌트 위에 올려 표시되는 툴팁) 레이블을 보여주는 경우가 많은데, 이런 방식은 인터랙션 비용을 증가시킬뿐더러 시각 장애인 사용자의 접근성 기능 사용을 어렵게 하므로 지양해야 한다. 가급적 아이콘 레이블은 항상 화면에 노출하는 것이 좋다.[3]

도표 4-3은 LINE 영상 통화의 아이콘과 레이블이다. 처

도표 4-3 LINE 영상 통화 화면의 토글 아이콘. 사내 UT를 통해 레이블 추가가 결정되었다.

음에는 레이블이 없는 버전으로 목업mockup(실제 제품을 제작하기 전 디자인 검토를 위해 만드는 정적인 샘플)이 제작되었지만, 사내 UT를 통해 레이블을 추가하는 방향으로 개선되었다. 이들처럼 토글Toggle(두 개나 그 이상의 옵션을 전환하는 데 사용되는 UI 컴포넌트) 방식으로 작동하는 아이콘인 경우 레이블의 유무가 사용자의 화면 이해에 매우 큰 영향을 미친다. 이런 레이블을 작성할 때 주의해야 할 점은 아이콘 이미지와 레이블이 지시하는 의미가 반드시 유기적으로 연결되어 있어야 한다는 것이다. 예를 들어 위 이미지에서는 아이콘이 마이크와 카메라의 현재 상태(켜짐/꺼짐 상태)를 표현하고 있으며, 레이블이 아이콘을 누를 때 실행될 액션(켜기/끄기 행위)을 드러내고 있다.

하나 재미있는 점은 사람에 따라 이 레이블이 어떤 정보를 담아야 하는지에 대한 생각이 다를 수 있다는 것이다. 어떤 사람은 아이콘 레이블에 중립적인 명사(마이크, 카메라)만 넣는 것이 덜 헷갈린다고 주장하고, 또 다른 사람은 아이콘 이미

---

3 Icon Usability, https://www.nngroup.com/articles/icon-usability/

지와 레이블 모두가 동일하게 현재 상태(꺼짐/켜짐)만을 의미하도록 작성하는 것이 차라리 덜 혼란스럽다고 한다. 레이블을 작성하기 전에 가능하면 여러 번의 테스트를 통해 어떤 방식으로 서술해야 사용자가 상태를 혼동하지 않고 더 빠르게 인지할 수 있는지를 확인하는 것이 좋다.

4-3 팝업: 사용자가 가는 길을 막고 해야 할 중요한 이야기

팝업은 종종 실무진들 사이에선 알럿창alert+窓이라는 재미있는 한국식 조어로 불린다. 팝업은 UI에서 굉장히 자주 등장할뿐더러 그 존재감 역시 대단한 컴포넌트이다. 팝업이 표시되면 화면 내 다른 기능은 모두 비활성화되고, 사용자가 버튼을 눌러 뭔가 조치를 취하기 전까지 창은 화면상에서 버티고 사라지지 않는다. 마치 자기의 길을 잘 걸어가는 사용자 앞을 딱 막아서고는 '다른 액션을 하고 싶다면 먼저 나와 담판을 짓고 가지 않으면 안 돼요!'라고 외치는 것 같기도 하다.

우리가 언제 팝업을 써야 하는지는 비교적 명확하다. 사용자에게 아주 중요한 정보를 전달해야 하거나, 사용자의 의사 결정을 반드시 받아야 할 때에만 팝업 컴포넌트를 써야 한다. 사실 이것이 팝업 텍스트 라이팅 원칙의 처음이자 끝이다. 이것만 지키면 좋은 팝업을 쓸 수 있음에도 다들 잘 지키지 않는 것 역시 바로 이 원칙이다. 일반적으로 한국 서비스에서 2버튼 팝업을 더 많이 쓰는 경향이 있는데, 많은 기획자들이 사용자에게 선택권을 주고 싶어 하고, 또 뭐든 확실하게 사용자 의사를 확인받고 싶어 하는 듯하다.[4] 나는 굳이 묻지 않아도 될 것까지 묻는 이런 팝업을 '걱정 텍스트' 또는 '걱정 팝업'이라고 부른다. 조금 냉정하게 말하면 걱정 팝업은 선택의 책임을 사용자에게 전가하고 싶은 설계자의 마음이 드러난 것이라고 볼 수 있다.

스티브 크룩의 그 유명한 책 제목 '(사용자를) 생각하게 하지 마!'[5]처럼 사용자에게 너무 많은 것을 물어보며 괴롭혀서는 안 된다. 마트에 심부름을 보냈는데 전화로 모든 걸 물어오는 남편만큼 답답한 존재는 없지 않은가. 서비스 설계자의 책임을 사용자에게 미루지 말고 '알아서 잘 딱 깔끔하고 센스 있게' 정말로 중요한 내용만 선별하여 드물게 사용자에게 물어보자. '우리 서비스는 긴말 안 하고, 자잘한 것은 안 물어보고 알아서 잘 처리해 드리겠습니다. 우리는 사용자의 시간을 소중하게 여기니까 하찮은 질문은 하지 않겠습니다'라는 마음가짐으로 말

---

4 2버튼 팝업의 대표격인 의사 결정 확인 팝업Confirm pop-up은 너무 많이 쓰면 좋은 사용자 경험을 저해한다. 일단 실행하면 복구가 불가능하거나, 원위치로 돌아올 수 없는 경우, 행위가 사용자에게 치명적인 결과로 이어질 수 있는 경우에 2버튼 팝업을 쓰는 것이 적절하다. 서비스 탈퇴나 해지, 휴지통에 남지 않는 영구 삭제, 즉시 환전, 주식 등의 금융 상품의 매수/매도 등 한번 실행하면 다시 돌이킬 수 없는 낙장불입의 상황이 초래될 경우에만 확인 팝업을 삽입하여 미연의 상황을 방지해 주자.

5 스티브 크룩 지음, 이미령 옮김, 『(사용자를) 생각하게 하지 마!: 웹과 모바일 사용성 원칙으로 디자인하는 UX』 인사이트, 2014.

이다. 실제로 나는 실무 UX 라이팅을 할 때 이런 불필요한 팝업을 의뢰받으면 '이런 것까지 사용자한테 안 물어보셔도 됩니다'라며 단칼에 기획안에서 잘라내곤 한다.

그럼 이제 팝업처럼 강력한 컴포넌트를 중요하지 않은 물음을 위해 자주 쓰면 안 된다는 원칙을 잘 기억해 두고, 팝업의 구성 요소인 타이틀, 본문, 버튼 작성법을 하나씩 살펴보자.

● 타이틀

팝업에는 타이틀이 있을 수도 없을 수도 있다. 디자인 가이드에 따라 어느 쪽이든 사용 가능하긴 하지만, 과연 모든 팝업에 타이틀이 필요한가에 대해서는 고민해 볼 여지가 있다. 실제 몇 년 전에 우리 팀 UX 라이터들 사이에서도 이 팝업 타이틀을 굳이 써야 하는지 말아야 하는지에 대해 갑론을박이 있었다.

우선 타이틀을 쓰자고 하는 멤버들은 타이틀-버튼 조합을 통해 사용자가 빠르게 상황 정보를 이해하고 다음 액션을 취할 수 있다는 측면에서 분명히 실익이 있다고 주장했다. 본문의 요약이 되는 핵심 문장을 팝업 타이틀에 응축해서 넣는 것이 빠른 정보 인지를 돕는다는 이유에서였다. 반면 타이틀 사용을 회의적으로 보는 멤버들은 타이틀이 본문과 정보 중복을 가져올 확률이 높고, 반복된 적용은 결국 UI 구성을 무겁게 할 거라는 이유를 들어 반대했다. 실제로 팝업 타이틀이나 본문 중 하나와 버튼만 쓰는 2단 구성이 시각적으로 훨씬 더 가벼운 느낌을 준다. 또 타이틀 영역은 보통 1줄 정도로 매우 좁기 때문에 다국어 번역 시에 공간 이슈가 발생할 수도 있으며, 타이틀이 있는 경우 팝업 본문의 주목도가 현저히 낮아진다는 단점도 문제로 지적되었다.

도표 4-4 조금 긴 팝업이라면 타이틀로 내용을 분리해서 사용자의 빠른 이해를 돕는다.

이 논의의 결론은 '굳이 양자택일할 필요가 없다'로 귀결되었다. 타이틀이 있는 팝업, 없는 팝업 중 한 가지만 사용하게 하지 말고 필요에 따라 취사선택하는 것이 가장 좋다는 쪽으로 의견이 모아진 것이다. 복잡하고 부가 조항이 많은 팝업인 경우 핵심 문장을 타이틀에 축약하여 사용자의 빠른 선택을 돕고(도표 4-4 왼쪽) 반대로 한 문장만으로 구성되는 간단한 확인용 팝업인 경우 타이틀과 본문 중 하나만 제공하는 스타일을 적용하면 된다(도표 4-4 오른쪽). 여기서 중요한 것은 팝업 타이틀을 쓸 때에는 반드시 본문과 내용적 중복이 없어야 한다는 것이다.

만약 타이틀이 있는 팝업을 사용하려고 한다면 항상 타이틀과 버튼이 의미적으로 잘 호응하는지를 체크하는 것이 좋다. 일반적으로 사용자는 버튼 레이블만 읽고 빠르게 선택하려고 한다. 만약 사용자가 버튼 레이블을 읽고서도 의사 결정에 필요한 정보가 부족하다고 느끼면, 그는 본문을 건너뛰고 바로 팝업의 최상단으로 시선을 올려 타이틀을 읽는다. 타이틀을 읽고 정보를 보충한 다음 다시 버튼을 읽어서 정보의 퍼즐을 맞추는 것이다. 이처럼 대다수의 사용자가 굵은 글씨로 작성된 타이틀과 버튼을 주요 정보 수집처로 삼기 때문에 타이틀에는 '버튼의 행위 대상(목적어), 주요 액션' 등의 핵심 정보가 담겨 있어야 한다. 요컨대 팝업 타이틀과 버튼이 정보적인 호응을 하는 것이 가장 좋은 구성이라 할 수 있다.

도표 4-5 팝업의 버튼을 읽고 타이틀을 읽으면 '삭제, 선택한, 대화, 8개'라는 정보가 조합되어 오른쪽 버튼을 눌렀을 때 어떤 일이 생길지에 대해 쉽게 예측할 수 있다. 이걸로 충분하다.

도표 4-5 버튼과 타이틀이 잘 호응하면 정보를 조합해서 빠른 판단을 할 수 있다.

우리의 목표는 사용자의 시간과 노력을 최대한 아껴주는 것이다. '버튼을 먼저 읽고, 그래도 정보가 부족하면 타이틀까지 읽고, 의사결정을 한다' 부지불식간에 이루어지는 이 3단계 과정이 물 흐르듯 연결될 수 있도록 팝업 타이틀에는 중요한 정보만 배치하자.

본문

팝업 타이틀에 대한 설명을 읽으면서 어느 정도 예상했겠지만, 팝업 본문은 그 주목도가 가장 낮은 요소이다. 어쩌면 낮다고 말하는 것만으로는 부족할지 모른다. 작성하는 UX 라이터도 알고, 읽는 사람도 알고 있다. 작은 글씨로 팝업 중간에 끼어 있는 이 본문은 거의 읽지 않으리라는 걸 말이다. 만약 팝업에 이미지가 포함되어 있으면 이미지의 화려한 기세에 눌려 더더욱 존재감 없이 쪼그라드는 것이 가엾은 팝업 본문이다. 도표 4-5 팝업을 다시 봐도 그렇다. 버튼과 타이틀이 강조되었기 때문에 영구 삭제된다는 내용은 순간적으로 사용자에게 인지되지 못했을 확률이 높다. 만약 어떤 설계 요구 사항이 있어서 영구 삭제가 가장 강조되어야 하는 상황이라면 본문이 아닌 타이틀로 그 내용을 올려 적어야 한다.

나는 이 자리에서 여러분에게 사용자 대부분이 본문을 읽지 않을 테니 대충 써도 된다고 말하고 싶진 않다. 2장의 서두에서 분명 유용하지 않은 어떤 텍스트도 화면에 존재해서는 안 된다고 말했기 때문이다. 그렇다. 허투루 써도 되는 UI 텍스트는 단 하나도 없다. 만약 정보를 찾는 사용자의 시선이 차례대로 버튼과 타이틀을 스쳤음에도, 그곳에서 그가 원하는 만큼의 정보를 얻지 못했을 때, 그때 비로소 본문의 존재가 빛을 발하게 된다. '혹시 찾으셨던 구체적인 정보가 이것인가요? 제가 여기에 준비해 뒀습니다' 하며 말이다. 상세 정보를 원하는 꼼꼼한 사용자의 요구에 맞출 수 있는 것은 오직 이 본문뿐이기에 우리는 팝업 본문을 결코 대충 작성해서는 안 된다.

팝업 본문을 쓸 때 주의할 점은 단 하나다. 반드시 한 문장, 어쩔 수 없다면 최대 두 문장으로 쓰는 것이다. 본문에서 이렇게 특별히 간결성을 강조하는 것은 위에서 말한 낮은 주목도 때문이다. 어떻게든 귀한 정보가 버려지지 않게 하려면, 잘 선별해서 갈무리를 해서 넣는 수밖에 없다. 팝업은 등장했다가 금방 사라진다. 상황에 따라 다시 재현이 어려울 수도 있어서 두 번 다시 사용자에게 읽히지 못하고 넘어갈 수도 있는 요소이다. 이 같은 팝업에 길고 장황한 이야기를 쓰는 건 적합하지 않다. 팝업 본문에는 사용자의 버튼 선택에 도움이 되는 포석과 같은 구체적인 정보를 담아야 한다. 가끔 토스트 컴포넌트보다 비교적 공간이 넉넉하다며 '이렇게 하면 저렇게 될 수 있고, 또 저런 경우에는 이렇게 될 수도 있으니까 유의해 주세요'와 같이 여러 상황에 대한 가정이나 온갖 걱정을 구구절절 나열하는 팝업을 보곤 하는데, 팝업 본문은 그렇게 모든 말을 쏟아내기 위한 자리가 아니다.

반드시 두 문장 이상이 들어가야 하는 내용이라면 어쩌면 그 정보는 팝업으로 할 이야기가 아니라 앞에서 미리 학습시켰어야 할 안내였을 수 있다. 이 순간 이 이야기를 하지 않으면 아주 큰일 나는 경고가 아니라면, 팝업 앞뒤 화면 내에서의 다른 위치, 도움말, 공지 사항 등으로 이 내용을 옮길 수 있는지 체크해 보자. 상세 페이지로 링크를 걸어서 아예 사용자를 그쪽으로 보내주는 것도 하나의 방법이 될 수 있다.

팝업 본문 작성에 대한 팁을 하나 더하자면, 1버튼 팝업인 경우 되도록 평서문을, 2버튼 팝업일 경우에는 의문문을 포함시켜 주는 것이 좀 더 자연스럽다. 가끔 1버튼 팝업에 의문문을 넣는 경우를 보는데 '~하시겠습니까?'라고 의사를 물어봐 놓고는 1버튼만 준다면 그야말로 '답정너'처럼 보인다. '이럴 거면 뭐하러 물어봐?'라는 소리가 마음 속에서 절로 울려 퍼진다.

가끔 도표 4-6의 업데이트 팝업처럼 오른쪽 위쪽에 ⊠ 아이콘을 넣는 경우가 있다. 누군가 이건 선택지가 2개니까 의문

도표 4-6　선택할 수 없는데 의문문을 쓰지 말고, 선택할 수 있는데 평서문을 쓰지 말자.

문도 괜찮지 않겠냐고 묻는다면 절대 괜찮지 않다고 말해주고 싶다. 사용자의 의사 결정을 받으려는 팝업이라면 정정당당하게 같은 비중으로 선택지를 제시하고 의문문으로 선택을 요청해야 한다. 사용자들은 우측 상단에 조그맣게 ⊠를 넣는 서비스의 의도에 대해 모두 간파하고 있다. 서비스가 원하는 방향으로 사용자를 행동하게 하고 싶은 욕망이 지나쳐, 얕은 수로 사용자의 의사 결정을 방해하는 무례를 범하고 있는 것은 아닌지 다시 한번 생각해 볼 필요가 있다.

이와 반대로 2버튼 팝업에서 본문이나 타이틀에서 평서문만 사용하는 것도 바람직하지 않다. 이건 마치 '여기 이런 것이 있고, 저런 것도 있네요. 뭐 그렇다는 말이죠…'라며 서비스가 우물쭈물 말끝을 흐리는 느낌을 준다. 도표 4-6의 2버튼 팝업처럼 본문을 작성하면 서비스가 저렇게 자기 마음대로 하겠다는 것인지, 아니면 서비스가 사용자 대신 현재 상황을 방백傍白해 준 것인지 혼란스럽게 느껴진다. 물론 하단에 버튼이 2개 있기 때문에 사용자는 잠깐 망설이다가 선택을 하긴 할 것이다. 그렇지만 굳이 사용자의 의사 결정을 받기 위해 띄운 확인용 팝업에 덤덤한 평서문을 써서 읽는 사람을 헷갈리게 할 필요가 없다. 선택의 2버튼 팝업에서는 의문문으로 확실하게 사용자 의사를 물어봐 주고, 그에 대한 답으로서 버튼을 누르게 만드는 것이 가장 자연스럽고 명확하다.

버튼

모바일 화면에서 팝업 버튼은 대부분 2개이거나 1개이다. 예외적으로 버튼을 3개로 구성할 때가 있긴 하지만, 선택지를 3개를 주면 선택이 쉽지 않기 때문에 보통은 빠르게 양자택일 할 수 있도록 2개 버튼만 제공하는 것이 일반적이다. 앞서 언급했듯 버튼이 2개인 팝업은 사용자의 의사 결정을 받거나 재확인해야 할 때에 사용한다.

모바일 UI를 위한 2버튼 레이블을 작성할 때 기본 원칙은 다음과 같다. 왼쪽 또는 아래쪽에 위치한 보조 버튼Secondary button에는 부정 동사, 즉 지금 하려는 행위를 중지하고 이전 상태로 복귀하는 역방향 텍스트Dismissive action text를 적는다. 중요도가 높아 오른쪽 또는 위쪽에 위치한 기본 버튼Primary button에는 전진, 확정을 의미하는 긍정 동사Affirmative action text를 사용한다. 사용자가 오른쪽 버튼을 눌렀다는 것은 지금까지의 의사를 철회하지 않고 가던 방향으로 계속 나아가겠다고 결정했다는 의미이다. 그래서 보통 오른쪽 버튼에는 주로 직전에 결정한 행위와 동일하거나 관련된 버튼 레이블을 적고, 진한 컬러로 시각적 무게를 더해준다. 예를 들어 앞서 삭제 아이콘을 누른 사용자에게 한 번 더 삭

도표 4-7 아무리 사정이 급해도 Primary 버튼 텍스트 순서를 바꾸면 안 된다.

제 의사를 확인하기 위해 2버튼 확인용 팝업을 제시할 경우, 해당 팝업의 버튼은 '취소/삭제' 순으로 나열되어야 한다. 이 원칙은 팝업뿐만 아니라 모바일 UI상 모든 버튼에 공통 적용된다.

가끔 서비스 탈퇴 화면 등에서 버튼 순서를 바꿔두는 구성을 보게 된다. 이렇게 버튼 위치를 뒤바꾼 설계안으로 텍스트를 작성해 달라는 요청이 오면 UX 라이터들은 꽤나 괴롭다. 버튼 레이블이야 '취소/탈퇴'로 달라질 것이 없지만 UX 라이팅은 텍스트와 그 텍스트가 놓인 맥락, 위치까지 생각하는 작업이기 때문에 버튼 레이블의 위치와 영향에 대한 의견을 내놓아야 하기 때문이다.

일반적인 컬러링 규칙을 깨고 강조하고 싶은 왼쪽 버튼에 시각적 무게를 두는 것까지는 이해할 수 있지만, Secondary 버튼과 Primary 버튼의 나열 순서까지 바꿔서는 안 된다. 정말 탈퇴하겠냐는 재확인 물음에 대한 순방향 선택지 '탈퇴'는 반드시 Primary 버튼 위치에 있어야 한다. 지금 사용자가 영구 이탈하려고 하는데 우리가 뭐라도 해야 하지 않겠냐는 절박한 마음이 있더라도 OS와 서비스 전체를 관통하는 기본 규칙을 어기면 안 된다.[6] 이런 트릭은 사용자의 실수를 유도해서 아주 짧은 시간만 사용자를 화면에 더 머물게 할 뿐이지, 근본적으로 사용자의 의지를 바꿀 수 있는 방안이 아니다. 오히려 사용자의 시간과 에너지를 낭비시키고 그의 의사를 무시하는 인상을 주어, 탈퇴 의지를 확고

---

6 Windows PC를 제외한 Mac OS, iOS, Android OS 모두 오른쪽이 Primary 버튼이다.

히 다지게 할 뿐이다.

나는 요즘 서비스들이 아주 짧은 잔류나 탈퇴 지연을 위해 이런 잔기술이 가져오는 사용자 불쾌감을 너무 과소평가하는 것은 아닌지 아쉽다. 서비스가 펼쳐놓은 트릭을 당하면 '이 사람들이 나를 골탕 먹이는구나!' 하는 생각과 함께 짜증과 불쾌감을 느끼게 되는데, 이런 감정이 한번 생기게 되면 서비스 재가입이나 복귀를 기대할 수 없게 된다. 이번 달에 사정이 안 좋아서 구독을 끊어도 언제든지 다시 돌아올 수 있는 것이 사용자이기 때문에, 탈퇴하는 사용자에게도 좋은 브랜드 이미지를 남기는 것이 전략적으로 더 나은 선택임을 기억해야 한다.

다소 복잡한 2버튼 팝업에 비해 1버튼 팝업 버튼 작성 방법에 대해서는 강조할 만한 내용이 별로 없다. 보통 1버튼 팝업의 버튼 레이블로 한국어는 '확인'을 쓴다는 것 정도를 말할 수 있겠다. 영어는 OK, Got it, Confirm 등으로, 일본어는 *確認*과 OK로 버튼을 세분화하는 경우가 있지만 한국어는 '확인' 하나로 모두를 포괄할 수 있어 꽤나 편리하다. 사용자가 '그래, 내가 이 팝업 내용을 읽고 확인했다'라고 말하고 확인 도장을 꽝! 찍어주는 상상을 해보면 왜 '확인' 레이블 하나로 모든 걸 포괄할 수 있는지 이해할 수 있을 것이다. 가끔 버튼에 '닫기'를 쓰는 경우가 있는데, 이는 팝업을 어떻게 해서라도 빨리 없애버리려는 인상을 주기 때문에 정보 통보 역할을 하는 1버튼 팝업과 아주 잘 어울리는 레이블로 보기는 어렵다. 아무데나 잘 어울리는 '확인' 하나만 1버튼 팝업용 레이블로 기억하고 있어도 충분하다.

4-4 커맨드 버튼: 사용자의 유일한 의사 표현 수단

버튼은 사용자가 터치 한 번으로 행동할 수 있게 하고, 또 선택할 수 있게 하는 컴포넌트이다. 나는 이 버튼이야말로 사용자와 서비스 모두가 신경 쓰는, 즉 모두의 관심을 한눈에 받는 특별한 UI 컴포넌트가 아닐까 생각한다. 앞서 팝업 설명에서도 언급했지만, 버튼은 UI 컴포넌트 중에 가장 주목도 높은 컴포넌트다. 사용자 액션을 발현시키고, 화면과 화면을 이어주고, 무엇보다 중요한 매출을 일으키는 결정적인 요소가 모두 버튼이니까 사용자와 설계자 모두의 이런 관심은 어쩌면 당연하다 싶다.

버튼의 근원적인 존재 의미는 '사용자의 의사 표현 도구'라는 데에 있다. 서비스는 스플래시 화면부터 화려한 컬러, 세련된 레이아웃, 매혹적인 인터랙션, 유려한 텍스트로 자신을 표현하지만, UI에서 사용자가 할 수 있는 의사 표현은 버튼 두 개 중에서 하나를 선택하거나, 버튼이 하나밖에 없을 때 그걸 안 누르고 버티면서 불안한 눈동자로 ☒ 아이콘을 찾아 헤매는 것이 전부다.

사용자는 버튼을 누르는 행위 하나로 저장, 삭제, 나가기 등 일반적인 액션을 수행하며, 앱 추적 거부, 알림 해제, 해지, 탈퇴까지 서비스 운영에 중대한 영향을 미칠 수 있는 의사 결정을 한다. 요컨대 만드는 것은 서비스 설계자가 하지만 실제 운용은 사용자가 하는, 그 소유권이 전적으로 사용자에게 있는 사용자의 UI 컴포넌트가 바로 버튼이라는 말이다.

버튼은 시스템에게 보내는 사용자의 명령을 담고 있기 때문에 커맨드 버튼Command button이라고도 불리는데, 종종 기획자나 디자이너들도 마케팅 용어인 콜 투 액션CTA으로 버튼을 지칭하기도 한다. CTA라는 명칭은 기본적으로 사용자를 돕거나 사용자의 의사를 표현하는 수단으로 버튼을 바라보기보다는, 버튼 레이블을 어떻게 하면 누르고 싶게 작성하여[7] 사용자의 행동을 유도할 것이냐에 초점을 맞추고 있다. 이 자리에서는 어떻게 쓰면 버튼을 누르고 싶게 만들 수 있는지를 설명하지 않겠다. 대신 어떻게 하면 사용자의 명령과 의사를 잘 받들 수 있는지, 즉 어떤 방식으로 버튼 레이블을 작성하면 '서비스를 향한 사용자의 의사 표현'이라는 버튼의 근원적인 역할을 잘 수행하게 할 수 있는지 대해서 이야기하려고 한다.

---

7 긴급한 부사(지금, 즉시, 바로)를 추가하거나, 컬러로 무게감을 주어 강조하거나, 버튼을 눌러 받을 수 있는 이익을 직접적으로 레이블에 명시하는 방법(지금 바로 20만 원 받기, 5초 만에 가입하고 혜택 누리기)이 CTA 작성 팁으로 공유되곤 한다.

버튼 텍스트는 짧게, 구체적인 동사로 쓴다

가장 먼저 강조할 점은 버튼 레이블에는 굉장히 구체적이고 정확한 동사를 사용해야 한다는 것이다. 이 규칙은 이제 UX/UI 국룰이라고 불러도 될 만큼 보편적인 상식이 되었다. '취소/확인', '아니요/네'와 같이 구체성 없이 모호한 버튼 레이블은 가급적 사용하지 않아야 한다. 앞서 설명했듯 사용자는 버튼만 보고 빠르게 의사 결정을 하려고 하는데 '아니요/네'를 보면 도대체 무엇이 아니고 무엇이 네인지 바로 알 수 없기 때문이다. 버튼 한 개가 자립적으로 정보를 전달할 수 있도록 구체적인 액션 워드를 버튼 레이블에 사용하도록 하자.

같은 맥락에서 버튼의 동사가 원미래가 아닌 근미래 상황을 지시해야 한다는 규칙도 중요하다. 바꿔 말하면 이 버튼을 누르면 이 행위가 바로 이루어지리라는 확신이 강하게 들도록, 바로 다음 화면을 추측할 수 있는 동사를 버튼 레이블로 써야 한다. 가끔 마케팅성 화면에서 '10만 원 받기!' 같은 버튼을 눌렀는데 준다는 돈은 안 주고 아주 긴 플로우의 카드 신청이나 이벤트 응모 페이지로 이동시키는 케이스를 보게 된다. 버튼 레이블에서 홍보하고 있는 이득은 카드를 신청해서 발급 심사를 통과하고 이런저런 조건과 실적을 채워야 간신히 받을 수 있는 보상이거나, 이벤트에 응모해서 소수의 당첨자가 된다면 받을 수 있는 불확실한 것임에도 불구하고, 플로우를 동인하는 버튼에 확정적으로 '○○만 원 받기!'라고 적는 것은 사실상 사용자 기만에 가깝다.

이는 사용자의 시간과 에너지를 낭비하게 하는 일종의 어그로 버튼 레이블이다. '앗 속았다!'는 탄식이 절로 나오게 하는 이런 버튼으로 클릭률과 같은 단기적 지표를 얻을 수 있겠지만, 동시에 사용자의 심한 불쾌감도 얻게 될 것이다. 만약 다음에 또 이런 버튼을 쓴다면 사용자는 '이 서비스는 맨날 이런 식이더라. 또 속진 않아!'와 같은 생각을 하게 되므로, 결국 지표도 잃고 서비스에 대한 고객의 신뢰도 잃게 될 것이다. 아주 중요한 마케팅 포인트가 아니라면 되도록 이런 버튼은 쓰지 않는 것이 좋고, 핵심적인 UI에서는 절대 이런 과장된 버튼 레이블은 쓰면 안 된다.

버튼의 형태에 따른 텍스트 스타일

이 외에도 신경 써야 하는 부분은 버튼의 형태와 사용 맥락에 따라 정보, 길이, 문체를 조절하는 것이다. 링크 등으로 화면 이동을 유도할 때 쓰는 텍스트 버튼, 주요한 액션을 실행하는 경

도표 4-8 버튼의 위치, 길이, 성격 등에 따라 담을 수 있는 정보가 달라질 수 있다.

우에 사용하는 박스 버튼, 스크롤 오리엔테이션을 변경해 주는 캡슐 버튼마다 각 버튼에 적합한 스타일로 조금씩 다르게 텍스트를 작성해 주어야 한다. 특히 버튼의 가로 길이나 2줄 표기 허용 여부 등은 보통 UX 라이팅 작업에 큰 영향을 미치는데, 버튼 크기나 텍스트 위치 등에 제약이 많을 경우 레이블 형태와 품사까지 제한되기도 한다.

텍스트 버튼

텍스트 버튼은 컨텍스추얼 링크Contextual link, 하이퍼링크Hyperlink의 성격을 지니고 있다. 이 때문에 원하는 액션을 그 자리에서 바로 실행하지 못하고 다른 화면으로 이동해서 그곳에서 실행하게 만들 것이라는 시그널을 사용자에게 주게 된다. 형태상으로도 작고 가늘기 때문에 버튼을 누르기가 비교적 어렵고, 주목도 역시 낮기 때문에 UI상에서 잦은 사용을 권장하지 않는다. 텍스트 버튼 레이블에 반드시 포함시켜야 하는 것은 연결된 랜딩 페이지의 이름, 즉 명사이다. 동사가 중요한 일반적인 버튼 레이블과는 달리, 텍스트 버튼에는 '도움말', '고객센터', '회원 약관' 등의 최종 랜딩 위치와 관련된 명사가 꼭 있어야 한다. 앞으로의 상황 전개는 '>' 아이콘이나 밑줄, 텍스트 컬러(보통은 파란색)가 이미 말해주고 있으므로, 우리는 도대체 이 버튼을 누르면 사용자가 어디로 가게 될 것인지만 명사로 분명하게 알려주면 된다. 만약 랜딩할 화면명이 너무 길거나 이동할 위치를 군이 먼저 밝히고 싶지 않다면, 도표 4-8의 '자세히 알아보기', '더 보기'와 같이 무난한 레이블로 대체하는 것도 가능하다.

가로/세로형 박스 버튼

가로형 박스 버튼은 보통 화면이나 팝업 하단에 위치하며, 확인 상황에서 자주 사용된다. 이 경우에는 버튼에 서술성 명사만 짧게 써주는 것이 좋다. 해야 할 말은 이미 위쪽 타이틀과 본문에서 다 했을 테고, 마지막으로 사용자 결정만 받는 것이기 때문에 되도록 짧은 버튼 텍스트로 결정 속도를 높여주는 것이다.

반면 세로형 박스 버튼에 짧은 레이블을 쓰면 양쪽 여백이 너무 많이 남을 수 있다. 넓은 공간에 짧은 2음절 서술성 명사만 쓰기가 좀 허전하다면, 동사의 대상이 되는 명사, 관련 정보를 추가해서 버튼 레이블을 조금 더 길게 작성하는 것도 가능하다. 대상과 행위를 버튼에 모두 기재하면 오직 버튼만 읽고 빠르게 결정하려는 사용자를 도와줄 수 있다. 예를 들어 도표 4-8에서는 가로 버튼에서는 짧게 '저장'이라고 했지만 세로 버튼에서는 '휴대폰에 저장'과 같이 상세하게 버튼 레이블을 작성했다. 남는 양쪽 여백이 보기 싫어서 불필요한 꼬리인 '저장하기'를 쓰는 것보다는, 버튼에 유용한 정보를 보강하는 것이 조금 더 나은 선택이라고 할 수 있다.

참고로 박스 버튼은 텍스트 버튼에 비해 주목도가 높고 액션의 즉각적 실행에 대한 암시도 줄 수 있다는 장점이 있지만 텍스트 공간 부족 문제가 발생할 수 있는 여지가 항상 존재한다는 단점도 가지고 있다. 기본적인 동사 어근조차 다 쓸 수 없을 정도로 버튼이 작게 디자인될 경우 UX 라이터들은 울며 겨자 먹기로 내용과 상관없이 가장 짧은 텍스트 안을 채택할 수밖에 없다. 또 다국어 지원 시 일부 언어에서는 잘림이 발생하게 되니 디자인팀과 항시 긴밀하게 협의하여 넉넉한 버튼 공간을 사전에 확보해 두는 것이 좋다.

버튼에 담겨 있는 사용자의 보이스

일반적으로 UX 라이팅에서 보이스와 톤 디자인을 한다고할 때에는 브랜드 보이스를 어떻게 설정할 것인가에만 초점을 맞춘다. 앞서 3장에서 보이스와 톤을 설명할 때 나 역시 서비스의 목소리와 어조에 집중하여 설명했었다. 그런데 사실 서비

도표 4-9 버튼은 사용자 보이스가 드러나는 공간이다.

스 화면에는 보이스가 하나가 더 있다. 서비스 고객에게 위임받은 '사용자의 목소리'가 바로 그것이다.

도표 4-9에서처럼 화면 상단의 넓은 부분이 서비스가 말하는 영역이고, 하단의 버튼 영역이 사용자가 말하는 영역이다. 즉 사용자의 보이스는 그가 조작하는 공간, 버튼 텍스트에서 드러난다고 할 수 있다. 일반적으로 버튼 레이블에는 건조한 서술성 명사(삭제, 저장, 이동)가 사용되기 때문에 서비스를 이용하는 사용자 본인도 버튼을 자신의 목소리가 나타나는 영역이라고 인지하지 못하는 경우가 많다. 본격적으로 사용자 보이스가 드러나는 때는 버튼에 해요체나 하십시오체와 같이 대화체 문장을 쓸 때이다. '삭제할래요', '나중에 구매할게요', '동의합니다'와 같이 구어체 버튼을 쓰면 그 말을 한 발화자가 누구인지가 선명하게 부각되기 때문이다.

사용자 보이스를 부각시키는 대화체 버튼을 사용하면 어떤 효과가 있을까? 우선 사용자 본인이 직접 UI에서 발언하는 인상을 줘서 조금이나마 관여도를 높이게 된다. 본인의 목소리로 서비스와 상호작용하는 듯한 느낌이 들기 때문에, 사용자가 이 상황에 적극적으로 참여하고 있다는 인상을 받을 확률이 높아진다.

또 대화체 버튼은 사용자의 약속을 받아내는 효과, 즉 자기 입장 정립Commitment을 얻어내는 효과도 만들어낼 수 있다. 일반적인 서술성 명사형 버튼은 중립적이기 때문에 사용자에게 큰 부담감

도표 4-10 서술성 명사 버튼과 대화체 버튼. 어미 '-ㄹ래요, -ㄹ게요'에서 자기 입장 정립과 선언을 느낄 수 있다.

을 안기지 않는다. 사용자는 일종의 콘트롤러Controller인 '구매' 버튼을 누를 때 게임기의 버튼을 조작하는 것처럼 별다른 감정적 부담을 지지 않는다.

반면 대화체 버튼은 그 문체적 특수성 때문에 사용자의 자기 다짐을 상기시키는 역할을 한다. '동의하겠습니다', '네, 구매할래요', '네, 지금 확인할게요', '지금 볼래요'와 같은 버튼 레이블을 떠올려 보자. 오른쪽 버튼에 자기 다짐이나 선언이 들어간 '~하겠습니다', '~할래요', '~할게요'를 사용하면 약한 수준의 자기 입장 정립이 발생하게 된다. 마치 사용자가 자신의 의사를 상대방에게 공표, 약속, 선언한 것 같은 기분을 스스로 느끼게 되는 것이다. 하나 재미있는 것은 일단 이렇게 자기 입장이 선언되면 상황은 서비스가 원하는 방향으로 흘러갈 확률이 높아진다는 것이다. 그 유명한 로버트 치알디니Robert Cialdini 박사의 '입장 정립과 일관성Commitment & Consistency' 원칙[8]이 작동하기 때문이다.

● 대화체 버튼을 쓸 때 주의할 점

대화체 버튼 역시 서비스 보이스처럼 일반적으로 하십시오체와 해요체 두 가지 문체로 작성되는 경우가 많다. 먼저 하십시오체로 된 버튼 텍스트에 대해서 살펴보자. 하십시오체 버튼은 주로 금융, 통신, 공문서 등에서 계약에 대한 사용자의 공식적인 동의를 받아야 할 때에 사용된다. 이제 사용자들도 이런 하십시오체 버튼이 언제 등장하는지 이미 잘 알고 있기 때문에, 하십시오체 버튼이 나타나면 중요한 사항에 대한 동의 상황이라고 인식하는 경우가 많다.

이에 비해 해요체 버튼은 사용 상황에 큰 제약을 받지 않고 다양한 상황에서 사용될 수 있다. 근래 들어 화면 분위기를 띄워야 하는 상황이나 사용자와 격의 없이 가까운 관계임을 강조하고 싶을 때에 자주 사용되는 것을 볼 수 있다. 나는 해요체 버튼을 선호하지 않는데 해요체 버튼에는 몇 가지 문제가 있기 때문이다.

첫째, 버튼의 길이를 길게 만든다. 한국어는 용언의 어간에 어

---

8 입장 정립과 일관성 원칙은 한 사람이 어떤 입장이나 태도를 취하기만 하면, 즉 자기 입장이 일단 표명되면 그다음부터는 그 입장에 맞춰 일관성 있게 행동하려는 성향을 갖고 있다는 것이다. 예를 들어 생생한 대화체 버튼을 통해 사용자가 본인의 의사를 서비스에게 공표(약속)하면, 이후부터는 무의식적으로 그 약속을 일관성 있게 지키려고 노력하게 될 가능성이 높다. 로버트 치알디니 지음, 황혜숙·임상훈 옮김, 『설득의 심리학』, 21세기북스, 2023 참고. 하지만 실제로 본문의 제안 문구도('구매하시겠습니까?'라는 물음) 그에 대한 동의 선언도('네, 구매할래요!' 버튼) 모두 서비스가 혼자 자문자답한 것이다. 만약 그 사실을 인지하고 있는 예민한 사용자가 있다면, 그는 냉정한 제3자의 시각으로 서비스의 1인극을 바라보다가, 결국 본인이 원하는 대로 의사 결정을 할 수 있을 것이다.

미가 붙어 활용되는 언어인데, 이 어미의 길이라는 것이 짧지 않다. 도표 4-10의 버튼들을 보더라도 알 수 있듯 해요체를 버튼에 자주 쓰거나 모든 버튼에 적용할 경우 서술성 명사 버튼(저장)에 비해 적게는 2자, 부사까지 포함하면 많게는 5~6자 이상 길어질 수 있다. 버튼 길이가 길어지면 가로로 병렬 배치되는 2버튼 디자인에 부담을 주기 때문에, 길이가 충분히 확보되는 세로형 버튼이 아니라면 해요체를 시도하기가 쉽지 않다.

둘째, 버튼에 해요체를 쓰면 서비스와 사용자 사이의 관계와 상황, 권력이 미묘하게 조정된다. 일반적으로 서비스와 사용자 사이의 권력 위계는 두 존재가 동등하거나 사용자가 약간 우위에 있는 경우가 많다. 보통 고객이 서비스의 제안을 듣고 구매나 지불을 결정하는, 그야말로 칼자루를 쥔 쪽이기 때문이다. 그래서 서비스는 항상 사용자에게 반말이나 평어가 아닌 존댓말을 써서 끊임없이 부탁하고, 설득하려고 한다.

그런데 버튼에 해요체를 쓰면 사용자의 의사와 상관없이 둘 사이의 거리가 사적인 관계인 듯 재정의되고, 둘 사이의 권력관계도 평등하거나 오히려 사용자가 약간 아래쪽인 것처럼 인식된다. 보통 해요체로 말할 때는 상대방이 사적인 관계에서 나보다 연장자이거나 친근하지만 적당히 불편하고, 함부로 대할 수 없는 경우가 많기 때문이다. 서비스와 이용자, 판매자와 구매자로서 이런 관계 역전을 원하지 않는 사용자가 있을 수 있으므로, 해요체 버튼 적용 시에는 사용자층과 적용 맥락에 대한 고민이 필

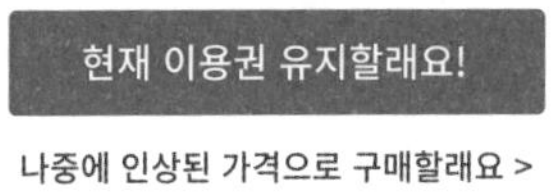

도표 4-11 계약 해지 상황에서의 다크 패턴과 해요체 사용은 신중할 필요가 있다.

요하다.

내가 가장 문제적이라고 생각하는 해요체 버튼의 사용 사례는 사용자의 이익과 관련된 중요한 선택의 순간에 버튼의 톤을 조정해서 뭔가를 얻어보려는 시도이다. 예를 들어 이용권 해지라는 상황에 몰렸을 때 사용자에게 갑자기 해요체를 쓰게 만드는 도표 4-11과 같은 케이스에 대해, 조금은 심각하게 바라볼 필요가 있다고 생각한다. 서비스 이용 내내 사용자와 서비스 존재의 위상은 평등했거나 사용자가 약간 높았는데, 갑자기 서비스 해지의 순간에 사용자가 서비스에게 존댓말을 하도록 해서 둘 간의 권력 위계가 조정되고 있다.

지금 사용자는 심각하게 서비스와의 이별을 선언하려는 참이다. 다분히 공적인 관계 종료 상황에서 사적이고 유아적인 해요체를 사용자의 목소리로 배정해서 서비스가 얻을 수 있는 이익은 무엇인가? 혹시 사용자의 권력 위치를 낮춰 그 사람의 온전한 의사 결정에 영향을 주려고 한 것은 아닌지, 서비스의 의도가 의심되는 버튼이다. 설령 서비스 화면 내내 계속해서 버튼에 해요체를 썼다고 해도, 이런 심각하고 중대한 공적 상황에서는 사용자가 선택에 집중할 수 있도록 톤을 조정하는 것이 좋다.

그동안 우리는 UX 라이팅을 통해 서비스가 사용자 결정에 영향을 미칠 수 있고, 또 그래야 한다고 생각해 왔다. 버튼 레이블을 어떻게 쓰면 오픈율이 올라간다, 어떤 말로 관심을 끌면 클릭률이 높아진다 하는 것들에 열중하며, 마치 UX 라이팅의 효용이 언어로써 사용자를 조종할 수 있느냐 없느냐에 달려 있는 것처럼 이야기하기도 했다. '버튼에 급박한 부사("지금", "바로")를 써서 사용자를 재촉하라', '버튼에는 먼 훗날에 받게 될 잠재적인(사실은 불확실한) 이익을 당장 얻을 수 있을 것처럼 쓰라'와 같은 CTA 작성 기술을 당당하게 UX 라이팅 꿀팁으로 공유하기도 했었다.

그런데 그런 것들을 정말 좋은 UX 라이팅이라고 할 수 있을까? UX 라이터로서 나는 그것에 대해 지표를 추구하는 글쓰기 기법이라고 할 수 있을지언정, 진심으로 사용자를 돕는 좋은 UX 라이팅이라고는 말할 수 없다. 사용자의 의사를 내 마음대로 쥐고 흔드는 것이 우리가 하는 이 일의 목표가 아니기 때문이다.

사용자 목소리를 흉내내서 버튼 텍스트를 쓸 때, 내가 사용자를 어떻게 생각하고 있는지가 또렷하게 드러난다. 사용자를 소중한 고객으로서 존중하고 있는지, 아니면 그저 말로 잘 구슬려서 뭔가를 뽑아먹을 대상으로 바라보고 있는지는, 버튼 텍스트를 평소와 다르게 써보려고 할 때 작성자 스스로가 가장 먼저 깨닫게 되기 때문이다. 좋은 UX 라이팅은 건강한 방식으로 사용자를 도우면서 서비스 스스로의 매력을 드러내는 일이다. 버튼 레이블을 쓰기 전 한 번쯤은 사용자의 좋은 결정을 돕기 위한 글쓰기란 무엇인지, 그것은 어떤 형식으로 표현되어야 하는지에 대해 고민해 보았으면 한다.

(4-5) 토스트, 스낵바, 툴팁: 시간과 공간에 예민한 컴포넌트

토스트, 스낵바, 툴팁은 UX 라이팅을 할 때 가장 재미있으면서도 도전 의식을 불러 일으키는 컴포넌트이다. 이들은 모두 시간성과 공간성에 크게 제약을 받는 UI 컴포넌트라는 공통점을 가지고 있다. 당연히 이런 제약 조건은 UX 라이터들에게 달갑지 않은 것이다. 필수 정보를 제한된 공간에서 제한된 시간에 노출해야 하므로, 꽤나 까다로운 라이팅 작업이 되는 경우가 다반사이기 때문이다. 하지만 이들 컴포넌트를 위한 UI 텍스트를 쓸 때 우리는 자신이 얼마나 정보를 잘 선별해 낼 수 있는지, 필요한 정보를 압축적으로 잘 요약해서 전달할 수 있는지를 시험해 볼 수 있다.

토스트와 스낵바

토스트와 스낵바는 생김새나 성격이 비슷하다. 토스트는 방금 시스템이 수행한 결과를 사용자에게 간단하게 알려주는 역할을 한다. 사용자가 명령한 일을 시스템이 잘 수행했다, 또는 수행하지 못했다를 알려주거나, 어떤 일이 생겼으니 이렇게 해보라고 피드백을 주는 것이다. 스낵바는 토스트 메시지 양쪽 끝에 버튼이나 아이콘이 추가되어 있는 형태의 컴포넌트이다.

토스트와 스낵바의 특징은 앞서 설명한 1버튼 팝업과 비교해 보면 잘 드러난다. 팝업에는 반드시 사용자에게 인지를 시켜야 할 중요한 내용을 담는 경우가 많은 반면, 토스트와 스낵바에는 내용을 읽지 못했다고 해서 큰 문제가 일어날 것 같지 않은 정보, 비교적 덜 중요한 결과를 담는 일이 더 많다. 실무를 하다 보면 원칙적으로 토스트를 제공해야 함에도 불구하고 문장이 다소 길게 뽑혀 나와서 어쩔 수 없이 1버튼 팝업으로 대체하는 경우가 있다. 바람직

도표 4-12 결과를 통보해 주는 토스트와 스낵바

하진 않지만, 1버튼 팝업과 토스트의 역할이 유사하기 때문에 가능한 일이다.

이렇게 말하면 '안 읽어도 큰 문제가 없다면 아예 토스트나 스낵바를 제공하지 않아도 되는 거 아닌가요?'라고 물을 수도 있겠지만, 누군가에게 일을 시켰는데 일이 잘 됐는지 안 됐는지 소식이 없으면 좀 답답하지 않겠는가? 예를 들어 사용자가 지금 막 '저장' 버튼을 눌렀다고 생각해 보자. 버튼은 눌렀지만 실제로 저장이 되었는지 안 되었는지, 내가 시킨 일을 시스템이 잘 수행했는지 사용자가 위치한 현재 화면에서는 알기 어렵다고 가정해 보자. 저장이 잘 되었는지를 확인하려면 이 화면을 이탈해서 다른 화면으로 가야만 할 수도 있다. 바로 이런 경우에 토스트 메시지가 필요하다. 사용자의 불안감을 해소해 주기 위해 현재 위치한 화면 위에 짧게 보고 메시지를 표시하는 것이다.

만약 사용자가 현재 보고 있는 화면에서 수행 결과를 확인할 수 있다면 원칙적으로 토스트나 스낵바는 제공하지 않는다. 사용자가 즐겨찾기를 추가하기 위해 별 모양 아이콘을 눌렀는데, 지금 보고 있는 화면에서 바로 별 아이콘의 컬러가 바뀌는 것을 볼 수 있다면, 즉 내가 선택한 항목이 즐겨찾기에 잘 추가된 것을 즉시 확인할 수 있다면 굳이 토스트로 수행 결과를 알리지 않아도 된다. 시스템이 과업을 수행하면 토스트나 스낵바로 결과를 알려준다는 단순한 규칙에 갇히지 말고, 가장 효율적이고 간결한 결과 보고 방법이 무엇인지에 대해 고민할 필요가 있다.

토스트와 스낵바는 언제나 길이와 노출 시간 이슈에 시달린다. 일반적으로 다른 UI 컴포넌트의 경우 사용자의 읽는 속도를 아주 심각하게 고려할 필요가 없다. 레이블이나 팝업은 사용자가 어떤 버튼을 누르기 전까지 계속 유지되니까 읽을 시간 자체는 충분하고, 회전하는 캐러셀형 배너조차도 한 바퀴 돌고 다시 돌아오기 때문에 만약 지금 다 못 읽었다고 하더라도 조금 기다리면 다시 읽을 수 있다. 하지만 토스트와 스낵바는 그렇지 않다. 이들 컴포넌트를 조금이라도 길게 쓰면 마치 서비스가 사용자의 분당 읽기 속도WPM, Word per minute를 테스트하는 듯한 인상을 줄 수 있다. 만약 다 못 읽었는데 텍스트가 사라져 버린다면 그게 중요한 내용이 아닐 수 있다는 걸 알면서도 사용자는 불안감을 느낄 수밖에 없다. 확인하지 못한 정보에 대한 찝찝함은 불편감과 불신같은 긴 여운을 남기게 되므로 이들 텍스트를 작성할 때에는 문장 길이와 노출 시간에 신경 쓰는 것이 좋다.

참고로 한 연구 결과에 따르면 20~39세 사이의 한국인이 초등학교 2학년 교과서에서 선정한 63개의 문장을 읽는 속도는 202.3WPM 정도라고 한다. 대략 1초당 쉬운 단어 3개를 읽을 수 있다고 볼 수 있는데, Android OS 토스트가 보통 2~3.5초까지 지속되는 것을 생각해 볼 때 한국어 토스트 메시지를 쓸 때에는 최대 2줄, 10단어 이하로 작성하는 것이 바람직하다고 할 수 있다.[9]

여기에 더해 디자인 변경으로 인한 토스트 메시지 잘림도 주의해야 한다. 2022년 Android 12의 시스템 토스트 디자인이 최대 2줄까지만 가능하도록 바뀌었고 토스트 좌측에 아이콘까지 추가되면서 글자 수 제한이 더욱 심해졌다.[10] 다국어를 지원하는 글로벌 서비스의 경우 모든 언어가 제한된 글자 수 안에 잘림 없이 전부 들어가야 하기 때문에 더 까다롭다. 다시 한번 우리 서비스의 토스트 길이를 확인해 보고, OS 디자인 변경으로 인해 기존 텍스트가 잘려서 표시되고 있지는 않은지 점검해 보기 바란다.

토스트와 스낵바 작성 관련 팁을 마지막으로 하나만 더 추가하면 과업 성공 메시지인 경우 아이콘 등의 힘을 받아 가능하면 짧게 제공할 수 있지만, 실패를 통보하는 메시지의 경우 보통 무엇이 잘 안 됐는지, 왜 잘 안 됐는지, 잘되게 하려면 어떻게 해야 하는지를 모두 말해야 하기 때문에 메시지의 길이를 아주 극단적으로 줄일 수가 없다는 것이다. 이 때문에 비교적 자주 등장하는 오류, 실패 메시지라면 패턴화된 문형을 정

---

9 송지호, 김재형, 형성민, 「한국어 읽기 속도 측정 애플리케이션의 유효성 및 정상인의 읽기 속도에 대한 사전 연구」, 《대한안과학회지》, 제57권 제4호, 2016 참고.
참고로 넷플릭스 번역의 경우 한 줄당 16자 표기를 기반으로, 성인 프로그램은 초당 12자, 어린이 프로그램은 초당 9자 표기를 원칙으로 한다. 보통 1단어가 2~4음절인 경우가 많으므로 위 연구와 대략적으로 비슷한 수치이다. Korean Timed Text Style Guide, https://partnerhelp.netflixstudios.com/hc/en-us/articles/216001127-Korean-Timed-Text-Style-Guide

10 Behavior changes: Apps targeting Android 12, https://developer.Android.com/about/versions/12/behavior-changes-12

해 두었다가 공통 제공하는 것이 좋다. 사용자가 앞머리만 대충 읽어도 메시지 내용을 예상할 수 있도록 눈에 익게 하는 것이다. 오류 메시지의 패턴화에 대해서는 이 장의 마지막 절에서 따로 상세하게 다루겠다.

● 툴팁

툴팁은 사용자가 잘 모를 만한 정보를 말풍선으로 제공해 주는 컴포넌트이다. 주로 버튼, 아이콘의 위쪽이나 아래쪽에 족두리나 턱받이(?)처럼 붙어서 '중요한 내용을 확인해 보세요!' 하고 소리치는 역할을 한다. 툴팁은 1버튼 팝업처럼 주목도는 매우 높으면서도 특별한 맥락 없이 갑자기 자신을 뽐내는 느낌이기 때문에 많이 쓰면 쓸수록 아름다운 디자인, 사용성 높은 제품의 이미지를 저해한다. 너무 많이 쓰면 지방 소도시 오거리 교차로에 걸려 있는 갈비 가든 홍보 현수막 같은 느낌을 주게 되는 것이다. '여기를 누르면 이렇게 될 것입니다! 여기에 신기능이 들어왔습니다! 펄럭펄럭! 나를 봐주세요!' 하고 말이다. 그

이제 NFC 결제 기능을 사용할 수 있어요!

도표 4-13 사용자가 알기 어려운 정보를 소개하는 툴팁

래서 툴팁을 쓸 때에는 '사용자가 모를 것 같은 정보만 넣는다'는 원칙을 제대로 지키는 것이 중요하다.

이렇게까지 강하게 이야기하는 이유는 툴팁의 잦은 사용이 여러 가지 문제를 일으키기 때문이다. 우선 툴팁은 화면의 주요 컴포넌트를 가린다. 보통 툴팁이 최상위 레이어에 올라와 있기 때문에 자연적으로 다른 콘텐츠들에 대한 주목도가 낮아지게 된다. 나만 주목받고 싶어서 툴팁을 사용했다가는 그 밑에 깔려 있는 중요한 콘텐츠들이 가려지는 일이 생길 수 있으니 조심하지 않을 수 없다.

또 툴팁을 너무 자주, 많이 사용할 경우 서비스가 좀 구차한 인상을 갖게 된다는 단점도 있다. 툴팁은 문서에서 일종의 괄호같은 역할을 한다. 보통 글쓰기에서 괄호 기호는 문장 안에 내용을 잘 녹였어야 함에도 문장 구성력의 한계로 제대로 녹여내지 못했을 때 불가피하게 사용한다.

일반적으로 글을 잘 쓰는 사람은 괄호를 거의 사용하지 않는다. 문장과 문장 사이의 의미의 배치가 탄탄하기 때문이다. 마찬가지로 툴팁을 쓴다는 것은 서비스를 만드는 사람 스스로가 정보 설계 및 화면 구성을 직관적, 계획적으로 하지 못했다는 것을 자인自認하는 것처럼 볼 수 있다. 그러므로 더욱 아끼고 아껴서, 정말 어쩔 수 없는 상황에서만 툴팁을 쓰는 것을 권하고 싶다.

UX 라이팅 의뢰를 받다 보면 생각보다 정말 많은 기획자, 디자이너들이 툴팁을 사용하여 자신의 담당 기능을 드러내고 싶어 한다는 것을 알 수 있다. 내 자식 같은 기능을 사용자가 알아보지 못하면 어쩌지 하는 걱정 때문에 일종의 광고판으로서 다소 자극적인 툴팁 텍스트들을 작성해 달라고 하는 것이다. 특히 다양한 기능이 옹기종기 모여 있는 서비스 첫 화면이나 메인 화면은 많은 기능 담당자들이 툴팁을 추가하고 싶어 하는 공간이다. 담당 기능을 돋보이게 하고 싶은 마음은 십분 이해하지만, 서비스 공공 구역은 모두의 것이기 때문에 일부 기능만을 위한 툴팁을 자제해 달라고 말하곤 한다.

만약 이때 제대로 설득하지 못하면 한 화면에 두 개 이상의 툴팁이 한꺼번에 노출되는 불상사가 발생하게 된다. 사실 이것이 가장 안 좋은 상황이다. 한 화면에 툴팁이 여러 개 표시되면 그나마 한 툴팁에게 몰아주려던 집중도가 분산되어 노출 효과가 크게 떨어지게 된다. 결과적으로 사용자가 툴팁도 안 읽고 그 아래 깔린 텍스트도 안 읽고, 그냥 모두 다 안 읽게 되어버리므로, 툴팁을 추가하기 전에는 반드시 해당 화면에 이미 다른 툴팁이 자리 잡고 있지는 않은지 먼저 확인해야 한다.

4-6 오류 메시지: 어려움에 처한 사용자를 돕는 일

오류 메시지는 UI 텍스트 중에 재미없기로는 일등인 존재이다. 그 누구도 '우리 망했어요'라든지, '뭐가 잘 안 되네요' 같은 말을 사용자에게 하고 싶지 않기 때문이다. 그게 서비스의 문제이든 사용자의 실수이든, 인간인 이상 실패를 입에 올리고 싶지 않은 것이 인지상정이다. 하지만 세상에 오류 없는 서비스는 없으므로 모든 서비스는 그 나름의 오류 메시지 다발을 반드시 갖고 있다.

사실 오류 메시지 작성에 있어서 핵심적인 내용 일부는 앞서 1장과 3장에서 밝혔다. 다시 한번 복기해 보면 '오류가 발생했습니다'와 같이 모든 오류를 포괄적으로 묶으려 하지 말고 가능하면 기획 단계에서 세부 오류 케이스를 잘게 쪼갤 것, 각 오류별 대안을 담은 맞춤 메시지를 제공할 것 등이다. 또 발생 빈도가 높은 오류 메시지에는 유머를 사용하지 않는 쪽이 좋다는 것도 보이스와 톤을 설명할 때 함께 이야기했었다. 이런 원칙을 잘 지키면 일반적인 네트워크, 서버 오류 메시지 등을 쓰는 데에는 크게 문제될 것이 없다.

문제는 개발 막바지 갑자기 발견된 의외의 오류를 설명하기 위한 메시지이다. '이런 버그가 생긴다고요? 그런데 그 이유를 모른다고요?' 이렇게 예상 못 한 오류를 커버해야 할 때 개발자도 기획자도 UX 라이터도 '이제 어쩌지?' 하는 생각이 절로 들곤 한다.

어찌 되었든 우리는 발생한 문제에 대해 사용자에게 설명해야 한다. 사용자가 더 이상 전진할 수 없을 때 갇힌 방을 탈출할 수 있는 단서가 되어주는 것이 이 오류 메시지이다. 사용자는 늘 본인이 수행한 액션에 대한 결과를 알고 싶어 하므로 우리는 정직하게 상황을 보고하고, 문제를 인정하고, 그 문제를 해결할 수 있는 방안을 제시해야 한다. 그래야 사용자와 서비스의 동반 여정이 계속해서 이어질 수 있다.

UX 라이터들은 스핑크스가 낸 수수께끼를 풀듯 머리를 싸매고 여러 가지 오류 텍스트 안을 적으며 특이한 오류 상황[11]에 처한 사용자를 계속해서 상상해 본다. '이런 상황에서 이 메시지를 읽으면 과연 왜 이런 오류가 생겼는지를 이해할 수 있을까? 너무 어렵지 않을까? 어떤 기분이 들까? 어떻게 반응할까? 이 메시지를 보고 서비스를 이탈하지 않고 재시도를 해줄까?' 이런 질문들을 말이다.

---

[11] 일반적으로 특이한 오류는 서비스가 하드웨어나 코덱과의 충돌을 일으키는 경우, 신기술이 서비스에 도입된 후 기존 설정과의 충돌을 일으킬 때 자주 발생된다.
예를 들어 음성/영상 통화를 위해 블루투스 무선 이어폰 연결을 했을 때 아주 일부 저가 이어폰 모델에서만 발생하는 접속 오류가 있다고 가정해 보자. 일부 사용자에게만 해당되는 복잡한 문제 상황인데도 오류 메시지 자체는 전체 사용자를 대상으로 노출될 수밖에 없는 스펙이라면 텍스트 쓰기란 정말 어렵다.
텍스트가 노출되는 대상, 상황, 타이밍, 노출 위치가 복잡하게 얽힌 오류 텍스트 쓰기는 난이도가 가장 높은 UX 라이팅 작업 중에 하나라고 할 수 있다.

지금 상황이 망한 거지 사용자가 망한 건 아니다

오류 메시지 작성 시 주의할 사항을 몇 가지 알아보자. 첫 번째는 오류를 대하는 서비스의 태도가 지나치게 부정적이거나 방어적이어서는 안 되며 또 너무 저자세이어서도 안 된다는 것이다. 종종 오류 메시지를 쓸 때 과도하게 부정적인 어휘를 쓰거나 우울한 톤을 쓰는 경우를 보게 된다. 또 너무 낮은 자세로 굽신거리며 괴로워하는 모습으로 일관하는 경우도 있는데, 이들 모두 좋지 않은 태도다. 단적인 예로 '로그인에 실패했다'와 같이 영어 'fail'을 그대로 직역하는 경우를 들 수 있다. 예전에 다니던 회사에서 한 임원분이 내게 '완벽한 우리 제품엔 '실패'란 없다! 무조건 긍정적으로 써라!'라고 하신 적이 있는데 사실 그 의견에 나도 동의한다. '실패'란 말이 뿜어내는 강한 부정성은 이런 오류 상황에서 서비스와 사용자 모두에게 아무런 도움이 되지 않는다.

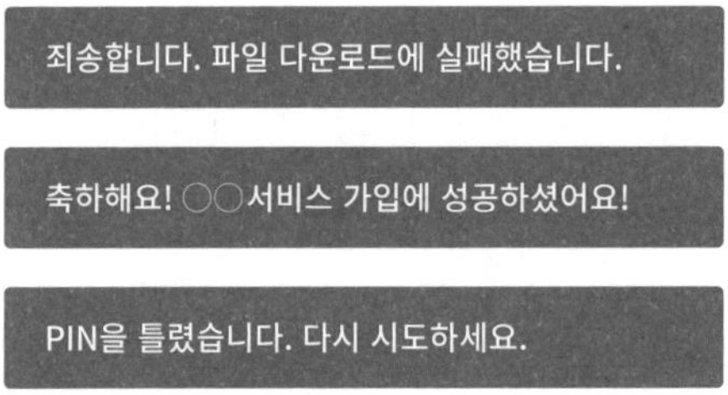

> 죄송합니다. 파일 다운로드에 실패했습니다.

> 축하해요! ○○서비스 가입에 성공하셨어요!

> PIN을 틀렸습니다. 다시 시도하세요.

도표 4-14   오류 메시지에 실패, 성공, 틀림과 같은 강한 표현은 지양한다.

같은 맥락에서 오류 메시지에는 사용자에게 불쾌감, 불안감을 주거나, 공격적인 표현, 무서운 결과를 강조하는 표현을 써서는 안 된다. 이런 표현이 조금 잘못 변형되면 사용자에게 과도한 비난, 좌절, 부정적 상황을 상기하게 되어 마치 서비스가 사용자의 실패를 판정하는 것처럼 이해될 수 있다. 지금 우리가 사용자 심판하기 위해 글을 쓰고 있는 것이 아니지 않은가?

분명한 것은 지금 망한 건 상황이지 사용자가 아니라는 사실이다. 살면서 크고 작은 실패를 겪을 일이 얼마나 많은데, 이런 작은 오류 텍스트에서까지 '당신은 실패했어요!'라고 평가당한다면 사용자의 기분이 어떻겠는가? 오류 메시지에서는 그저 담담한 현상 보고만으로도 충분하며, 결코 극단적으로 실패를 강조할 필요가 없다.

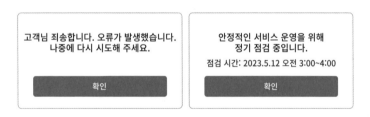

도표 4-15 작은 오류에까지 너무 자주 사과하면 서비스의 불안정성이 강조된다.

오류 메시지에서 잦은 사과도 금물이다. 다운로드 오류, 삭제 오류, 로딩 오류 같은 비교적 자주 발생하는 오류나 사용자에게 심각한 해를 입히지 않는 작은 오류 때문에 사용자에게

엎드려 빌 필요는 없다. 작은 오류에도 연신 죄송하다, 미안하다를 연발하면 마치 서비스를 제대로 준비하지 않고 사용자를 상대했다가 갑자기 들킨 듯한 인상을 심어줄 수 있다. 불필요한 사과나 저자세는 서비스 캐릭터와 브랜드 이미지를 비굴하게 보이도록 만드는데, 한번 이런 인상이 생기면 회복하기 어렵다.

그럼 UI 텍스트에서 사과나 축하는 절대 하지 않는 것이냐 묻는다면 물론 그건 아니다. 진심 어린 사과를 해야 할 때도 분명 있다. 주로 갑작스러운 점검 등으로 예상치 못하게 서비스 이용이 제한되었을 때, 데이터 유실이나 누출 등으로 사용자에게 심각한 손해를 입혔을 때에는 공지 사항 등을 통해 사과문을 올려야 한다. 물론 사전 공지된 정기 점검일 경우에는 사과하지 않는다.

마찬가지로 평범한 과업이 문제없이 잘 흘러가고 있는 와중에 '성공'이라는 강력한 표현을 쓰는 것 역시 과하다. 사용자는 지금 서비스와 함께 로그인도 하고, 업데이트도 하고, 여러 가지 작은 과업들을 순차적으로 해내고 있는 중이다. 그런 작은 액션들은 결코 사용자를 '성공'하게 하거나 '실패'하게 할 수 없다. 서비스의 핵심 과업을 아주 어렵게 이뤄내지 않은 이상, 그렇게 강하게 '축하해요. 로그인에 성공하셨어요!', '어머, 다운로드에 실패했네요!'라고 말할 필요가 없다.

요컨대 오류 메시지에서는 강력한 부정어나 사과 표현은 지양하고, 온유하고 차분한 태도와 톤을 유지하는 것이 가장 바람직하다. 부정적인 태도, 좌절을 상기시키는 표현은 사용자 행동을 위축시키며 우리 서비스 품질에 대한 근원적인 의문을 품게 할 수도 있음을 기억하자.

● 상황, 이유, 대안을 맥락에 맞게 제공하라

오류 메시지 작성 시 주의해야 할 사항 두 번째는 상황, 이유, 대안을 밝히되 상황에 따라 무엇을 생략해도 되는지 판단해야 한다는 것이다. 일반적으로 가장 균형감 있는 오류 메시지에는 이 세 가지 정보가 모두 담겨 있다. 누구라도 오류를 경험하면 지금 어떤 문제가 발생했고, 발생한 이유는 무엇이며, 앞으로 어떻게 하면 문제가 해결될 수 있을지를 명확하게 알고 싶어 하므로, 우리는 그저 인간의 근원적인 문제 해결 욕구를 잘 충족시켜 줄 수 있는 탄탄한 문장을 쓰면 된다.

다만 주어진 공간이 한정적인 경우 맥락상 덜 중요한 정

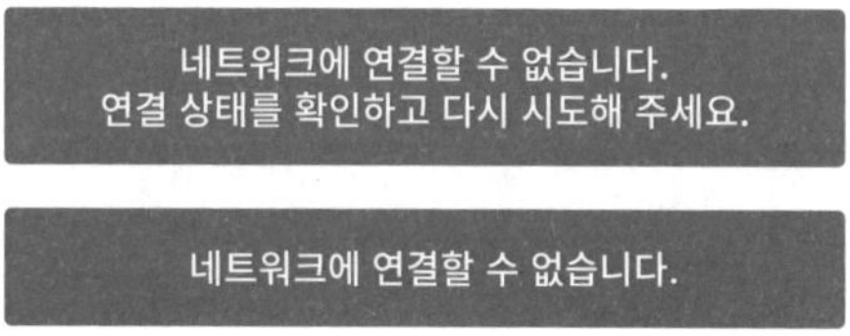

> 네트워크에 연결할 수 없습니다.
> 연결 상태를 확인하고 다시 시도해 주세요.

> 네트워크에 연결할 수 없습니다.

도표 4-16   공간이 좁을 경우 어떤 정보를 뺄 것인지를 결정해야 한다.

보를 생략할 수 있다. 예를 들어 모든 서비스에 반드시 있어야 하는 네트워크 오류 메시지를 살펴보자. 일상생활에서 와이파이 등의 네트워크 끊김은 매우 빈번하게 일어난다. 도표 4-16의 첫 번째 토스트 텍스트는 아주 정형화된 네트워크 오류 메시지이다. 네트워크가 끊긴 이유는 알 수 없으니까 생략하고 오류 상황과 해결 방식만 서술했다. 그런데 만약 디자이너가 문구를 더 줄여달라고 요청한다면 어떤 정보를 빼야 할까? 역시 대안 쪽을 빼는 것이 좋을 것이다. 앞에서 말했듯이 네트워크 끊김 상황은 너무나 빈번하게 발생하므로 그 해결 방법에 대해서는 사용자가 잘 알고 있을 확률이 높기 때문이다. 이와 반대로 대안을 생략하면 안되는 경우도 있다. 서버 문제로 생긴 아래 오류 메시지의 차이를 살펴보자.

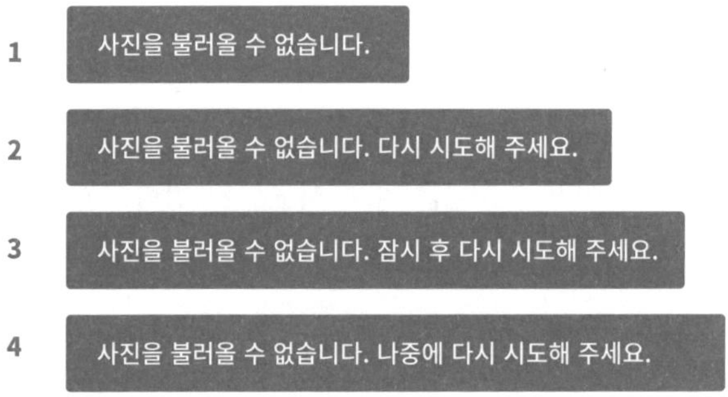

1 사진을 불러올 수 없습니다.

2 사진을 불러올 수 없습니다. 다시 시도해 주세요.

3 사진을 불러올 수 없습니다. 잠시 후 다시 시도해 주세요.

4 사진을 불러올 수 없습니다. 나중에 다시 시도해 주세요.

도표 4-17 대안을 제시할 때에는 명확하게 말해주면 좋다. 도대체 언제 다시 할 수 있는지를 알아야 사용자가 다시 시도해 볼 수 있다.

원칙적으로는 '서버에 연결되지 않아' 등의 이유를 구체적으로 써야 하겠지만, 일반적인 사용자라면 서버 오류라는 걸 이해하고 '아 그럼 조금 기다리면 될 수도 있겠구나' 또는 '지금 서버 부하가 걸렸군, 서버가 다운되었나?'와 같은 생각을 하기는 어렵다. 그래서 아주 특수한 상황이 아니면 '서버'라는 기술 용어는 생략하는 것이 낫다.

도표 4-17의 1번은 사용자가 무엇을 해도 해결할 수 없는 알 수 없는 오류일 경우의 오류 텍스트이다. 대안을 제시할 수 없으니 건조하게 현상만 통보한다. 2번은 즉시 재시도를 유도하는 문구이다. 개발팀에서 사용자가 바로 재시도해도 해결될 수 있을 거라고 하면 이렇게 표현한다. 3번은 잠깐의 시간을 두고 재시도를 하라는 가이드이다. 비교적 빠른 시간에 복구될 수 있는 수준의 오류일 경우 '잠시 후'로 짧은 시간성을 표현할 수 있다.

4번은 재시도를 당장은 안 해줬으면 하는 경우에 쓴다. 가끔 개발팀에서 '이거 좀 바로 시도하지 말라고 했으면 좋겠는데요. 조금 무리가 될 수 있으니까 시간을 좀 두고 접근하게 하면 좋겠어요'와 같은 요구 사항을 전해올 때가 있다. 하지만 그렇다고 우리가 사용자의 재시도 자체를 아예 막을 수는 없다. 이럴 경우 조금 더 시간을 두라는 의미에서 '나중에'를 추가한다. 3번과 4번은 영어로는 'later'로 동일하게 표현되는 경우가 많지만, 한국어에서는 지연 상황을 조금 더 세분화해 표현해 볼 수 있다. 물론 더 구체적으로 적는 것도 좋다. 계정이 차단된 사용자에게는 24시간 후, 30일 후처럼 차단 해제 시간을 구체적으로 제시해 주는 것이 더 도움이 된다.

만약 여러분이 담당하고 있는 서비스의 규모가 꽤 크다면 자주 등장하는 오류 유형과 그에 따른 텍스트 작성 방식을 미리 패턴화해 두는 것이 좋다. 네트워크 연결 오류, 서버 오류, 데이터 로딩 오류, 비밀번호 오입력 오류, 파일 첨부 상황에서 최소/최대 파일 크기 오류, 파일이나 텍스트 타입 오류, 로그인 오류, 낮은 앱 버전이나 OS 버전으로 인한 기능 사용 제한 오류, OS별 앱 권한App permission 미허용으로 인한 오류 등은 거의 모든 앱이 필수적으로 갖고 있어야 하는 오류 텍스트 세트들이다.

이런 일반 오류들은 발생 상황, 이유, 대안 등이 어느 정도 정해져 있기 때문에 미리미리 문구 세트를 만들어 준비해 두면 두고두고 요긴하게 쓸 수 있다. 개발팀이 오류 문구를 요구할 때 준비된 오류 텍스트 세트를 척 하고 내어놓으면 참 편하다. 그런 케이스가 있을 줄 알고 여기 미리 만들어두었답니다! 하고 말이다.

요약

○—— 레이블은 UI 텍스트에서 가장 중요한 요소이며 서비스에 존재하는 많은 정보 덩어리의 이름을 말한다. 레이블의 작성과 화면 내 배치는 화면 설계에 큰 영향을 받기에 레이블을 정할 때는 대표성, 변별성, 일관성을 준수하면서, 제품 전체적인 관점에서 고민해야 한다.

○—— 팝업은 사용자의 길을 막고 정보를 전달하거나 의사 결정을 받는 컴포넌트이다. 팝업 작성 시 타이틀은 전달할 정보의 양에 따라 추가하거나 삭제할 수 있다. 단, 1버튼 팝업에는 평서문을, 2버튼 팝업에는 의문문을 타이틀이나 본문에 포함하는 것이 가장 자연스럽다. 버튼 작성 시에는 Primary와 Secondary 버튼의 순서에 주의하여 부정 동사와 긍정 동사를 적절하게 배치해야 한다.

○—— 커맨드 버튼은 사용자가 자신의 의사를 표현하는 도구로서, 중요한 UI 컴포넌트이다. 버튼 레이블은 구체적인 동사를 사용하여 짧게 작성하는 것이 중요하다. 버튼 레이블에는 사용자 보이스가 드러나

므로 버튼에 건조한 서술성 명사를 쓸지 대화체를 쓸지는 맥락에 따라 세심하게 고려되어야 한다. 특히 해요체 버튼은 서비스와 사용자 사이의 관계와 상황, 권력이 미묘하게 조정되는 인상을 줄 수 있기 때문에 적용 시 주의가 필요하다.

○───── 토스트와 스낵바는 시간성과 공간성에 크게 제약을 받는 UI 컴포넌트로서 사용자의 읽는 속도를 고려하여 가능한 한 짧게 작성해야 한다. 툴팁은 사용자가 모를 것 같은 정보를 알리기 위한 컴포넌트로 잦은 사용은 금물이며, 여러 툴팁 텍스트가 한 화면에 표시되지 않도록 항상 주의해야 한다.

○───── 오류 메시지는 모든 서비스가 가지고 있는 필수 요소로 사용자가 처한 문제를 해결해 줄 수 있는 길잡이 역할을 한다. 오류 메시지를 쓸 때에는 톤이 지나치게 부정적이거나 방어적, 저자세여서는 안 되며 상황, 이유, 대안 정보를 메시지에 충분히 포함시켜야 한다.

5
—

UX 라이팅
실무 이슈

경험을 넘어 사용자의 삶 속으로

이 책의 마지막 장에서는 UX 라이터로 일하면서 자주 접하게 되는 실무 이슈에 대해 다뤄 보려 한다. 많은 사람들이 UX 라이팅을 이야기할 때 강조하는 친근하고 쉬운 표현 사용, 최근 들어 더욱 극심해지고 있는 다크 패턴 UI 텍스트의 사용, 해외 진출을 생각하고 있다면 반드시 알아야 하는 UX 라이팅과 로컬리제이션의 관계에 대해 이야기해 보겠다.

사실 이들 하나하나는 UX 라이팅에 국한되어 있는 문제가 아니다. 사용자 친화적인 UX란 도대체 무엇인가, UX 윤리와 비즈니스 이익 사이의 균형을 어떻게 맞출 것인가, 글로벌 서비스로 발돋움하기 위해서 꼭 필요한 현지화 프로세스를 어떻게 정립할 것인가와 같이 UX를 하는 사람이라면 한 번쯤 고민해 봤을 만한 중요한 질문과 바로 맞닿아 있다. UX 라이팅의 문제는 곧 UX의 문제이니까 말이다.

5-1 사용자 친화: 사용자와 서비스가 함께 성장하는 법

쉽게 쓰기는 모든 글쟁이의 꿈

누구나 이해할 수 있도록 글을 쉽게 작성하는 일은 글쓰기의 영원한 화두이며 모든 글쟁이들의 이상이다. 특히 개인의 삶에 중요한 영향을 미치는 법률, 의료, 행정 관련 공공 문서는 연령, 성별, 학력 등에 상관없이 모든 사람들이 이해할 수 있도록 쉽게 작성되어야 한다. 영국의 크리시 마허Chrissie Maher가 시작한 '쉬운 영어 쓰기 운동Plain English Campaign'[1]과 그에 영향을 받은 영국 정부의 '공공 콘텐츠 디자인 정책'[2], 미국의 '쉬운 글쓰기 법 2010Plain Writing Act of 2010'[3]은 모두 공공 문서 접근성을 높이기 위한 각국의 노력을 보여주는 좋은 사례라고 할 수 있다. 한국 역시 국립국어원이 공공용어 감수 및 번역 사업[4]을 시행하며 국민의 삶과 밀접하게 연관되는 각종 공문서가 쉽고 바른 한국어로 작성될 수 있도록 노력하고 있다.

　　UX 라이팅 역시 많은 사용자를 상대로 하는 일종의 공공 글쓰기이기 때문에 쉽게 쓰기는 UX 라이터들에게도 끝나지 않는 도전의 영역이다. 이 책을 읽는 여러분은 아마 내가 그동안 얼마나 다양한 사람들로부터 '쉽게 써라', '누구든 이해할 수 있게 작성하라'는 피드백을 받았는지 상상도 못 할 것이다. 한자어만 쓰면 그 단어의 실제 난이도와는 상관없이 당장 바꾸라는 피드백도 받았고, UI 텍스트에 외래어가 몇 개라도 나오면 이런 외국어(?)는 어려우니까, 모든 사람을 위해 고유어로 바꿔

1　Plain English Campaign, http://www.plainenglish.co.uk/

2　Content design: planning, writing, and managing content, https://www.gov.uk/guidance/content-design/writing-for-gov-uk/

3　Plain Writing Act of 2010, https://www.ncua.gov/about/open-government/plain-writing-act-2010

4　국립국어원 공공언어 통합지원, https://malteo.korean.go.kr/

쓰라는 잔소리도 수 없이 들었다. 표준어로 등재된 외래어外來語와 외국어外國語는 분명 다른데도 말이다.

재미있는 것은 이와 반대되는 피드백 역시 자주 받는다는 것이다. 신규 기능을 위한 네이밍 검토를 할 때 일부 사람만 이해할 수 있는 어려운 영어 명칭을 일상에서 자주 쓰는 고유어나 한자어로 바꿔놓으면, '우리는 젊은 사용자들을 타깃팅하고 있으니까 그에 맞게 힙한 영어를 알파벳 그대로 써주세요'라는 피드백을 받기도 한다. 한글로 표기하면 힙하지 않으니까 멋져 보이게 영어로 써달라는 요청같은 것 말이다.

지금에 와서야 고백하건대 그동안 꽤 많이 속앓이를 했었다. 제안자 본인만의 고유한 언어 취향에 근거한 다소 편향된 피드백을 들으면서 '이보세요 선생님, 이 단어가 쉽지 않다는 증거, 어려운 어휘라는 근거를 좀 알려주실 수 있나요? 저는 제가 작성한 표현에 대한 데이터와 어학적 근거가 있습니다만…' 이라고 대답하고 싶은 것을 꾹 참은 적이 꽤 많았다. 또 명백하게 틀린 한국어 레이블을 강력하게 고집하는 사람에게는 씩씩거리며 '그건 당신의 뇌피셜, 언어 감각, 언어 습관, 한국어 학습의 경험이 오롯이 반영된 편견일 뿐이라고요!'라고 외치고 싶은 적도 한두 번이 아니었다.

UI 텍스트를 쓰는 모든 UX 라이터, 기획자, 디자이너, 마케터들이 이런 상황을 일상적으로 겪는다. 도무지 저 사람이 말하는 '쉬운 글'이 무엇을 의미하는지도 모르겠고, 내가 쓴 텍스트에 대해 보는 사람마다 쉽다, 어렵다 개인의 언어 선호에 따라 모두 다른 품평을 하는 그런 난감한 상황 말이다. 이런 일이 일어나는 이유는 사실 단순하다. UI 텍스트의 독자인 서비스 이용자는 너무나 많고, 그들 모두가 제각각 다른 언어 취향을 가지고 있기 때문이다. 수많은 사용자의 다양한 언어관을 만족시키면서 모두를 쉽게 이해시키는 글쓰기란 사실상 불가능하다.

'우리 서비스의 타깃 사용자는 20대 여성이니까 그 사용자에게 어필할 수 있게 써주세요'라는 요청을 받았을 때 '그럼 10대나 40대는 신경 쓰지 않고 20대 여성 타깃에 맞춰서 보이스나 톤, 구문 스타일을 잡아도 될까요?'라고 의뢰자에게 물어보면 '아니요, 그 사람들도 포기할 수 없죠. 모두에게 다 괜찮게 써주세요'라는 대답을 듣기 마련이다. 타깃팅이 이 정도로 좁게 되어 있기라도 하면 그나마 낫다. 이메일, 쇼핑, 메신저, OTT 같은 대형 플랫폼 서비스의 경우 사실상 그 언어를 쓰는 모든 사람, 즉 언중 전체를 사용자층으로 고려해야 하기 때문에, 결과적으로 우리의 타깃 독자는 보편적 인류 그 자체나 다름없어지는 것이다.

이 말이 정말 어려운 것이 맞나요?

어찌 되었든 간에 UI 텍스트가 어렵다는 피드백을 어디선가로부터 받았을 때에는 이 텍스트가 정말 어려운 것이 맞는지, 어렵다면 무엇이 어려운 것인지부터 확인해야 한다. 일반적으로 UT사용성 테스트는 사용자의 기능 이해도를 확인하고 텍스트 난이도 조정을 할 수 있는 좋은 기회가 된다. 사용자가 서비스 사용 중에 길을 잃는 이유의 대부분은 구조의 복잡성이나 불명확함 때문이고, 텍스트 퀄리티가 이유인 경우는 비교적 적다. 그럼에도 불구하고 정보가 부족하거나 모호한 서술 때문에 과업을 수행하지 못하는 문제가 있다면, 그 상당수는 보통 UT를 통해서 발견된다.

종종 UT 중에 사용자가 '너무 어려워요. 무슨 말인지 이해하지 못했어요'와 같은 응답을 할 때가 있다. 텍스트가 어렵다는 이런 코멘트가 나올 경우 그 말을 곧이곧대로 받아들여서 바로 수정하지 말고, 먼저 UT 전반을 잘 살펴볼 필요가 있다.

일반적인 사용자는 UI 전문가가 아니기 때문에 내가 느낀 어려움의 원인을 정확하게 짚어내지 못한다. 혼란의 원인이 UI 구성이나 디자인 문제이더라도 비전문가인 사용자는 그것을 파악하기 어렵기 때문에, 엉뚱하게 텍스트의 퀄리티에 문제를 돌리는 경우가 왕왕 있다. 불편함이나 불쾌감의 원인을 묻는 진행자의 질문에 답은 해야 하는데, 막상 설명하기 어려우면 사용자가 비교적 잘 알고 있는 언어 요소, 즉 UI 텍스트를 괜스레 지적하는 것이다. 여기에 더해 테스트 참여자의 고유한 언어 습관이나 선호로 인해 신뢰할 수 없는 응답이 나왔을 가능성도 염두에 두어야 한다.

물론 정말로 UI 텍스트에 문제가 있는 경우도 있다. UT 피드백에서 이 어휘가 너무 어렵다, 이 표현이 이해가 안 간다와 같이 굉장히 구체적인 지적을 받았을 때에는 겸허하게 사용자님 의견을 받들도록 하자.

먼저 해당 표현의 어떤 부분이 어려운지부터 조사해야 한다. 문제가 된 표현의 언어적 난이도가 어떠한지 확인하고 사전, 주요 일간지, 각종 트렌드 통계에서 표현 빈도수와 활용 양태를 살펴보자. 다양한 연령대의 가족, 지인, 동료 디자이너와 전문가 집단인 UX 라이팅 팀원들에게 표현에 대해 퀵서베이를 해봐도 좋다. '이거 무슨 말인지 알겠어?', '이거 누르면 이다음엔 어떻게 될 것 같아? 어떤 화면이 나올 것 같아?', '이 말 너무 어려워?' 이렇게 가볍게 구두로 물어보는 것도 충분히 의미가 있다.

이렇게까지 비판적으로 검토해야 하는 이유는 앞서 말했듯 어휘 난이도에 대한 감각이 개인마다 다르기 때문이다. 어려워 보이는 단어, 사전적으로는 난이도가 높다고 규정되어 있는 단어도 의외로 대중이 잘 알고 있는 경우가 있다. 특히 어떤 단어가 대중적 유행어가 되면 사전적으로는 상당히 높은 난이도라고 하더라도, 의외로 언중의 이해에는 문제가 없을 수 있다.

예를 들어 '사흘'과 같이 사전에서는 쉽다고 규정한 단어가 요즘 세대에게는 어려운 말이라고 큰 화제가 된 적이 있는 반면, '다운로드' 같은 외래어는 이제 거의 모든 사용자들에게 익숙한 어휘가 되었다. 아니, 익숙하다 못해 '다운받다'라는 신조어가 일상어로 자리 잡았을 정도로 대중화되었다. 실제 사용자가 느끼는 어휘 난이도는 사전적 정의와 완벽하게 일치하지 않는다는 사실을 항상 기억해야 한다. 사전에 등재된 언어와 실제 언중이 쉽다고 생각하는 언어, 현재 많이 쓰이고 있는 표현 사이에는 꽤 큰 간극이 있을 수 있으므로, UX 라이팅을 할 때에는 어휘와 표현의 난이도 따지는 기준을 표준국어대사전으로만 한정해서는 안 된다.

대부분의 UX 라이터는 원칙적으로는 중학교 2학년 정도의 이해 수준을 상정하고 글을 쓴다. 하지만 너무 이 기준에 갇혀서는 곤란하다. 다양한 언론 매체, 사회의 트렌드, 타깃 사용자층에서 자주 접하는 미디어 등을 대상으로 종합적으로 조사하여 기준을 갖고 판단해야 한다. 단, 이런저런 온라인 게시판이나 댓글 등에서 한자어가 어렵다고 투털대는 불만에 대해서는 액면 그대로 받아들이지 말기를 바란다. 보통 어떤 표현에 대해 잘 모를 경우 그 말의 난이도와는 상관없이 방어적으로 반응할 확률이 높다. 재미있는 점은 그렇게 불만을 표현한 사람들이 나중에 그 용어를 알게 되면 '이 어휘는 기본 어휘다, 어째서 이런 기본도 모르는 것인가?'와 같이 반응할 수도 있다는 것이다.

위와 같이 살펴봤는데도 확실히 어휘나 표현이 어렵다는 판단이 서면 다음으로는 고쳤을 때에 생길 수 있는 상황에 대해 상상해 봐야 한다. 우선 이 용어를 바꿔서 표기했을 때 사용자와 서비스 모두에게 손해가 없고 오로지 이익만 있는가를 확인해 볼 필요가 있다. 용어를 풀어서 서술했을 때 다른 의미로 해석되어 혹여 법적인 이슈에 휘말릴 위험은 없는지(사용자 권한이나 개인정보 관련 용어일 경우 특히 그렇다), 이 용어에 익숙한 기존 사용자층의 혼란을 초래하는 것은 아닌지도 따져봐야 한다. 또 고치려고 하는 표현이 우리 서비스 전반에 자주 등장하는 핵심 용어는 아닌지, 기존 용어와 바꿀 용어가 여러 화면에 섞여서 표시될 가능성은 없는지, 어휘가 표시되는 화면에서 이어지는 플로우에 이 용어가 끊임없이 영향을 미치는지, 이 용어가 업계 보편에서 사용되고 있어 바꾸기 어려운 용어는 아닌지도 살펴봐야 한다.

만약 서비스에서 해당 표현의 중요도가 너무 높으면 수정에 신중을 기해야 한다. 박힌 돌을 빼는 것에는 늘 위험이 따른다. 그 돌이 크고 많으면 더욱 위험하다. 성급하게 표현을 교체했다가는 나중에 서비스 운영에 부담이 될 수 있으므로, 표현 변경을 처음 시도한다면 비교적 중요도가 낮은 용어부터 손보는 것이 좋다. 특히 서비스 내 중요도가 너무 높은 핵심 어휘라면(예를 들어 금융 앱에서 '이체', '송금', '매도', '매수'와 같은 용어는 거의 모든 페이지에 존재할 수 있다) 수정했을 때 예상치 못한 후폭풍이 있을 수 있으므로 섣불리 모두 들어내지 않는 쪽을 권한다.

사용자에게 어려운 말을 이해시키는 두 가지 방법

중요도가 아주 높지 않은 어휘나 문장인데, 확실히 텍스트에 문제가 있고, 이걸 반드시 고쳐야겠다는 결론에까지 도달했다면 마지막으로 이 용어를 제대로 대체할 만한 표현 후보군이 존재하는지 살펴봐야 한다.

제일 먼저 이 어휘를 대신할 수 있는 쉬운 어휘가 있는지 찾아보자. 보통 말 바꿔 설명하기 방식Paraphrasing을 사용하여 한자어나 외래어, 외국어를 고유어로 바꾸거나 풀어서 서술하는 것이 일반적이다. 특히 동사의 경우에는 하위 개념을 상위 개념으로 올려 쉬운 고유어로 대체하는 방법을 생각해 볼 수 있다.

그런데 이렇게 저렇게 다른 말로 바꿔보려고 고민해 봐도 도무지 순화하거나 바꾸기 어려운 용어들이 있다. 대체 불가하거나, 너무 공고한 업계 용어라서 다른 말로 교체해서 쓰기가 불가능한 경우가 그것이다. 예를 들어 송금, 상환, 매도, 매수, 납입과 같은 단어는 기본 금융 용어지만 다른 단어로 대체할 수는 없다. 이제 막 금융의 세계로 진입한 초보 사용자에겐 어려운 단어겠지만 이미 대다수의 성인 사용자가 이 어휘를 알고 있고 또 익숙하게 느끼고 있기 때문이다.

종종 금융 UX 라이팅에 대해서 논할 때 한자어를 무턱대고 비난하는 태도를 볼 수 있는데, 나는 어느 정도 이들 한자말을 감싸주고 싶은 마음이 있다. 실제로 한자어로 된 전문용어는 몇 가지 장점을 가지고 있는데, 우선 한자는 의미를 압축한 문자이므로 한자어를 사용하면 풍부한 정보를 짧게 쓸 수 있다. UI 텍스트는 매 순간 좁은 공간과 사투를 벌이기 때문에 짧고 압축적인 용어, 한자어들은 훌륭한 표현 도구가 된다.

2장에서 설명한 보이스와 톤의 측면에도 한자어가 어느 정도 역할을 한다. 서비스가 사용하는 어휘 수준은 브랜드 이미지를 구축하는 데 큰 역할을 하기 때문에, 만약 중고급 사용자를 대상으로 한 서비스에서 한자어를 모두 배제하면 브랜딩이나 서비스 이미지 구축이 어려워질 수 있다. 특히 우리 서비스가 추구하고자 하는 이미지가 전문적이고 세련된 것이라면 그에 걸맞게 어느 정도 수준이 되는 어휘를 써야 한다. 스마트하고, 전문적이고, 쿨하면서 냉철한 이미지의 상당 부분은 압축적이고 똑똑해 보이는 '어른의 용어'를 통해 구축되기 때문이다.

또 적당한 난이도의 전문용어를 사용하면 필요한 기술과 활용법을 정확하게 설명할 수도 있다는 장점이 있다. 만약 이를 배제하고 너무 쉬운 말만 써야 한다면 서비스에서 사용할 수 있는 언어의 풀이 급격하게 좁아지게 된다. 서비스가 고도화되면서 신기술을 제품에 적용할 경우 복잡한 내용, 기술 설명 등을 추가해야 할 일이 많은데, 이때 쉬운 용어만 있는 좁은 어휘 풀로는 절대 설명할 수 없는 부분들이 반드시 생긴다. 예를 들어 테더링Tethering이나 NFTNon-fungible token(대체 불가능한 토큰)의 개념에 대해 어린이도 이해할 수 있도록 쉽고 길게 풀어쓸 수야 있겠지만, 제한된 쉬운 용어만으로는 성인 사용자에게 필요한 충분한 정보를 좁은 모바일 공간에 압축적으로 제공할 수는 없을 것이다.

물론 그렇다고 해서 사용자가 모르는 말을 무작정 쓰자는 것은 아니다. 난이도 높은 용어를 써야 할 경우에는 사용자를 학습시키는 전략을 동반하면 된다. 갑자기 웬 학습 전략이냐 싶겠지만 이건 꽤나 중요한 문제다. 점점 문서나 책 등 긴 글에서 진득하게 정보를 찾는 일이 줄어들고 있고, 정보를 찾을 때에도 시간을 들여 텍스트를 정독하는 일도 드물어졌다. 이제 사용자는 휴대폰과 앱과 웹 서비스 화면에서 텍스트를 스캐닝Scanning, 스킵Skip하여 필요한 정보만 빠르게 습득하려고 한다.

이처럼 변화한 현시대의 사용자 정보 추구 행태User Information Seeking Behavior를 정면으로 마주하며 UX 라이터는 공공 글쓰기의 주역으로서 UI 텍스트를 읽는 사용자에 대해 무거운 책임감을 느낀다. 내가 작성한 서비스 텍스트 하나가 우리 사용자의 언어 습관에 중대한 영향을 미칠 수 있다는 것을 잘 알기 때문이다.

실제로 어떤 사용자에게는 UX 라이터가 쓴 서비스 문구가 그가 하루 동안 읽은 텍스트의 대부분인 경우도 있다. 이 말인즉슨, 어떤 사람에게는 UX 라이터가 쓴 UI 텍스트가 매일 읽는 '문장 학습 교과서'일 수 있다는 것이다. 그러므로 우리는 사용자에게 정확하고 바른 표현을 제시하는 것 이상으로, 어떻게 필수 어휘 의미를 자연스럽게 이해시킬 것인지, 반드시 알아야 할 표현을 잘 학습시킬 수 있을지를 항상 고민해야 한다. 만약 어떤 사용자가 한 금융 서비스의 UI 텍스트를 통해 보편적인 금융 용어를 정확하게 알게 되었다면, 그것은 해당 서비스에서뿐만 아니라 그의 금융 생활 전반에 훌륭한 정보 자산으로 남게 될 것이니까 말이다.

일반적으로 서비스에서 시도해 볼 수 있는 언어 학습 전략은 크게 두 가지 방식으로 나눠볼 수 있다. 하나는 사용자가 용어를 처음 만나는 시점에서 그 단어를 한 번 풀어서 설명하는 것이다. (?)나 (i) 아이콘의 툴팁으로 어려운 용어의 의미를 설명하는 이런 방식은, 이미 많은 서비스에서 활용하고 있다. 이런 설명 방식은 보통 우리 서비스에서만 있는 특이한 개념, 또는 사용자가 모를 게 거의 확실시되는 아주 난이도 높은 전문용어인 경우에 사용한다. 꽤나 투박한 방법이지만 이 어휘를 알고 있느냐 없느냐가 추후 서비스 이용에 큰 영향을 주는 경우라면 이런 설명 방식을 긍정적으로 고려해야 한다. 이 방법을 쓸 때 중요한 것은 설명 시점인데, 반드시 사용자가 이 용어를 처음 접하는 시점과 위치를 고려해서 적절한 위치에 부연 설명을 제공해야 한다.

두 번째 학습 전략은 어려운 단어와 쉬운 단어를 맥락에 맞게 병기해서 사용자가 자연스럽게 두 어휘의 의미가 같은 사실을 알게 하는 방법이다. 예를 들어, 만약 문장에 '매도'라는 어휘를 사용했다면, 연이은 문장이나 복문의 동사로 '팔다'를 노출시키는 방법

도표 5-1 어려운 단어와 쉬운 단어를 병기하는 방식. 이렇게 하면 사용자가 어려운 어휘의 의미를 추론할 수 있다.

이다. 기초적인 어휘 학습 방법인 어휘 추론을 사용하는 것인데, 어려운 단어를 사용하기는 하되 사용자가 주변 문장이나 맥락 등을 활용하여 이 단어의 의미를 자연스럽게 추측할 수 있도록 돕는 것이다.

도표 5-1에서는 팝업에 '팔다'와 '매도'를 같이 표기했다. 이를 통해 사용자가 '팔다'와 '매도'가 같은 의미라는 것을 자연스럽게 추론하여 이해할 수 있다. 이런 점진적인 문맥 추론을 이용하면 어려운 용어에 대한 사용자 거부감을 낮추고 새로운 개념이나 정보에 대한 적응성을 높여줄 수 있다.

요컨대 어휘 추론 방식은 강제성이나 거부감은 덜하면서도 사용자의 언어 자산을 자연스럽게 성장시켜 줄 수 있는 서비스 용어 학습 방법이라고 할 수 있겠다. 단, 문맥에 의존한 어휘 추론 방식을 사용할 경우 서비스 전반에 걸쳐 지속적이고 일관되게 어휘 병기가 시행되어야 한다. 어휘 습득은 반복적으로, 일관되게 이루어져야 효과가 있으므로 어휘 추론을 통한 학습은 단 한 번으로 끝나서는 안 된다.

문해력이 낮은 세대라는 오해를 넘어

최근 들어 젊은 세대의 낮은 문해력과 어휘력에 대한 우려를 언론을 통해 자주 접하게 된다. UX 라이터에게도 종종 'MZ세대를 타기팅한 앱이니까 무조건 쉽게, 초등학생도 알아들을 수 있을 정도로 한자어 같은 거 넣지 말고 무조건 쉽게 써주세요!' 같은 요청이 오는데, 이런 말 저편에는 젊은 세대의 인지능력에 대한 은근한 무시가 깔려 있는 것 같아서 약간은 불편한 마음이 든다.

실제로 젊은 세대들의 문해력과 어휘력이 낮은지 아닌지 확실하게 알 수 없지만,[5] 만약 그렇다고 해도 그걸 그들의 탓이라고 보기는 어렵다. 빠른 시대 변화에 따른 언어 생활의 급격한 변동, 자주 노출되는 미디어의 차이, 장기간에 걸친 팬데믹으로 인한 언어 교육 부족 등을 그들의 잘못으로만 돌릴 수는 없는 일 아닌가.

무엇보다 젊은 세대들이 문해력은 낮을지 몰라도 UX/UI 언어에는 아주 유창한 디지털 네이티브 세대라는 점에 주목할 필요가 있다. 이들은 어린 시절부터 앱과 웹 서비스를 사용해

---

5 MZ세대가 특별히 문해력이 낮다는 증거는 없다. 오히려 국가평생교육진흥원이 3년마다 실시하는 성인문해능력조사에서는 전 연령 중에서 18~29세 성인의 비문해 인구 비율이 가장 낮았으며, OECD가 주관하는 국제성인역량조사PIAAC의 언어 능력 부분에서도 16~34세 그룹이 전체 5위 안에 들었다. 다만 국제학업성취도평가PISA에서의 15세 학생들의 읽기 영역 점수와 독서량 순위는 모두 높은 편에 속했음에도 2006년 이후 지속적으로 읽기 영역 점수가 하락하고 있으며 같은 청소년 집단 내에서 문해력의 양극화 현상이 발견되고 있다는 점은 우려할 만하다. 이윤주, "심심한 사과가 부른 문해력 논란…문해력이 문제일까?!", 《한국일보》, 2022년 8월 27일 자.

오며, 별다른 튜토리얼 없이도 거의 본능적으로 UI의 작동 원리를 파악해서 생각보다 쉽게 과업을 완수한다. 마치 한국어 어문 규정을 하나도 몰라도 '너는 냉면 먹어라. 나는 냉면 먹을게'처럼 문법적으로 틀린 말을 하지 않는 한국어 네이티브 스피커처럼 말이다. 이들은 UI 패턴을 모국어처럼 체화했고 그 작동 원리에 대한 놀라운 직관을 가지고 있다. 문해력, 어휘력이 조금 낮더라도 서비스 화면 내에서 주어진 이미지, 버튼, 텍스트와 인터랙션으로 원하는 것을 찾아내는 능력은 그 어느 세대보다 뛰어나다는 말이다. 만약 이들에게 '왜 그런지 모르겠는데 이 앱 좀 쓰기 어려워요'라든지, '이거 무슨 말인지 모르겠다. 누가 세 줄 요약 좀'이라는 말을 듣는다면, 그것은 만든 쪽에서 한 번 더 살펴봐야 할 문제일 수 있다.

물론 그렇다고 해서 아주 쉬운 수준의 글만 쓰는 것이 정답이 될 순 없다. 앞서 설명했듯 UI의 좁은 공간, 의미 전달의 효율성, 브랜드 이미지의 구축을 위해서라도 우리에겐 넓은 폭의 언어 풀 확보가 필요하다. 어쩌면 젊은 세대들이 이해하지 못하는 말이 꽤 많이 존재할 수도 있는 그런 넓은 언어 풀 말이다. 이 한정된 사용자 입맛에 맞추겠다고 유아적인 쉬운 어휘만 썼다가는 표현의 폭이 너무 좁아져 버려서 종국에는 사용자를 제대로 안내하지 못할 수도 있기 때문이다.

결국 서비스 텍스트를 쓰는 사람들은 쉽지만 빈약한 언어와 어렵지만 풍부한 언어 사이에서 아슬아슬하게 균형을 잡아가는 수밖에 없다. 중요한 것은 우리가 사용자를 어떻게 잘 이해시킬 것인가를 고민하는 동시에, 사용자와 서비스가 함께 의미 있는 성장을 할 수 있는 방법이 무엇인지를 끊임없이 찾아내는 것이다.

앞서 말했듯 우리의 주 사용자들은 이제 지면보다는 서비스 화면을 통해서 어휘를 학습하고 있다. 사용자의 사고의 지경地境을 넓혀주는 역할과 의무가 이제 서비스 텍스트를 쓰는 우리에게 부여되었다. 비단 UX 라이터뿐만 아니라 프로덕트를 만드는 사람이라면 누구나 이런 책임감을 가지고 사용자의 삶에 의미와 자산이 될 수 있는 UI 텍스트를 작성하려고 노력해야 할 것이다.

⑤-2 UX 라이팅 윤리: 사용자를 '바보'로 만들지 마세요

● UI계의 흑마술, 다크 패턴

다크 패턴Dark pattern은 안티 패턴Anti-pattern 또는 기만적 디자인Deceptive design이라고도 불리는 문제적 UI 기법으로, 지표를 올리기 위해 사용자에게 불편함이나 괴로움을 주는 UI계의 흑마술 같은 것이다. 예를 들면 (필수)와 (선택) 동의 항목을 순서대로 나열하지 않고 중간에 (선택) 항목을 슬쩍 끼워 넣어서 사용자의 체크 실수를 유도한다든지, 싼 가격으로 사용자를 유인했다가 결제 직전에서야 세금, 배송료 등을 붙여서 놀라게 만든다든지 하는 것들이다. 쉽게 말해 기분이 좋을 때 보면 서비스의 발버둥에 애잔한 마음이 들고, 기분이 안 좋을 때 보면 '이것들 사기꾼이네!'라며 분노가 치솟는 못된 잔기술이다.

일반적으로 다크 패턴은 은닉과 기만을 통해 정보의 흐름을 통제하는 경향을 보인다. 혹자는 다크 패턴이 조금 공격적인 마케팅일 뿐이라고 주장하지만, 사용자가 독립적인 구매 결정을 하지 못하도록 영향을 미친다는 점에서 기존의 마케팅 기법과 분명한 차이가 있다.[6] 참고로 미국은 프라이버시 동의 문제에 있어서는 굉장히 엄격하게 다크 패턴 사용을 규제하고 있고[7], 우리 사회에서도 근래 들어 많은 UX 디자이너들이 이런 다크 패턴의 소비자 기만 문제에 대해 주의를 기울이기 시작했다.

하나 재미있는 사실은 거의 모든 다크 패턴에서 UI 텍스트가 꽤나 중요한 역할을 하고 있다는 것이다. 마치 악당 대장을 돕는 부하처럼, 기만적인 다크 패턴에는 항상 교묘한 언어가 더해져 사용자를 혼란스럽게 만들곤 한다. 일반적으로 언어로 누군가를 속이는 일은 비언어적인 방법으로 속이는 것보

---

6 국은숙, 「다크 패턴(눈속임 설계) 실태조사」, 한국소비자원, 2021. https://www.kca.go.kr/smartconsumer/sub.do?menukey=7301&mode=view&no=1003159790

7 CCPA Regulations, https://www.oag.ca.gov/privacy/ccpa/regs

다 훨씬 더 직접적이고 간교하게 느껴지는데, 지금부터 말로써 소비자를 기만하는 다크 패턴 중에서 가장 악질적인 사례 하나를 소개하려고 한다. 바로 UI 텍스트가 악당의 조력자 역할을 넘어서 그 스스로가 주체적 빌런으로 활약하는 컨펌 셰이밍 Confirm shaming 패턴이다.

● 컨펌 셰이밍: UI 텍스트가 주도하는 못된 짓

컨펌 셰이밍은 매니퓰링크Manipulink 또는 네거티브 옵트아웃 Negative Opt-Out이라고 불리는 다크 패턴으로 사용자에게 불안감, 수치심, 걱정, 본인의 판단 능력에 대한 불신을 불러일으키는 문구를 써서 그가 원치 않는 선택을 하도록 종용하는 기법이다.

도표 5-2는 서비스 가입 권유 팝업이다. 사용자는 이 팝업을 보는 순간 서비스가 제안한 두 가지 버튼(옵션)을 빠르게 검토하는데, 이때 가입을 거절하기 위해 '그냥 비싸게 구입할래요'를 누르면 어쩐지 자신이 바보가 될 것 같은 기분 나쁜 감정을 느끼게 된다. 단지 가입을 원하지 않아 거절 버튼을 누르고 싶을 뿐인데 확실한 거절 버튼은 없고, 거절의 역할을 하는 아래쪽 버튼을 누르자니 뭔가 손해 보는 느낌이 든다. 내가 지금 뭔가 크게 잘못 판단을 하는 듯한 뜻 모를 불쾌한 기분이 드는 것이다.

이쯤 되면 엉뚱하게도 문제의 초점은 '가입을 한다/가입

도표 5-2 컴펌 셰이밍을 적용한 버튼. 사용자의 선택을 저해하는 기만적 텍스트다.

할 의사가 없다'가 아니라 '내가 바보다/바보가 아니다', '내가 이런 혜택도 못 알아보고 비싸게 사는 호구다/호구가 아니다' 와 같이 서비스가 멋대로 만들어낸 괴상한 명제를 사용자가 인정을 하느냐 안 하느냐가 된다. 서비스가 정의한 '바보'가 되고 싶지 않은 사용자는 불쾌감을 억누르기 위해 본인의 진정한 의사와 달리 '싸게 구입하기' 버튼을 눌러 예상치 못한 회원 가입 플로우에 탑승해야 된다. 이것이 바로 서비스의 이익을 위해 간교한 표현으로써 사용자의 독립적인 선택을 방해하는 기만 행위 컴펌 셰이밍의 작동 방식이다.

사실 이런 패턴은 영미권에 비해 한국에서는 조금 적게 쓰는 편이다. 예의범절에서만큼은 유교 걸, 유교 보이인 한국인들은 이런 무례한 말에 대해 굉장히 예민하기 때문이다. 조금만 사용자를 불쾌하게 하면 바로 눈을 부릅뜨고 '어딜 감히!' 라는 반응이 나오기 때문에, 한국어 UI 텍스트 작성자들도 본

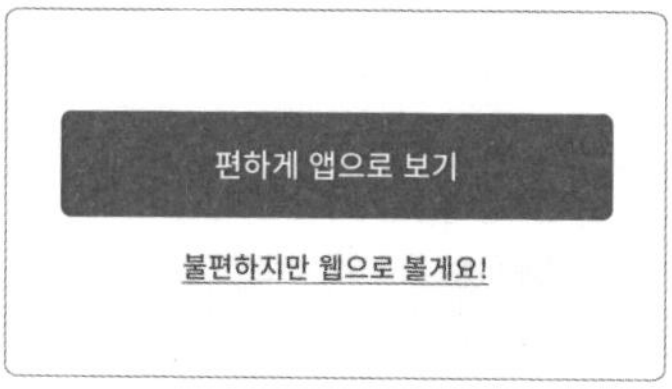

도표 5-3 '불편하지만 웹으로 보기' 문구. 사용자가 불편한 건 이런 예의 없는 텍스트다.

능적으로 이런 무리수는 잘 두지 않는다. 그렇지만 약한 수준의 컨펌 셰이밍은 꽤나 존재한다. 요즘은 많이 줄었지만 여전히 많은 서비스에서 쓰이고 있는 '불편하지만 -하기' 패턴이 바로 그 예이다.

도표 5-3은 웹페이지에 접속한 사용자에게 앱 설치를 유도하기 위해 자주 사용되는 버튼 텍스트이다. 사실 '웹으로 보기'가 편한지 안 편한지는 사용자만이 아는 것이다. 사용자는 웹이 편하니까 지금 웹으로 보고 있는 것 아니겠는가? 고객이 웹을 선택한 이유가 분명히 있을 텐데도 서비스가 멋대로 앱은 편하고, 웹은 불편하다고 먼저 규정한 다음, '당신은 불편한 일을 즐겨 하는 이상한 사람이 되고 싶은가? 그냥 앱을 깔지?'라고 버튼으로써 말하는 이 컨펌 셰이밍이야말로, 가장 사용자의 마음을 불편하게 한다.

참고로 가장 문제적인 형태는 '불편하지만 웹으로 볼래요!'와 같이 컨펌 셰이밍＋해요체＋느낌표가 결합된 것이다. 2장의 보이스와 톤, 4장의 사용자 보이스 영역인 버튼에 대해 설명했던 것을 떠올려 보자. 사용자 보이스의 영역인 버튼(그것도 누르기 힘든 텍스트 버튼)에 어리석어 보이는 내용(편한 길을 내버려 두고 불편함을 선택하는 비이성적인 모습)을 어리고 비전문적인 목소리(해요체와 느낌표의 결합)에 결합시켜 배정했다.

쉽게 말해 서비스가 사용자를 어리고 바보 같은 말을 하는 존재로 묘사했다는 것이다. 문제적인 텍스트부터, 버튼 디자인까지 모두 사용자의 선택을 존중하지 않는 바람직하지 않은 조합이다. 이 같은 버튼 구성에서 사용자는 본인의 독립적인 선택에 대해 폄하당하고 스스로 바보가 되는 것을 감수해야만 자신의 의사대로 선택할 수 있다. 스스로가 비이성적인 사람이라는 것을 억지로 인정해야 서비스가 쳐놓은 악의적인 UI의 덫에서 벗어날 수 있는 것이다. 참으로 사용자에게 무례한 버튼 레이블이 아닐 수 없다.

일반적인 사용자라면 덫을 놓아 자신을 속이거나 바보로 만들어 제 욕심을 채우려는 서비스에게 좋은 감정을 갖기 어렵다. 단언컨대 다크 패턴을 경험하고 난 다음부터 사용자는 서비스의 제안을 불신의 눈으로 바라보게 될 것이다. 우리는 컨펌 셰이밍을 통해 단기적인 지표 상승이나 높은 전환율을 얻을 수 있을지도 모르지만, 그 지표 상승의 반대편에서는 반드시 브랜드 이미지 추락, 서비스에 대한 적대적 감정과 불쾌감으로 인한 사용자 이탈 등의 장기적이고 치명적인 사업적 손실이 일어나게 된다는 것을 기억해야 한다. 그중 가장 큰 손실은 회복 불가능한 신뢰의 붕괴이다. 어렵게 브랜딩을 해서 서비스에 대한 좋은 이미지를 만들어놨는데 이런 팝업, 이런 버튼으로 간교한 이미지를 덮어쓰게 된다면 그건 너무 억울하고 아쉬운 일이 아닐까. 장담하건대 컨펌 셰이밍의 사용은 득보다 실이 훨씬 크다.

이처럼 문제적인 다크 패턴의 유혹을 뿌리치기 위해서는 어떻게 해야 할까? 답은 간단하다. '오프라인에서 실제로 얼굴을 보고 할 수 없는 말은 온라인에서도 하지 않는다'[8]는 단순한 규칙을 지키면 된다. 만약 여러분이 즉석 떡볶이 가게 주인이라면 손님에게 주문을 받으며 "떡볶이에 토핑 추가하고 아주 맛있게 드시겠어요? 아니면 아무것도 추가 안 하고 되게 맛없게 드시겠어요?" 같은 무례한 질문을 웃으며 던질 수 있는가? 제정신을 가진 사람이라면 절대로 그렇게 할 수 없을 것이다. 온라인에서의 사용자 응대도 이와 다를 것이 없다. 현실에서 고객에게 절대 할 수 없는 말은 UI 텍스트에서도 해서는 안 된다.

사용자에게 온전히 선택할 권리를 주세요

모든 사용자는 UI상에서 온전히 자신의 의사에 따라 주체적으로 선택할 권리를 가지며 그 선택을 위해 서비스로부터 편향되지 않은 정보를 충분히 제공받아야 한다. 이 같은 사실을

---

8 "If it's rude to say it in person, it's rude to say it in copy.", Stop Shaming Your Users for Micro Conversions, https://www.nngroup.com/articles/shaming-users/

서비스 제공자 모두가 암묵적으로 알고 있음에도 불구하고, 우리가 그동안 사용자의 선택할 권리를 충분히 보장했는지에 대해서는 쉽게 대답하기 어렵다. 분명한 것은 다크 패턴의 검은 뿌리에는 사용자의 선택할 권리에 대한 서비스 제공자의 배려 부족이 자리하고 있다는 것이다.

우리가 어느 정도까지 사용자의 선택을 보장해야 하느냐, 비즈니스를 하는 입장에서 한없이 성인군자처럼 굴 수는 없는 일 아니냐는 반문을 할 수도 있겠지만, 나는 사용자 경험 글쓰기를 할 때에 어떤 선이라는 것이 반드시 있어야 한다고 믿는다. 물론 그 선이 어디인지는 각 서비스의 사정이나 사업적 이익을 고려해서 구성원들이 합의해 정해야 하겠지만 말이다. 윤리의 선이 너무 느슨하면 사용자의 분노를 살 것이고 너무 팽팽하면 서비스 운영에 어려움이 있을 테니, 저마다의 선을 정하는 일은 분명 쉬운 일이 아닐 것이다.

다만 하나 그 선을 정할 때 기억해야 할 것은, 우리는 지금 '서비스 제공자 이윤 글쓰기'를 하고 있는 것이 아니라 '사용자 경험 글쓰기'를 하고 있다는 사실이다. 우리의 텍스트는 어디까지나 좋은 사용자 경험 구축을 위해 존재한다. 근시안적인 이익에 천착하여 사용자의 행복과 좋은 경험을 밟고 올라선 UI 텍스트로는 절대 고객의 마음을 얻을 수 없다. '좋은 사용자 경험을 제공하는 것이 우리의 이윤과 직결된다'는 단순 명료한 전제를 부인한다면 현혹하는 글쓰기는 할 수 있겠으나, 좋은 사용자 경험 글쓰기는 결코 할 수 없다.

5-3 세계화와 현지화: 글로벌 사용자를 위한 글쓰기

우리가 거의 매일 실리콘 밸리에서 만든 서비스를 이용하듯 세계 저편에는 우리가 만든 제품을 매일 쓰는 사람들이 있다. 삼성의 갤럭시 휴대폰, 판교의 게임 천재들이 만들어낸 온라인 게임, 네이버와 카카오의 웹툰, 웹소설 서비스가 세계 각지에서 승승장구하고 있고, LINE은 일본, 대만, 태국 등에서 부동의 1위, 국민 메신저 앱으로 자리 잡았다. 이런 글로벌 서비스들의 성공을 목격한 많은 스타트업들이 이제 시작부터 해외 진출을 염두에 두고 서비스를 기획한다. 한국 IT 인재들의 빛나는 재능에 비해 내수 시장은 너무 좁기에, 이들이 세계 시장으로 나아가는 것은 어쩌면 너무나 당연한 일이라고 하겠다.

5장 UX 라이팅 실무 이슈의 마지막 챕터에서는 글로벌 프로덕트 제작의 필수 요소인 UX 현지화 작업에 대해 이야기해 보려고 한다. 그간 비교적 활발하게 논의가 이루어진 게임 로컬리제이션에 비해 UX 라이팅과 로컬리제이션의 관계는 많이 이야기되지 않았다. 이 장에서는 내가 현재 일하고 있는 LINE의 실무 작업 방식을 중심으로 글로벌 프로덕트를 위한 현지화에 대해 설명하고, UX 라이팅과 현지화 프로세스가 결합된 업무 방식에 대해서도 간단히 소개해 보려고 한다. 나와 동료들이 여러 시행착오를 겪으며 얻은 노하우와 그간의 소중한 경험이, 글로벌 진출을 고민하고 있는 어떤 서비스에게 작은 도움이 될 수 있기를 기대한다.

● 보편화, 현지화 그리고 세계화

UX 로컬리제이션을 설명하기 위해서는 먼저 보편화(국제화), 현지화, 세계화라는 세 가지 개념에 대해 이해해야 한다.

① 보편화, 국제화 Internationalization, i18n

보편화는 타깃 시장에 상관없이 적용할 수 있는 일반화된 프로덕트를 설계하고 개발하는 것을 의미한다. 쉽게 말해서 제품이 어느 나라에 론칭되어도 그 나라 사용자들이 큰 이질감을 느끼지 않을 정도로 인류 보편적인 성격에 입각해 서비스를 제작해 두는 것을 말한다. 제품 보편화는 세계화 Globalization라는 최종 목표를 달성하기 위해 반드시 선행되어야 하는 단계로, 서비스 기획 초창기부터 고려되어야 한다. 서비스가 지나치게 특정 국가나 문화 중심으로 특화되어 설계되면 추후 다른 시장까지 포괄할 수 있는 보편적 구조로 변경하기도 어려울 뿐더러, 현지화를 진행하기도 쉽지 않기 때문이다.

예를 들어 글로벌 시장을 대상으로 한 SNS를 기획하려고 한다면 처음부터 아랍어, 태국어, 중국 등의 표기법이 다른 다양한 언어와 각 문화권의 날짜 표기 방식, 숫자 형식, 이름 및 주소 표기법 등을 염두에 두고 이들을 포괄적으로 처리할 수 있도록 보편화된 설계를 해야 한다.

2 현지화 Localization, l10n

현지화란 지역 사용자의 문화, 언어, 사용 맥락 등을 고려하여 서비스를 현지 문화에 최적화시키는 작업을 말한다. 보통 번역 작업이라고 이해하기 쉽지만, 번역에 국한하기보다는 문화 전반을 제품에 입히는 포괄적인 작업으로 바라봐야 한다. 현지화의 궁극적인 목표는 마치 현지인이 이 서비스를 만든 것이라고 착각할 정도로, 해당 지역의 언어와 문화를 제품에 자연스럽게 녹여내는 것이다. 보통 서비스 기획 초기부터 사업, 마케팅, 프로덕트 제작 부서가 함께 타깃 국가/지역의 언어, 문화, 감성, 사용 패턴을 고려하여 통일된 현지화 전략하에서 움직이는 것이 일반적이다.

3 세계화 Globalization, g11n

세계화는 사용자가 어떤 문화권, 언어권에 있더라도 전 지구적인 리소스인 해당 제품을 쉽게 사용할 수 있는 것, 즉 모든 글로벌 서비스가 도달하고자 하는 이상적인 상태를 의미한다. 만약 우리가 언어와 문화 차이의 장벽을 넘어 전 세계인의 생활에 스며든 프로덕트를 만들어냈다면, 그 결과 자체에 대해 '세계화를 완성했다'고 할 수 있는 것이다. 세계화는 위에서 설명한 보편화 및 현지화와 밀접한 관련을 갖는데, 아주 쉽게 설명하자면 '보편적으로 설계된 서비스＋타깃 시장을 반영한 현지화 작업→세계화된 프로덕트의 완성'이라고 할 수 있겠다. 세계화에 성공한 대표적 사례로는 전세계인이 문화적 거부감 없이 받아들이는 애플, 코카 콜라, 이케아 등의 브랜드가 있다.

● LINE의 현지화 프로세스: 글로벌 서비스에 최적화된 UX 라이팅＋현지화

대부분의 대형 글로벌 서비스나 휴대폰 제조사 등에서는 UX 라이팅과 현지화 업무 프로세스를 분리하여 진행한다. 일반적인 현지화 프로세스는 서비스 제작자의 모국어로 작성된 소스 텍스트Source text(출발어)를 영어로 번역하는 것에서 시작한다. 전 세계적으로 현지화 업계에서 번역 작업의 중심 언어로 사용하는 것이 영어이므로, 다양한 언어로 현지화하기 위해서는 반드시 영어 텍스트가 필요하기 때문이다.

이후 이렇게 번역된 영어를 여러 개의 타깃 텍스트Target language(도착어)로 다시 번역한다. 예를 들어 한국인 기획자가 한국어로 UX 라이팅을 하면 그 소스 텍스트를 먼저 영어로 번역하고, 번역된 영어가 다시 소스 텍스트가 되어 태국어, 아랍어, 독일어 등으로 번역되는 것이다. 이 같은 프로세스는 처음 작성된 소스 언어에서 도착 언어로 번역되는 과정이 일방향적이고 각 단계가 정확하게 분절된다는 특징이 있다.

그런데 LINE의 현지화 프로세스는 이런 일반적인 과정과는 약간 다르게 진행된다. UX 라이팅과 로컬리제이션이 유기적으로 결합된 조금은 특별한 현지화 프로세스인데, 내가 아는한 국내 기업에서는 거의 시도하지 않은 독특하고 효율적인 현지화 결합 모델이기 때문에 이 지면을 빌려 조심스럽게 소개하고자 한다.

LINE UXLT는 LINE UI 텍스트의 UX 라이팅과 현지화작업을 모두 책임지고 있다. UXLT의 UX 라이터와 현지화 PM은 보통 신규 프로젝트 킥오프 미팅부터 참여한다. UX 라이팅과 현지화 작업이 예정된 기능에 대한 사전 리서치와 현지화일정 조정 등이 필요하기 때문에 프로젝트 초반부터 다른 개발멤버들과 함께하는 것이다. 일부 회사들에서는 UX 라이터와현지화 인력들이 제품 개발 프로세스에서 배제되거나, 프로세스의 가장 마지막 단계에 투입되어 다 만들어진 프로덕트에 텍스트만 얹는 경우가 있는 것으로 알고 있는데, LINE에서는 프로덕트 메이커로서 처음부터 제품 프로세스에 참여하고 의견을 제시할 수 있다.

프로세스 초기부터 UX 라이터들과 현지화 전문가들이 참여하게 되면 설계, 개발, 디자인 콘셉트와 UI 텍스트 사이에서발생할 수 있는 언어적 이슈를 선제적으로 파악할 수 있으며,현지화 번역 과정에서 생길 수 있는 언어 차이나 문화적인 이슈 역시 미리 확인하여 기획 단계에서부터 적극적으로 대안을 마련할 수 있다는 장점이 있다.

킥오프 미팅 이후 실제 해당 기능 설계가 어느 정도 윤곽이 잡히면 글로벌 오피스의 다국적 기획자들이 UI 텍스트 초안을 작성하여 UX 라이팅 프로젝트를 의뢰한다. 이때부터 한국어, 영어, 일본어 UX 라이터들이 함께 의뢰안에 대해 토론하며 리뷰를 진행하는데, 리뷰 시에는 설계안과 각종 리서치 자료, 관련 기능의 히스토리, 마케팅, 보안, 법률적 요구 사항, 디자인 목업 등을 참고한다. 의뢰된 텍스트에 어떤 정보를 더 넣거나 빼야 할지, 제시 맥락에 맞는 톤은 무엇일지, 이 정보를 담는 그릇으로 기획안의 컴포넌트가 적절한지에 대해 한·영·일 UX 라이터들이 적극적으로 의견을 나누며 각자의 언어로 동일한 정보를 담은 1차 안을 작성한다.

이 과정에서 기획팀과의 추가 논의가 필요할 경우 인풋 미팅Input meeting을 소집한다. 보통 기획자와 함께하는 인풋 미팅에서는 설계안에서 확인할 수 없었던 상세 스펙, 초안에 담긴 기획자의 의도와 서비스를 둘러싼 사업적 배경에 대해 청취하고, 기획자의 첫 제안 안과 1차 리뷰 안이 많이 달라진 이유나 관련된 LINE 텍스트 가이드 등에 대해 설명하기도 한다.

최종 한·영·일 텍스트가 완성되면 현지화 PM이 현지화 번역 프로젝트를 진행하는데, 보통 UXLT의 인하우스 번역자들은 한·영·일 세 가지 언어로 작성된 소스 텍스트와 설계서,

번역용 레퍼런스 문서 등을 참고하여 UI 텍스트를 자신의 담당 언어로 번역한다.

이렇게 UX 라이팅과 다국어 번역까지 모두 완료된 후에는 LQA언어 품질 검증를 진행한다. LQA는 현지화 작업에서 굉장히 중요한 단계로 작성, 번역된 UI 텍스트가 화면 내 정확한 위치와 타이밍에 잘림 없이 제대로 표시되는지를 베타 버전에서 하나하나 재현해서 최종 확인하는 작업이다. 이 LQA까지 완료하면 UX 라이팅과 현지화 작업이 결합된 독특한 프로세스의 한 사이클이 마무리된다.

UX 라이팅과 현지화가 결합된 이 프로세스는 기존 현지화 작업 대비 몇 가지 큰 장점을 가지고 있다. 우선 2명 이상의 다른 언어 UX 라이터가 기획안을 함께 검토하고 적극적으로 의견을 교환하면서 UI 텍스트를 작성하기 때문에 오류가 적은 높은 퀄리티의 UI 텍스트를 기대할 수 있다. 또 UX 라이팅을 완료하는 즉시 한·영·일 3개 언어 버전의 UI 텍스트가 마련되기 때문에 번역 과정을 기다리지 않고 각국의 현지 특화 서비스를 대응하는 데에도 용이하다.

무엇보다 UX 라이팅과 현지화를 결합해서 진행하므로 더 적극적인 현지화와 번역 텍스트를 기대할 수 있다는 장점이 있다. LINE의 UX 라이팅과 현지화 번역 작업은 온전히 하나의 프로세스로 진행된다. 2~3개 국어를 능숙하게 구사하는 인하우스 번역자들이 여러 소스 텍스트를 두루 참고하여 번역을 진행하며,

번역 중에 발생하는 다양한 궁금증에 대해서 현지화 PM에게 설명을 요청하거나 UX 라이터에게 직접 문의할 수 있다. UI 현지화 경험이 풍부한 인하우스 번역자들이 다수의 소스 텍스트, 설계서, 레퍼런스 문서를 꼼꼼히 확인하며 적극적인 피드백을 주는 현지화 작업이기 때문에, 가끔 UX 라이팅 과정에서 놓친 문제가 번역 과정에서 발견되어 수정되는 일이 있기도 하다. '세미Semi UX 라이팅'이라고 불러도 될 정도로 능동적인 인하우스 번역 작업이 빛을 발하는 순간이기도 하다.

요컨대 UX 라이팅과 현지화가 단단히 결합된 이 프로세스 덕분에 마치 네이티브 디자이너가 현지에서 직접 작성한 듯한 자연스러운 번역 텍스트가 탄생할 수 있다.

● 글로벌 서비스를 위한 현지화 팁

이와 같은 특별한 UX 라이팅-현지화 결합 프로세스가 정착될 때까지 기획팀과 UXLT 사이에서 다양한 논의가 있었고 UX 라이터와 번역자, 현지화 PM들의 고민과 시행착오 역시 많았다. 이 과정에서 우리가 알게 된 UX 라이팅과 현지화 작업 팁 세 가지를 글로벌 서비스를 준비하는 기획자, 디자이너, 사업 담당자를 위해 공유해 본다.

첫째, 성공적인 현지화를 위해서는 무엇보다 소스가 되는 UI 텍스트가 아주 정확해야 한다. 서비스 초창기 LINE에는 UX 라이터가 없었고, 기획자 각자가 쓴 UI 텍스트가 번역 벤더사를 통해 영어로, 다시 현지어로 번역되어 서비스에 탑재되었다. 그 과정에서 여러 건의 번역 오류와 그로 인한 사용자 VOC가 발생했는데, 오류 대부분은 기획자가 처음 작성한 UI 텍스트가 부정확한 문장이었기 때문에 발생한 것이었다. 소스 텍스트가 정확하지 않고 중의적으로 해석 가능한 것이었기 때문에 영어와 현지어로의 번역 과정에서 기획 의도와는 전혀 다른 오역이 생긴 것이다. 이 같은 경험을 통해 우리는 좋은 현지화 작업 결과물이 나오려면 우선 소스 텍스트의 UX 라이팅부터 아주 정확하게 진행해야 한다는 것을 깨닫게 되었다.

LINE UXLT에서는 UX 라이팅 프로젝트를 시작할 때 정확한 기획 의도를 파악하기 위해 기획자 본인이 작성한 텍스트 초안을 함께 받는다. 가능하면 기획자 본인의 모국어로 초안을 작성해 오도록 권하는데, 그 이유는 일반적으로 설계자는 스스로의 언어 세계관에 기반해서 프로덕트에 사용되는 개념을 정립하므로, 오로지 자신의 모국어로만 본인의 설계 의도를 정확하게 설명할 수 있기 때문이다.

쉽게 말해 영어 네이티브가 아닌 한국어 기획자가 번역기의 도움을 받아 영어 UI 텍스트 초안을 쓰면 정말 자신이 생각한 콘셉트와 느낌을 완벽하게 표현할 수 없다는 말이다. UX 라이터들은 기획안과 기획자의 모국어로 작성된 초안을 함께 보며 설계자의 의도와 기능 스펙을 정확한 표현으로 구현해 내려고 노력한다. 요컨대 모호함과 부정확함이 제거된 깨끗한 UI 텍스트는 오역 없는 번역의 가장 중요한 원천이 되므로, 글로벌 서비스 기획자와 UX 라이터는 긴밀한 소통을 통해 처음부터 흠 없이 깨끗한 소스 언어를 작성하려고 노력해야 한다.

둘째, 글로벌 프로덕트에는 포용적인Inclusive 텍스트 스타일이 필요하다. 만약 여러분이 내수 사용자 중심의 규모가 작은 서비스를 다룬다면, UI 텍스트에 개성적인 보이스를 적용하거나 유행어, 줄임말 사용을 비교적 쉽게 시도해 볼 수 있을 것이다. 그러나 글로벌 프로덕트에서는 그런 독특한 스타일의 적용이 조금은 어렵다.

예를 들어 한국에서는 발랄하고 통통 튀는 보이스가 언중들에게 어필된다고 하더라도, 다른 보수적인 국가나 종교적 특수성을 가진 국가에서도 그와 같은 보이스가 동일하게 작동할지는 알 수 없다. 한 언어에서는 격의 없는 표현이 무리 없이 받아들여질 수 있을지라도, 정중성을 중요하게 생각하는 다른 문화권에서는 그런 말하기 방식이 무례한 것일 수도 있으니까 말이다. 이 때문에 글로벌 서비스에서 가장 좋은 텍스트 전략은 모든 사용자를 포용할 수 있는 보편적인 스타일을 견지하는 것이다.

실제 애플, 구글, 메타 등의 서비스들 역시 이 같은 전략을 취하고 있다. 이들 글로벌 프로덕트의 UI 텍스트는 모두 군더더기 없이 간결하며 중립적이다. 불필요한 수식언이 거의 없고, 지나치게 개성적인 보이스나 톤을 사용하지 않으며, 자극적인 표현이나 일부 언어에서만 통용되는 용어 역시 지양한다. 이는 모두 앞서 설명한 보편화 작업의 일환이다. 너무 특수하거나, 일부 국가에만 적용될 수 있는 표현을 쓰기보다는 모든 사용자에게 거부감 없이 다가갈 수 있는 스타일, 즉 단순, 간결하면서도 포용적인 글쓰기를 지향해야 글로벌 시장에서 제품을 무난하게 성공시킬 수 있다.

물론 이것이 곧 글로벌 서비스의 UI 텍스트는 무조건 재미없는 스타일이어야 한다는 의미는 아니다. 현지화를 위해 미리부터 생생하고 개성적인 글쓰기를 포기할 필요는 없다. 서비스나 플랫폼에서 기능적인 역할을 하는 UI 텍스트는 문구가 담고 있는 정보에 더 집중해야 하기 때문에 군더더기 없이 간결한 보편적 스타일을 적용하는 것이 바람직하겠지만, 홍보나 광고의 성격이 강한 마케팅성 텍스트에는 각 대상 문화권과 언어에 맞게 현지 언어의 맛을 살린 글쓰기가 꼭 필요하다.

이런 종류의 텍스트 작성 시에는 현지인 마케팅 담당자나 현지어 네이티브인 구성원의 감수를 받는 것이 좋으며, 실제 LINE에서도 일본, 대만, 태국 현지 오피스의 LINER들이 적극적으로 이 부분을 담당해 주고 있다. 타깃 문화권 사용자들이 매끄럽다고 느낄 정도로 모든 UI 텍스트를 완벽하게 현지화하는 일은 모든 번역자와 현지화 PM의 꿈이지만, 현실적으로 이루기 어렵기 때문에 서비스와 맥락에 맞게 보편화와 현지화 원칙을 유연하게 강조하는 전략이 바람직할 것이다.

셋째, 현지 언어 전문가와 현지화 PM이 프로젝트 멤버로서 적극적으로 참여해야 한다. 우리 서비스가 글로벌 서비스로서 성공 가능성이 있다고 판단되면, 프로젝트 초창기부터 많은 언어를 지원할 수 있도록 현지화 인력을 조직 내에 확보해 두는 것이 무척 중요하다. 현지 사용자가 얼마나 이질감을 느끼지 않고 자연스럽게 서비스를 받아들이느냐가 글로벌 서비스의 성패를 결정하는 중요한 요소라고 할 때, 이 전문적인 영역을 책임질 재능 있는 현지 언어 전문가가 프로젝트 그룹의 일원인지 아닌지의 여부는 성공적인 현지 시장 안착과 직결되는 문제이다.

일반적으로 훌륭한 현지화 작업 진행을 위해서는 조직 내에 도착어의 퀄리티를 책임질 수 있는 현지어 전문가와 현지화 PM이 있어야 한다. 보통 UI 텍스트 번역을 진행하는 전문 인력들은 UX/UI에 대한 이해를 바탕으로 제품의 특징에 맞는 보이스를 정립하고, 제공된 설계서를 꼼꼼히 분석할 수 있는 역량이 있어야 하며, 소스 언어가 내포한 필수 정보를 현지어로 압축해서 제한된 공간에 빠짐없이 밀어 넣을 수 있는 고도의 언어 운용력도 함께 지니고 있어야 한다.

특히 현지화 PM의 경우 현지 특화 스펙, 다양한 언어 관련 피드백, 디자인팀과 개발팀에서 요청해오는 빈번한 변경점에 따라 다수의 다국어 데이터 베이스를 관리해야 하기 때문에, 현지화 일정과 번역 퀄리티를 콘트롤하는 능력, 다국어 정보 시스템 관리력 등이 필수적으로 요구된다.

물론 비용 등의 문제로 다국적 번역 벤더사를 통해 현지화 작업을 수행할 수도 있겠지만, 능력 있는 인하우스 현지화 인력을 프로젝트팀 멤버로 둔 경우와는 결과물에 있어서 큰 차이를 보일 수밖에 없다. 외부에 존재하는 프리랜서 번역가는 프로젝트 팀원보다는 프로덕트를 깊이 있게 이해할 확률이 낮기 때문이다. 실제로 인하우스 멤버가 마치 UX 라이팅을 하듯 꼼꼼하게 자사 프로덕트를 번역한 결과물은 외부 벤더에 의뢰한 번역 텍스트와 비교할 수 없을 만큼 높은 퀄리티를 보여준다.

요약

⊶─── IT 제품의 사용자층은 매우 넓기 때문에 다양한 언어 취향을 만족시키면서 모두를 쉽게 이해시키는 글을 쓰는 일은 무척 어렵다. 만약 텍스트가 어렵다는 피드백을 받았다면 그 의견이 일부 사용자에게만 해당되는 것은 아닌지, 어떤 표현이 어렵게 느껴졌는지를 다각적으로 검토해야 한다. 검토 결과를 토대로 텍스트 변경 시의 종합적인 이점, 서비스 내에서 해당 용어의 중요성 등을 따져 신중하게 교체 여부를 결정하도록 하자.

⊶─── 표현 교체 시에는 무조건 쉬운 고유어로 순화하는 방향만을 고집해서는 안 된다. 한자어나 외래어가 가지고 있는 효율성, 간결성, 독특한 뉘앙스 등의 장점을 충분히 고려할 필요가 있다. 만약 난이도 높은 용어를 반드시 써야 한다면, 사용자를 학습시키는 전략을 사용해 보자. 용어가 처음 등장하는 시점에 의미를 풀어서 설명해 주거나, 사용자가 주변 문장이나 맥락 등을 활용하여 어려운 단어의 의미를 추론할 수 있도록 하는 것이다. 서비스 텍스트를 작성하는 사람들은 사용

자를 어떻게 잘 이해시킬 것인가를 고민하는 동시에 사용자와 서비스가 함께 성장할 수 있는 방법이 무엇인지도 찾아야 한다.

○—— 컨펌 셰이밍은 불안감, 수치심, 걱정, 본인의 판단 능력에 대한 불신을 불러일으키는 문구를 써서 사용자가 원치 않는 선택을 하도록 종용하는 대표적인 다크 패턴이다. 이런 다크 패턴을 사용하면 단기적인 지표 상승이나 높은 전환율을 얻을 수 있을지는 몰라도 브랜드 이미지 추락, 서비스에 대한 적대적 감정과 불쾌감으로 인한 사용자 이탈 등의 장기적이고 치명적인 사업적 손실이 발생할 수 있으니 주의해야 한다.

○—— 글로벌 서비스의 성공적인 현지화를 위해서는 현지화 번역의 소스가 되는 정확한 UI 텍스트 작성이 기본이 되어야 한다. 텍스트가 정확하지 않을 경우 번역 과정에 의미 유실이나 오역이 생기기 쉽기 때문이다. 또 글로벌 프로덕트에는 포용적인 텍스트 스타일을 적용하

는 것이 유리하다는 점도 기억해 둘만 하다. 다양한 문화권 사용자들의 니즈를 포괄하기 위한 보편적인 스타일을 견지하되 UI 텍스트의 종류와 출현 맥락에 따라 보편화와 현지화 원칙을 유연하게 적용하는 것이 좋다. 성공적인 서비스 현지화 작업을 수행하려면 제작 프로세스 초반부터 현지 언어 전문가와 현지화 PM을 적극적으로 참여시켜 언어와 문화 관련 리스크를 최소화하는 것이 중요하다.

● 숨겨진 언어의 정원사, **UX 라이터**

세상에 잘 알려지지 않은 일을 하다 보면 종종 곤혹스러운 일을 겪게 된다. 명절마다 친척들에게 내가 어떤 일을 하는지 대충이라도 설명해 보지만 그런 일로도 먹고살 수 있느냐는 말이나 듣게 되는 것은 둘째 치고, 나 스스로도 과연 이 일이 커리어로서 비전이 있는 일인지 확신을 갖기 어렵다. 같은 일을 하는 사람들이 많이 없어서 네트워킹도 쉽지 않고, 업무에 관한 공부를 따로 하고 싶어도 자료가 턱없이 부족하다. 하지만 그중에서도 가장 어려운 것은 다른 직군 동료에게 나의 존재와 역할을 알리고 협업을 요청하는 일이다.

안녕하세요, 이번에 새로 합류한 UX 라이터 전주경입니다. 이제부터 개발 프로세스에 참여하려고 하는데요, 기획 초중반에 UX 라이팅 단계를 추가할 예정이니 앞으로 이에 대한 일정 확보를 부탁드리겠습니다.

새로 채용된 UX 라이터가 팀원들에게 이런 인사를 하기 위해서는 큰 용기가 필요하다. 이미 굳어진 제품 개발 프로세스 어딘가에 불쑥 끼어들어야 하기에 다른 팀원들에게 환영받지 못할까 봐 두렵기도 하고, 혹여 팀에 폐가 되지 않을까 걱정도 된다. 이 일이 정말 필요한 일이라는 것을 인정받기 위해서 한동안은 전력을 다해 나와 내 일의 가치를 증명해야 한다. 가히 잘 알려지지 않은 새로운 직군의 비애라 할 만하다.

하지만 그럼에도 불구하고 나는 UX 라이터라는 직업이 꽤나 매력적인 일이라고 생각한다. 한국 IT 업계가 성숙됨에 따라 이제 많은 사람들이 UI 텍스트가 제대로 작성되지 않으면 서비스에 큰일이 날 수 있다는 사실을 이해하게 되었다. 또 좋은 사용자 경험을 위해서는 명료한 언어 체계가 사용자 여정을 지탱해 줘야 한다는 것을 잘 아는 훌륭한 기획자, 디자이너, 개발자 동료들이 내 곁에 있다. 나는 지금 그런 멋진 사람들과 함께 이 일을 하고 있는 것이다. 우리가 정말 가치 있다고 생각하는 일을.

가끔 스스로가 숨겨진 언어의 정원을 가꾸는 정원사 같다는 생각을 한다. LINE과 같은 거대한 서비스 생태계에는 정말 많은 기능들이 존재하는데, 보통 각 기능의 텍스트들은 화초처럼 화면 이곳저곳에 피어 있다가 연관된 다른 기능의 텍스트

군락지로 스르르 이어지곤 한다. UI 텍스트들은 마치 생물 같아서 서비스 런칭 시에 생겼다가, 업데이트와 함께 변화하고, 서비스 종료로 인해 조용히 소멸된다.

나는 몇십만 개의 텍스트가 존재하는 이 거대한 언어의 정원이 꽤나 마음에 든다. 이들을 관리하는 일은 까다롭지만 무척 즐거운 일이기도 하다. 수많은 사용자들이 정원 한쪽 귀퉁이로 들어와 내가 심어놓은 언어의 잎사귀를 스치며 거닐다가, 다시 정원 저편으로 이동하는 것을 보고 있으면 마음이 평온해진다. 우리 사용자들이 잘 짜인 언어의 정원을 충분히 즐겼기를 바라며, 나는 오늘도 언어를 심고 가꾸는 일을 계속하고 있다.

지금 누구를 위하여 글을 쓰고 있나요?

서비스를 만드는 사람이라면 누구나 사용자를 위한 문장을 쓸 수밖에 없다. 회사에 UX 라이터가 없다면 기획자와 디자이너, 때로는 마케팅, 브랜드 담당자가 화면에 나오는 텍스트를 쓰고 관리해야 한다. 누구나 버튼 텍스트 하나는 뚝딱 쓸 수 있지만, 가끔 정말 이렇게 쓰는 것이 맞는지 덜컥 자신 없어지는 날이 있을 수 있다. 예를 들어 그동안 차곡차곡 만들어온 여러 화면을 훑어보다가 불현듯 텍스트 일관성이 전혀 없다는 걸 출시 직전에 깨달았을 때, 우리 서비스와 브랜드의 보이스가 각 화면마다 제멋대로임을 발견했지만 도무지 어디서부터 손을 대야 할지 모르겠을 때, 그 순간 내가 쓴 UI 텍스트는 더 이상 한국어가 아닌 그저 들쭉날쭉 정리 안 된 외계어가 된다.

그래서 나는 이 책을 써야겠다고 생각했다. 조직에 UX 라이터가 없어서 힘들게 UI 텍스트를 쓰고 있는 기획자와 디자이너, 또 주니어 UX 라이터가 이 책을 참고해서 두려움 없이 UI 텍스트를 쓰고 관리할 수 있기를 바라는 마음에서 말이다.

그리고 무엇보다 한번은 그동안 내게 쇄도한 UX 라이팅과 UX 라이터에 대한 질문에 구체적으로 답을 하고 싶었다. 그간 많은 분들이 내게 '도대체 UX 라이팅이란 무엇인가', '마케팅 문구나 광고 카피를 쓰는 것과 뭐가 다른가', 'UX 라이터는 회사에서 뭘 하는 사람인가', 'UX 라이터가 되려면 어떻게 해야 하나', '우리 회사에 정말 UX 라이터가 필요한가', '내가 우리 회사의 첫 UX 라이터인데 뭘 해야 할지 모르겠다' 등 아주 다양한 질문을 해 주셨다.

하지만 시간도 역량도 부족했기에 질문에 하나하나 답해 드릴 수 없었고 그래서 늘 죄송한 마음이 있었다. 특히 UX 라이터 직군에 관심을 가지고 있는 학생들의 질문에 시간을 갖고 충분히 대답해 주지 못했던 것이 못내 마음에 걸렸다. 그래서 한 번쯤은 지면을 빌려 내가 하고 있는 일에 대해 정의하고, 그간 받아온 질문에 대해 진지하게 답해야겠다고 생각했다.

나는 이런 목적으로 지난 10년 동안의 한국어 UX 라이팅 경험과 노하우 일부를 이 책에 담아 여러분에게 전했다. 그동안 혼자 마음속에만 품고 있던 나의 생각과 고민이 글을 읽은 여러분에게 잘 전해졌을지 모르겠다. 부족한 글이지만 한국어 UX 라이팅에 대한 여러분의 궁금증을 어느 정도 해소해 주었기를 바란다. 이제 이 긴 글을 마무리하면서 마지막으로 여러분에게 하나 부탁하고 싶은 것이 있다.

가끔 제품과 사업의 성공을 위해서, 또는 자신이 담당하고 있는 기능에 대한 애정이 지나쳐서 'UI 텍스트를 위한 UI 텍스트'를 쓰는 때가 있다. 글을 쓰는 나와, 내가 속한 조직, 내 자식 같은 서비스에 몰입한 나머지 좋지 않은 글을 쓰는 일은 사실 모든 실무자에게 쉽게 일어날 수 있는 일이다. 경력 있는 UX 라이터도 예외가 아니어서, 나에게도 역시 그런 부끄러운 글을 썼던 기억이 있다.

물론 모든 UI 텍스트가 흠 없이 정확하고 간결하며 일관될 수는 없는 일이고, 제품을 잘 설명하기 위해 약간의 과장된 표현이나 기교 섞인 텍스트가 필요하다는 것도 충분히 이해한다. 지표에 쫓긴 나머지 눈을 딱 감고 해서는 안 될 다크 패턴을 쓰게 될 수도 있다.

하지만 습관적으로 그런 글을 쓰다 보면 정작 우리가 어디로 가고 있는지, 무엇을 위해 이것을 쓰고 있는지 알 수 없게 되어 버린다. 그런 글을 쓴 날에는 퇴근할 때 부끄러움에 얼굴

이 벌겋게 달아오른다.

만약 어느 날 여러분에게 그런 순간이 찾아온다면, 부디 글 쓰는 것을 잠시 멈추고 '나는 지금 누구를 위해 글을 쓰고 있지?'라는 질문을 스스로에게 던져보길 바란다. 깊게 생각하는 것이 힘들어서 사용자의 성격을 자의적으로 왜곡하거나, 쉬운 방법을 선택해 놓고 이게 맞다고 자기 합리화를 해서는 안 된다. 나의 취향이나 선호를 일반화하거나, 보편적인 언중의 언어 수준은 이 정도라고 억지를 부려서도 안 되며, MAU를 높이기 위해 사용자가 오해할 만한 표현을 슬쩍 밀어 넣는 것도 안 된다.

오직 좋은 제품을 만드는 제작자로서 이 문장이 읽는 사람에게 정말 의미 있는 텍스트인지를 되묻고, 내가 쓴 글이 진정 사용자와 우리 서비스를 위한 글이 맞는지만을 담백하게 자문해 주길 바란다. 이 책을 마무리 지으며 내가 여러분에게 부탁하고 싶은 것은 바로 이러한 '성찰하는 글쓰기'이다.

모든 UI 텍스트는 서비스의 한 부분으로서 사용자의 행복과 비즈니스의 이익에 기여해야 한다. UX 라이팅을 하는 모든 사람들이 자신만의 언어로 세상에 이바지할 수 있기를, 이 글을 읽은 여러분들이 사용자와 서비스, 그리고 자신을 행복하게 하는 아름다운 문장을 쓸 수 있기를, 나는 항상 바라고 응원하겠다.

그렇게 쓰면 아무도 안 읽습니다

브랜드와 서비스의 언어를 가꾸는
UX 라이터의 글쓰기

펴낸날 초판 1쇄 2023년 8월 25일
　　　　초판 2쇄 2023년 9월 8일
지은이 전주경
펴낸이 이주애, 홍영완
편집장 최혜리
편집팀 양혜영, 김하영, 김혜원
편집 박효주, 장종철, 문주영, 강민우, 홍은비, 이정미, 이소연
디자인 기조숙, 박아형, 김주연, 윤소정
마케팅 김태윤, 김철, 정혜인, 김준영
해외기획 정미현
경영지원 박소현
펴낸곳 (주)윌북　출판등록 제 2006-000017호
주소 10881 경기도 파주시 광인사길 217
전화 031-955-3777　팩스 031-955-3778
홈페이지 willbookspub.com
블로그 blog.naver.com/willbooks　포스트 post.naver.com/willbooks
트위터 @onwillbooks　인스타그램 @willbooks_pub

ⓒ 전주경, 2023

ISBN 979-11-5581-630-1 (03000)

* 책값은 뒤표지에 있습니다.
* 잘못 만들어진 책은 구입하신 서점에서 바꿔드립니다.